史料纂集

公衡公記　第一

西園寺公衡畫像

天子攝關御影　大臣巻ノ内

宮內廳書陵部所藏

公衡公記 九七 弘安十一年

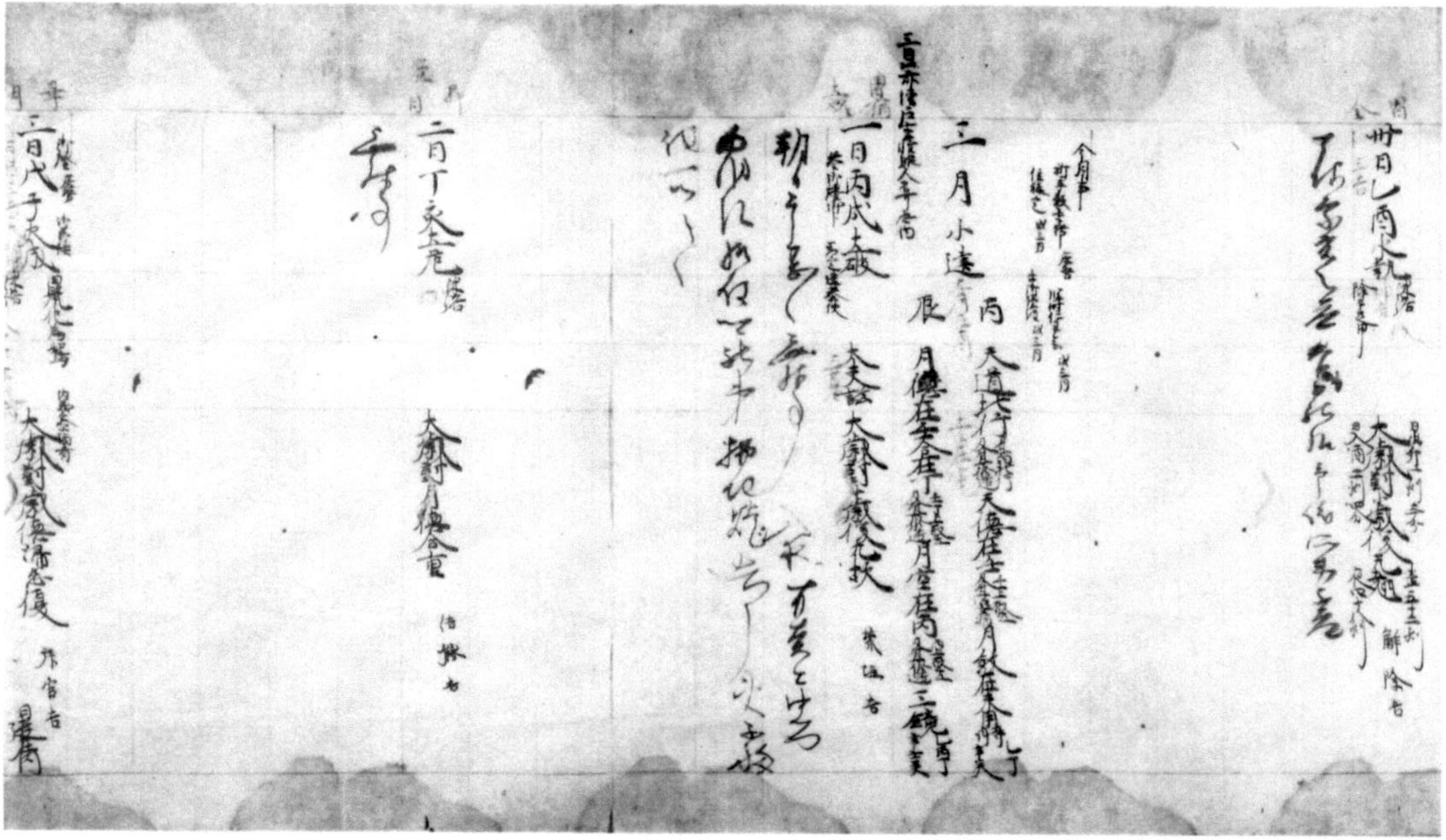

宮内廳書陵部所藏

原寸 縦二九・八糎

凡例

一、史料纂集は、史學・文學をはじめ日本文化研究上必須のものでありながら、今日まで未刊に屬するところの古記錄・古文書の類を中核とし、更に既刊の重要史料中、現段階において全面的改訂が學術的見地より要請されるものをこれに加へ、集成公刊するものである。

一、本叢書は、本會創立四十五周年記念事業として、昭和四十二年度より十箇年を凡そ五期に分けて繼續刊行する。本書公衡公記はその第一期に含まれる。

一、本書は左大臣西園寺公衡（文永元年一二六四生、正和四年一三一五薨、）の日記である。

一、本書は記主の法號によつて竹林院左府記・林中記等と稱され、又他の西園寺家襲藏の記錄類と一括して管見記とも呼ばれたが、今は公衡公記の稱を用ゐた。

一、本書は、現在弘安六年より正和四年に至る間、自筆及び古寫の日次記・別記を存するが、本册はその第一册として弘安六年より正和三年までの日次記を收めた。

一、底本に用ゐたのは、宮內廳書陵部所藏管見記一〇五卷中、自筆の弘安十一年記九卷及び南北朝期書寫の弘安六年・正應二年・正和三年記各一卷である。尙、同部所藏の伏見宮舊藏本元三御藥記一卷も一部補訂に用ゐた。

凡　例

一、校訂上の體例については、本叢書では、その史料の特質、底本の性格・形態等により必要に應じて規範を定めることがあり、必ずしも細部に亘つて劃一統一はしないが、體例の基準は凡そ次の通りである。

1　翻刻に當つてはつとめて原本の體裁を尊重する。

2　文中に讀點（、）・竝列點（・）を便宜加へる。

3　原本に缺損文字の存する場合は、その字數を測つて□で示す。

4　抹消文字には一樣に左傍に抹消符（〻）を附し、塗抹により判讀不能の場合は■を用ゐる。

5　校訂註は、原本の文字に置き換へるべきものには〔　〕、參考又は説明のためのものには（　）をもつて括る。

6　人名・地名等の傍注は原則として毎月その初出の箇所にのみ附する。

7　上欄に、本文中の主要な事項その他を標出する。

一、本書の底本は、自筆本と古寫本の間に、記載形式其の他の差異が少くない。翻刻に當つては、それらを考慮のうへ、前掲諸條の外、次の諸點を體例の基準とした。

1　年の替り目は改頁とし、月替りは前月の記事のあとに二行分あけて續けた。

2　具注暦に記載された自筆本に於ては、暦文中、月とその大小・干支、日とその干支・納音・十直のみを存して他は省いた。但欄外或は行間等に注記された年中行事の項目は、すべて日附の下に一括して載せた。本文記事は日附より一字下げて、日附の検索の便を計つた。

3 古寫本に於ては、記事を日附の下に續けたものと、改行して載せたものがあるが、今は前者の體裁に統一した。

4 底本に於ける訂正記載は、自筆本ではつとめて原の體裁を存したが、古寫本では訂正された結果のみ表記するのを原則とした。

5 自筆本に於て、文字の上に更に重ね書きした箇所は、後に書かれた文字を本文に採り、その左傍に・を附し、下の文字に×を冠して右傍に注した。

6 底本に平出・闕字のある場合も、一切これを行はなかつた。

7 頭書の記事は便宜その日の記事の末尾に移した。

8 底本に使用されている古體・異體・略體等の文字は、原則として正體若くは現時通用の字體に改めたが、字體の甚だしく異るもの、或は頻出するものなどは底本の字體を存した。その主なものは次の如し。

円（圓）　哥（歌）　褁（裹）　恠（怪）　会（會）　樻（櫃）　旧（舊）　个（箇）　号（號）

寂（最）　帋（紙）　辝（辭）　実（實）　処（處）　条（條）　揷（挿）　躰（體）　珎（珍）

祢(禰)　嶋(島)　早(畢)　仏(佛)　閇(閉)　辺(邊)　弁(辨)　宝(寶)　万(萬)
役(役)　余(餘)　与(與)　欤(歟)　乱(亂)　礼(禮)

9 底本の張替りは、紙面の終りに當る箇所に」を附して示し、且つ新紙面に當る部分の行頭にその張附けを標示した。尚紙繼目の上に書かれた文字は、字畫の多く含む張へ入れた。

10 弘安十一年の記事を收める自筆本は、現在日次錯亂のまま成卷してある。今その順序を正し、卷の替り目に縱罫を挿入し、且欄外に卷次を罫線で圍んで標示した。尚、參考のため日別に所收卷次を表示すれば次の如し。(漢數字は卷次、算用數字は張附)

〔正月〕　一日―四日(九九の12)　五日(一一の28―32)　六日・七日(九九の4・一〇の1―4)　八日(九九の5・一〇の5―7)　九日―一一日(九九の6―7・一〇の21―23)　一二日・一三日(九九の16・一〇の11―13)　一四日(九九の17・一〇三の6―8)　一五日・一六日(九九の18・九八の1―5)　一七日・一八日(九九の14・九二の1―2)　一九日・二〇日(九九の8・一一の1―3)　二一日―二六日(九九の9―10・一一の4―8)　別記二六日―二月四日(一〇の14―20・一一の9―27)　二七日―二九日(九九の11)　今月事(九九の1)

〔二月〕　一日―八日(九九の1―3・一〇一の1―4)　九日・一〇日(一〇の8―9・九一の1―5)　一一日―一三日(一〇の10・一〇三の1―5)　一四日―三〇日・今月事(九九の15―19・九七の1―8)

〔三月〕　一日―二九日・今月事(九七の8―27、但二八日條に四月六日に至る迄の別記を收む)

11　人名に注した家號は、便宜新訂增補國史大系所收の公卿補任の注記を用ゐ、必ずしも當時の稱に據らなかつた。

12　參考のため毎年の首の欄外に記主の當年の年齡・官位等を掲記した。

一、卷頭に載せた公衡の畫像は、宮內廳書陵部所藏天子攝關御影三卷中の大臣卷に收めるもので、鎌倉末・南北朝頃の筆寫にかかる、かなり信憑性の高い肖像畫である。本記の閱讀に資せんがためここに掲載した。

一、本書の公刊に當つて、宮內廳書陵部は種々格別の便宜を與へられた。特に記して深甚の謝意を表する。

一、本書の校訂は、橋本義彥・今江廣道の兩氏がその事にあたられ、また、米田雄介・樫山和民兩氏の助力も仰いだ。併せて銘記して深謝の意を表する。

昭和四十三年六月

續群書類從完成會

目次

圖版

公衡公記　第一

以下底本巻八

（表紙題簽）『後宇多
弘安六年癸未秋山門輿振
天王寺別當』

（本文端裏）『後宇多院
弘安六
七月一日
山門御輿振儀在之、
同天王寺別當儀在之、』

○紙背ニ延元二年（建武四年）十月二日ヨリ十二月十八日迄ノ具注暦アリ、

（1張）
弘安六年　歳次癸未　秋

公衡本年二十歳、正三位、左中將、二月任參議、三月任權中納言、九月叙從二位、

七月　小

日吉神輿事に依り關東使者城長景二階堂行忠上洛す

一日、癸丑、天晴、立秋之朔幸甚〻〻、傳聞、關東使者美濃守長景〔城〕・信濃判官入道行一〔二階堂〕俗名行忠、上洛、依日吉神輿事也、去夜入京云〻、今明之間隨仰可參之由、今朝以爲衡法師〔三善〕申家君、〔西園寺實兼〕但今日窮屈、〔屈〕明日可參之由聊存歟、明日可宜歟之由被仰云〻、予不在、所惱之餘氣猶不快之故也、又聞、東使今日猶可參云〻、酉剋參、家君着下袴給、

東使關東申次西園寺實兼の第に赴く

御布衣、令有御對面云〻、爲□〔衡〕法師引導之、今夕令參院給、其旨依勞不知及、〔所脱カ〕每事以行一爲上﨟云〻、且長景爲行一之聟之故歟、

公衡實兼の命に依り東使問答次第等を曆記に注す

二日、予所勞之後于今不出現、昨日東使御問答次第、關東令申之趣、可注付曆記之由自家君注賜、仍續左、

弘安六年七月一日

關東使者二人行一・美乃〔濃〕守長景入來、對面如例、

山門衆徒濫行事以下に關する幕府の意向

關東狀趣

山門衆徒惡行事、以行一・長景令申之由載之、彼狀直持參御所之間不及書止、〔留〕案又使者不隨身、事書只以詞申之、

天王寺別當事、不可被付一門之由云〻、而於正道輩者縱雖淨行、延曆・園城・東寺・南都之

外者、不可有其仁歟之由内々被尋之處、只先可申此趣云々、
又神輿歸坐事無申旨、仍關東沙汰之趣有存知歟之由、被尋使者之處、不存知之云々、但使者蜜々相語云、神輿歸坐事、訴詔〔訟〕を不被裁許之外ハ難治歟、於其条者又不可然趣云々、仍其由内々申入了、
仰木門跡事、先可被止宸源管領云々、不計申其仁、

東使申詞

使者申詞

（2張）

前座主宸源の仰木門跡管領を止むべし

一、前座主宸源治山之間、山門衆徒等奉振上神輿於中堂、及大訴候之處、此宸中猥辭退山務之条、自由之至、太狼藉候歟、罪科難遁候乎、仰木門跡事、可被止管領候歟、

神輿入洛事張本下手人を召出すべし

一、今度神輿入洛事、云張本云下手、殊被尋究、可被召出其身候歟、兼又彼等知行之所領同可被尋究歟、

近日異國襲來の風聞あり

勇士一人も大切の時節武士の罪科は宥めらるべし

一、神輿入洛之時、不及防禦之沙汰、剰及狼藉候之条、併武家緩怠之故候歟、京都之守護頗似無其詮候、然者云六波羅、云門々幷篝屋守護之武士、不可遁其科候、但異國事近日其聞候、今年秋可襲來之由令申之云々、就中文永牒狀ニ以至元廿一年發大軍可襲來之由載之候歟、明年當其年限候乎、防禦之計外不可有他事候、如此之時勇士一人も大切候歟、然者彼等罪科事可被宥候哉、
弘安六年七月

天王寺諸寺の末寺となるは理に背く

龜山上皇日吉神輿入洛の張本事を沙汰せらる

山門事に依り法勝寺御八講を停止す

龜山上皇東使上洛に依り禪林寺殿より靡殿へ遷御せらる

靡殿大番事につき院宣を下す

後深草上皇御方違の爲實兼第に御幸あらせらる

一、天王寺別當事、聖德太子草創之上、爲佛法㝡初地、爲諸寺之末寺之条、其理不可然乎、自今以後被止此儀、殊撰淨行持律之仁可被補其職候歟、

一、天台座主事、以前條〻落居、後日追可有其沙汰候哉、

今日前藤大納言(爲氏)參、家君御對面云〻、及晚憲実法印參、同御對面云〻、

三日、所労之後初參家君御前、二位入道被參候、法勝寺御八講、依山門事不被行歟、將又如何、可尋記、傳聞、今日關白(鷹司兼平)被參禪林寺殿云〻、張本以下事、今日帥卿(中御門經任)爲御使、參申靑蓮院宮(尊助法親王)并菩提院(澄覺法親王)梨下、宮云〻、妙法院事、召覺玄法」眼於仙洞被仰云〻、後聞、法勝寺御八講停止、七日被行御月忌云〻、

（3張）

四日、新院(龜山上皇)日來禪林寺殿可爲御所、而東使上洛之上、邊土御所如何之由家君令申給歟、仍今日俄還御靡殿、兩使行一、長景、今日參仙洞、家君御布衣、令着下袴給、令參給、諸大夫一人景衡(三善)、布衣、上括、御車下品之間令乘予車給、於中門御問答再三云〻、家君令申次給、秉燭之間家君令退出給、今日前藤大納言參、御對面云〻、靡殿大番事、帥卿奉書到來、即被仰武家了、

五日、今夕本院(後深草上皇)爲御方違有御幸家君御亭、右衞門督(滋野井實冬)以下殿上人四、五輩、其外無人、東二條院御同車、女房一人家君御妹(藤原相子)、被參御車後、依爲今年初度、御牛一頭爲方(中御門)取松明、御牛飼六王丸狩衣、參御幸、引之、•御劒一腰予持參之、被

従三位近衞兼教拜賀の模様

六位藏人申次の可否

兼教直衣始

方違御幸に依り屋地券文を上皇に進ず

屋地の書様横小路を先と爲すとの說

（4張）

進上、白帷廿納平褁、被進女院御方、帷十被進上﨟女房、其外壇〔檀〕紙百帖・厚紙百帖、人々打攤取之、曉鐘之後還御、邦仲〔高階〕朝臣語云、去比近衞三位中將兼教、拜賀、前駈三人、雜色長、內府〔近衞家基〕衞府長下毛野武文、小隨身四人、殿上人三人扈從、中將公賴〔藤原〕朝臣・少納言長賴〔藤原〕・持明院侍從基澄、於兩院被引御馬、於春宮〔煕仁親王〕御方、申次宮司無其仁之間、藏人橘以基云々、而三品羽林聊有被嫌存之氣、仍申事由之後、申次未歸出之以前拜云々、此事於凡人者、大臣・大將拜賀之時猶用六位事歟、於執柄之家者未存知、遂〔逐カ〕可尋、以基相語云、三品羽林拜賀、以基出逢之處、前駈以人申關白祗候內裏云、藏人出逢候、何様可候哉、執柄返答云、存知之趣、各拜賀之時、六位藏人申次一切不存云々、仍被嫌之儀歟、又云、件三位中將去比直衣始云々、裝束、二藍直衣・白生單・二藍指貫・紅下袴、帶劒取笏、乘毛車、衣冠前駈三人、衞府長、小隨身四人、布衣、殿上人二人扈從云々、於院幷春宮御方御對面云々、抑今夜御方違任例被進御劵、予依家君御命書之、家君令加署給、

進上

屋地今出川以西、北少路〔小〕以北、一所事　後日家君御命云、以横少路〔小〕可爲先歟云々、

右爲御方違御本所進上如件、

弘安六年七月五日　　春宮大夫藤原判上

弘安六年七月

有裏帋幷懸帋、立紙一枚、上下搔之、

正二位三條實重拜賀

六日、今夕三條二位中將實重、拜賀也、寅剋參今出河院御方、予可對面之由家君有御命、仍着布衣參彼御方、其行粧前駈二人、束帶、雜色長、淺平礼、差帶、〻劔、白張狩衣・濃打衣・紅單、小隨身四人、狩衣・濃打衣・紅單・白袴・壺脛巾・狩胡籙、抑普通之儀、大將・中將以下初任拜賀之時、可爲此躰歟、且羽林二品以前度〻隨公事了、然而今度猶如此、定有子細歟、且前内府(三條公親)教訓、可信、〻〻、毛車、不懸下簾、片綱、車副一人、平礼、雜色二人、平礼、下結、着沓、今日若可刷者猶可上結歟、但是又先例歟、羽林被差紫淡〔緂〕平緒、於中門下一拜、藏人左兵衞尉以基束帶、申次之、次召之由内〻申次告之、仍昇中門入南妻戸、自廊北行欲着公卿座、而可參臺磐〔盤〕所之由女房令氣色、仍參入、女房大納言局褰簾、有贈物、笛、入袋、次被退出、予聊謁之、退出時、懷中笏乍持笛被出、於中門給贈物於前駈之後取出笏持之、抑被參臺盤所事、前内府出仕之比、於此女院御方無其儀、而此御所當時幽玄之御事也、隨又彼羽林旁可有賞翫、可被召歟之由家君令計申給也、

實重初めて外舅中院通成の第に赴く

後聞、二位中將參所〻之以前、先參向内府(中院通成)禪門云〻、彼羽林自去比爲御聟之儀故也、其後未光臨、今日初被參向云〻、其儀直到中門下一揖、次以前駈忠茂禪門之祗候人也、今夜爲前駈被申請之、被招請、仍昇中門沓脱被參進寢殿、禪門有對面云〻、少時被引馬、侍二人引之、一人取松明前行、羽林前駈康信、權大納言公守(洞院)諸大夫也、今夜被請借云〻、請取之、次羽林起座退出云〻、今夜儀先例歟、可尋、於中門下一揖之後佇立、又有様歟、此次第尋問源大納(中院通頼)言記付之、爲後也、彼亞相不對面云〻、今夜雜色不警蹕、於所〻又如此云〻、引出物前駈賜

小隨身之處、小隨身郎等聊申子細、然而遂請取云〻、二位中將先參內府禪門、次參內、次本院・東二条院、次東宮、次新院、次今出河院、次安喜門院、次大宮院禪林寺殿、等云〻、」

去月二十二日公卿分配を行ふ

（5張）
七日、召使持來公卿分配、去月廿二日云〻、上卿右大臣（九條忠教）、一上（二條師忠）當時輕服之故也、執筆三条宰相中將公貫卿云〻、書留案返遣了、其次召使申云、召使自公卿賜節供定事也、仍去五月申其子細、下給御教書付政所、然而遂以無其沙汰、何樣可候哉、家君仰云、本儀可賜事也、早可被沙汰之由重可仰政所云〻、仍章繼（中原）書狀給召使了、

外宮禰宜行光造宮材木事につき實兼に愁訴す

今日伊勢外宮三祢宜行光（度會）參、章繼逢之、今度造宮材木事奉行云〻、而御杣山材木不足之由工等申候之間無力、然者可用他山歟由加押紙、而無左右可用他山之由加押帋之条奇恠、早可被勘罪名之由、昨日於仙洞評定云〻、此事爲歎申也、

杣山以外の材木を用ひる事の可否

家君仰云、用他山之条有先例哉否、申云、正御殿用他山材木之条、先例不詳、他殿舍用他杣之条、先例存之云〻、其間御問答旨趣委不知聞、

關東使者行一長景實兼父子に馬砂金を進ず

十日、天晴、行一引馬於予、鴾毛、其勢粧無比類、殊勝馬也、去比馬一疋鹿毛、・砂金五十兩、進家君、重又引于予、志之至也、長景又去比進馬栗毛、於家君、今日觀證爲御使向東使許、勅書并梶井宮并妙法院法印請文等被進、家君仍爲一見被遣御使許了、

公衡去五月より毎日一巻抄物す

亀山上皇禪林寺殿に渡御

禪林寺殿供花

二條東洞院内裏の門を立つ

准后平棟子の沙汰なり

十二〔一〕日、癸亥、天霽陰不定、夕立雨散乱、終日冷然〻〻、造酒正師冬（中原）參、御對面云〻、作泉邊納涼之外無他計略、自去五月比聊令抄物、毎日一巻抄之已無懈、是則拜趨之要須也、予自若少時深染心於公事、或抄物、或見記録、已以彼執心一日經八座、今昇黄門、向後有其憑事也、傳聞、新院自今日又渡御禪林寺殿、至來十五日可爲御所云〻、

十二日、明日予可參院之由家君有御命、予存其旨、

今日召使來云、放生会上卿事、家君并予如何云〻、家君御返答云、先年勤仕之上、今年旁難治云〻、予返答云、今年旁難治之上、可爲巡役者、未役上首等先可相觸欤之由也、召使退出、（藤原）邦行申次之、

（6張）

十三日、天陰雷鳴、午剋許參禪林寺殿、新院・大宮院・新陽明門院等御所也、所労之後」數日籠居、今日初所參也、兩御方聊有奏事、家君令申給事也、各被召御前、數剋祗候、次供花、一花之間執花、此間家君御當番也、仍爲御代官勤之、上皇（龜山上皇）渡御此所、頭（藤原經氏）中將示云、放生會今年御下向何様可候哉、予返答如昨日、吉田中納言（經長）語云、昨日雷落于七条東洞院云〻、申剋退出、參富〔小〕少路殿、於院（後深草上皇）并東二条院御方各被召御前、入見參、晩頭歸華、二条東洞院内裏今日被立門云〻、平准后（棟子）沙汰也、被准造内裏之儀、

大雨に依り今出川溢水公衡第等を浸す

贈皇太后源通子國忌

山門事に依り御八講を停む

公衡實兼の命に依り參院山門事等につき奏聞す

西園寺に於て藤原師長の忌日法會を行ふ

十八日、寅剋許家中鼓操〔譟カ〕、予驚聞之、今出川忽流入、已如海云々、仍立出見之、板敷与平頭水溢流、家形者如舟、殆水上緣上之程也、件元者今出川ヲ懸入、其路自室町前大納言（實藤）亭通之、北築地有水門、而去夜大雨洪水超過先々、仍源已向此亭、仍室町大納言亭与此亭中築地懐〔壊〕頽、洪水流入之間、須臾之間如此渙々云々、予今夕雖可參院人路猶不叶、洪水未散之間不能降庭、今日贈后（源通子）御國忌、先々御八講也、今度依山門事御經供養平座佛事、云々、無八講之儀、勘解由次官（藤原）信經奉行之、大炊御門大（信嗣）納言・持明院三位（基光）・爲世朝臣（藤原）等參云々、予雖有其催不參、大理（四條房名）幷三条二位中將乍領狀不參云々、

十九日、巳剋參新院、家君令申給条々爲奏聞也、依召參棧敷殿、新大納言（北畠師親）・新宰相（土御門雅房カ）・兵衛督（藤原爲世）等候、數剋於御前各雜談、予無奏事便宜之間、以兵衛督内々申奏事候之由、仍御前人々ヲ被追却、予歸參御前具奏之、又委細ノ御返事等有之、其内山門張本事、門主等注進面々令猶豫之處、尊教法印妙法院門主、注進、殊被感思食之由内々可被傳仰之由云々、未剋予退出、向西園寺、今日妙音院禪閤（藤原師長）御忌日也、仍爲執行佛事・講演無樂、等也、其儀如例、佛供養導師宗円僧都、講導師堯遍僧都、事訖歸家、此間右衞門督被參候、家君御對面、金吾退出之後、予參家君御前申勅答之趣、尊教法印事、以仰趣書狀

中納言拜賀の時辻毎に警蹕を稱する事の可否

可遣之由有御命、仍書遣了、今日右衞門督相語云、久我中納言(通雄)拜賀之時、車副毎辻警蹕云〻、出門」之時故祝テ令警蹕者定例也、而如大將・大臣毎辻警蹕、人〻嘲之、但公世卿(藤原)先日三位以上於所〻稱警蹕之由相語之、仍不審之間尋申円明寺前關白(一條實經)之處、三位以上於所〻謂警蹕ハ更非車副之警蹕、雜色警蹕の事也、車副毎辻警蹕未存知云〻、仍尋問公世卿之處、必定所見候しと覺候、勘可申之旨答云〻、予爲後不審故記付之、今日於仙洞右兵衞督問參議仗付〻座右筆之作法、存知之分大概答了、左少弁爲方五位中弁・四位少弁座次事有不審之氣、存知之樣大略答訖、

(7張)

公衡禪林寺殿に參り大宮院に謁し世上事につき奉答す

廿一日、癸酉、早旦參禪林寺殿、大宮院御坐、於御前數剋入見參、世上事有御尋、大概申之、被散御不審早、午剋退出、參向內府禪門御許、有對面、宮御方新院若宮(定良親王)、京極局腹(藤原壽子)、入見參、申剋歸家、而只今又可參新院依家君御命也、云〻、仍僕僮以下不可退散之由仰含了、次參家君御前、仰云、今朝自新院有御

龜山上皇關東使者の申次事につき御書を實兼に賜ふ

書、是關東使者明日可被召進御所、又家君可令參会給、若御所勞不快不令及出仕給者、公ー衡可參会之由云〻、仍申御返事之趣ハ東使事忩可仰遣、自身參之条難叶候、雜熱所勞未快、仍不能着裝束、又公ー(衡)可參事、未練之上、如此重事執奏旁所猶豫也、然者以如師御問答可宜

實兼祖父實氏の例を引いて公衡の申次勤仕を辭退す

關東使者中御門經任の申次を不可となす

小除目

從三位源雅憲十餘人を超越す

關東使者龜山上皇御所靡殿に參入す

山門張本人の交名を東使に賜ふ

（8張）

歟、如何之由云〻、重押返仰云、公―〔衡〕更不可有子細、猶早可參、見臣不如君之本文是明歟云〻、此仰雖畏申、關東所存難知之、無左右申次之条如何、且故入道殿〔西園寺實氏〕御時、故太政大臣殿〔西園寺公相〕曾無令申次給事、入道殿每度老骨令參給、今更不可違其儀、叡慮之趣恐悅之至、拤〔抃カ〕舞本定而有餘、但所詮可隨御定之由可申云〻、予早參院可伺奏云〻、仍則參新院、只今於南殿有盃酌事云〻、予依召參候彼席、乍閣數輩上首、先賜天盃傾之、誠當時之面目也、以事次聊可奏申事候之由申入之、暫可祗候之由有御氣色、得便宜委細奏達了、被申之趣、誠武家存知難知、然而內〻仰合東使、猶公―〔衡〕可申次、帥」卿申次之条御猶豫云〻、予退出、申此趣於家君、然而猶只相扶所勞可有御參之由令命給、公私神妙事也、東使對面帥卿之条聊不受、明日も帥可對面者、不可參之由支度云〻、然而家君可有御參之由被仰遣、仍可參之由申之、去夜有小除目、雜任・雜階等ɔ連（マヽ）略之、少納言藤原親氏・侍從藤原公世・刑部卿藤原相範・左近少將藤原房通・從三位源雅憲左大弁如元、超上首十余人、・藤原忠輔左中將如元、・從四位上〻―・從四位下中原行實侍、叙四品、

廿二日、天晴、兩東使今日依召參靡殿、新院御坐、家君令參会給、御直衣、下絬、前駈一人、道衡〔三善〕衣冠、上絬、張本事三門主青蓮院・梨下・妙法院、注進交名、今日下賜東使云〻、予不參會、子細見昨日記、

八月　大

（9張）

釋奠學生見参の儀

七日、天晴、朝座懺法如例、（道場法水院、自去五日被始行之、）自今朝実時（藤原）朝臣参加供行、予申剋許着束帯（蒔繪劔、紺地平緒、無文帯、）参内、毛車、侍一人、（顯景、）（上結、帯劔、番頭・雑色以下如恒、）依釋奠學生見」参也、（分配可存知之由兼日奉行藏人大輔仲兼（平）相觸、仍参行、抑爲歸逢夕座懺法、如法申一點可催之由觸遣仲兼了、近代大略夜陰歟、）先以番頭内ゝ問事具否於仲兼許、未具之由答之、仍先参本院（後深草上皇）、於御前入見参、次告事具之由、則参内直着陣、（奥、）須臾小〔少〕外記中原利重参小庭申云、（普通儀明經博士候、或博士等候云ゝ、此説又有子細歟、）昨日ノ釋奠ノ學生見参候、予仰云、令候ヨ、次召官人、（二音、）官人参小庭、予仰云、藏人一人、次藏人兵部權大輔仲兼（先ゝ六位藏人也、今日五位藏人、頗嚴重歟、）來奥座、予小居向奏曰、明經博士候、藏人退出、則歸來仰云、不出給（本定依歟）跡《アト》行ヘ、予氣色、職事歸去、次予揖起座移着端座、召官人令敷軾、又召官人仰云、外記召セ、外記利重、参上、仰云、博士見参進レ、外記稱唯退出、則持参、（入筥、有礼帋、参釋奠座主・（本定）問者等交名也、）予見了則返下、外記取筥退出、予召官人令撤軾、

東寺観音院灌頂小阿闍梨事藏人口宣を書下す

次起座退出、依召参黑戸、主上出御、小時入御、予退出、小舎人（中原）頼弘持來宣旨、（東寺・観音院等灌頂小阿闍梨事、藏人春

今出河院御出家
御養母藤原教子の十三年遠忌に相當す
西園寺三身堂に於て行はせらる

戒師道耀內々次第を作進す

氏神春日國主兩親墳墓を拜す

宮權大進定光（藤原）書口宣下之、予披見了懷中仰云、只今弁不候、明旦可來北山、可書給狀也、小舍人退入、予歸北
山、于時酉終剋、」夕座懺法如例、窮屈無治術、

（10張）

十三日、甲午、今日今出河院御年三十一、有御出家事、是年來御素懷也、而依無事次自然遲引處、今月相當故大秦禪尼（藤原教子）十三年遠忌、仍被始行如法經、御自行、今日相當正懺悔始、仍有
此儀、右少弁俊定（坊城）年預院司、奉行之、但每事省略、公卿・殿上人以下不及院司催、只內々自本所被仰云々、俊定當日奉行許也、於三身堂西園寺內小持仏堂也、有其儀、當
日早旦奉仕御裝束、右少弁着束帶奉行之、予同口入、預等奉仕之、道場北御局東一間、敷大文高麗疊一帖爲御座、西面、傍東、傍西
障子又敷小文一帖、對座、件間南面障子不撤之、簾中指燭〔脂〕爲不令透也、御所間之外、局障子撤之、西北等御局覆翠簾垂之、各出几帳・帷、御所間織物几帳也、
佛前南敷小文高麗一帖爲御戒師座、傍東、北面、堂前透障子不撤之、弘庇二个間、敷高麗疊二枚南北行、
爲公卿座、東一間不敷疊、爲路也、御所間北障子外豫儲雜具等、自餘御裝束如例、今日次第御戒師內々作進之、仍摸之如形記之、本尊・仏臺・礼盤・磬臺等如恒、亥剋御戒師
法服甲袈裟、僧正道耀、東寺二長者、且女院御親泥〔昵〕也、參上、自今朝祗候御所邊、剋限着裝束自堂上被參、預參進開透障子、御戒師着座、從僧持參居箱・香呂〔爐〕箱、
入戒躰、置半疊左右、預閇透障子、御剃手法印權大僧都勝惠、女院御舍弟、祗候便宜所歟、次仙院渡御々座、御簾中、公
卿家君（西園寺實兼）・德大寺大納言（公孝）依遲參數剋被相待、・予以上三人各直衣、着下袴、着堂前座、先之家君一人德大寺遲參間、予憚父子不候公卿座、令候公卿座給、俊定參進申事由、仍起座令着堂前座給也、戒
師起座着半疊、所謂礼盤也、如半疊、塗香灑水等打磬、二度、三礼・如來唄・啓白以下如常、仙院御拜無起座、有合掌、
各向其方、氏神春日・國主・故前相國（西園寺公相）御墳墓・二品大夫人（藤原教子）等也、戒師又讀戒躰、次持參御出家什物、

剃髪の作法

法諱佛性覺

御受戒

春宮宮司の布施を取る事の可否

（11張）

弘安六年八月

大納言局故爲教卿女、役之、東御方故今出川大將入道殿御末女、同祗候、御帷・御脇息・御手洗在貫簀・打敷、・御水瓶二口各入湯、・御剃刀四柄打敷一枚並置之、以刃向左、以帋裹御剃刀、御本結〔結〕二筋、氏〔帋カ〕礼〔札歟〕等一折敷、札上右字書之、札上破之捻之、檀帋各二枚卷之、爲二肩、帋捻二筋各以二筋結續之、檀帋中卷籠之、爲裹御髪也、指〔脂〕燭・菊葉等一折敷布指〔脂〕燭四筋・重土器二口入之、菊葉等也、以上折敷三枚面押檀帋、同之、爲畫儀者可略指〔脂〕燭、次奉剃除美髪、女房役奉結分御髪後奉洗之、其後剃手役人參進奉剃之、此間唄發音、戒師兼行、奉剃除右方御髪了裹紙、以帋捻結之付右方札、左方作法同之、但不付札、撤什物」等、殘剃刀一柄、仙院着御法衣、任近例爲御付衣、仙院持御袈裟着御端御座、先之女房自御簾下指出御剃刀、戒師奉除本定同羅髪、戒師降半疊參進御簾下、取御剃刀奉除之、奉授御袈裟、其儀仙院自取御袈裟、自簾中令指出給、戒師取之誦唄返進、仙院取之令頂戴給、如此三度早着御之、奉授御法名、佛性覺、仙院令還着本御座給、此間御戒師還着半疊、取剃刀暫置机上、奉授沙弥戒、又奉授菩薩十戒、依別仰有此事、且存先規云々、神分廻向打磬一度、戒師降半疊復座、從僧撤法具、次右少弁參進公卿後、申可有御布施之由於上首、家君、此間令預開透障子、次予起座徘徊中門內、上首兩人又如此、次俊定相具藏人、右衞門尉橘知尚、內藏人二﨟也、束帶、參進南面妻戶方、申出御裝束、今日則着御々裝束也、今朝自東二条院被進之御裝束也、蘇芳御單重、文萩、朽葉御小袿、文萩、紅生御袴等也、今朝浮線綾生御小袖幷御扇裹白薄、有薄、等被副進之、然而彼者被留御所也、納赤色織物生御平裹、有同色伏組、於中門家君令取之給、乍入平裹取之給、且文永大宮院御出家時如此、抑春宮々司取如此之布施事、先例有沙汰、今度併不及被引勘、但追善佛事憚之、如此之時强無憚歟、且今朝內々被仰合俊定之處、申旨同家君御所存、且俊定多年宮司也、先例頗有所見歟、然而只今其年卜分明ニハ不覺悟、隨又文永法皇（後嵯峨上皇）御逆修時、俊定爲宮司取御布施了、且此御所非可被准他所、且又非追善佛事、令取

女院近習の女房出家す

如法経正懺悔

御出家に先立ち東二條院より御装束を進ぜらる

石清水放生會

御布施給之条、有何事哉之由存之云々、仍家君又令啓此由給之間、今度已取給了、降簀子入當間置戒師前、右廻退下令渡本座給、次綾被物一重、徳大寺大納言取之、藏人傳之、次同被物、予取之、藏人傳之、予不復座、則退下直廬了、次同被物、右中将実時朝臣束帶取之、次絹裹一、左中将爲兼（京極）朝臣束帶取之、次同裹物、実時朝臣又取之、次法服裝束一具、納香平裹、不居臺、不納箱、右少弁俊定束帶、取之、各手長主典代・聽官等替々役之、各布衣、次從僧撤布施歟、不見及、

次御戒師退出、今夜女房二人右衞門督局、其父不知及、僧女云々、侍從局、安藝守季衡女、於私宿所出家、則歸參云々、此外東御方幷大納言局等近日可出家云々、及卯剋御如法經正懺悔始、女院幷新尼及大納言局等倶行云々、僧衆覺信法印・寂遍僧都・定喜僧都・長快僧都・憲勝僧都・寂隆律師等也、祐宗法印日來領狀、」而俄子細出來之間、欲被召加祐遍僧都東寺法師、之處、東寺之流倶行、如此之御願先例不審云々、祐遍以弘法大師御勤行之例頻懇望、然而彼例幽玄也、且文治後白河院御如法經之時、園城寺僧被召加、件時山僧等訴申子細、然而智證ハ爲慈覺之門人、然者倶行之条有何事哉之由被有仰云々、其時於東寺者猶有沙汰、被棄置之由有記錄所見、旁可有其沙汰歟、仍於今度者猶不被召加也、今度御如法經雜事、一向尊教法印所被奉行也、内々事刑部大輔俊衡（三善）朝臣所勞之間、子息道衡奉行之、奉行之、

（12張）

頭書

今朝早旦自東二条院被進御裝束、色目在右、納長樻聽官布衣、相副之、知嗣（橘）朝臣取上之、有目錄檀帋二枚、立文也、居柳筥、幷女房狀等、則被出御返事、女房按察局書之、

十五日、天晴、放生會如例、上卿二条新中納言（葉室）頼親、參議（堀川）基俊朝臣、卒爾之間毎事不具之間、申入子細、就之猶嚴密被責仰、仍申下下北面二人、（藤原）重種・信隆、但非京晴儀、各參会社頭云々、無念々々、弁（中御門）爲俊云々、諸衞以下可尋、職事頭中将（藤原經氏）也、宣命奉行上卿、予日來領狀、

而咳病無術、仍去夜申子細旱、後聞、吉田中納言(經長)參行云々、

豐原政秋記

豐原政秋記尋取續加之、

駕輿丁神人津多里田園事を訴ふ

弘安六年八月十五日、天晴、今日石清水放生會也、次第如例、但今年自武家有警固、神人怖畏之故歟、又駕輿丁神人訴申、依津多里田園事、可押神輿御行之由雖令張行、爲頭中將經氏朝臣、奉行、昨日十四日、被下院宣、被宥之間無違乱、而右舞人右近大夫將監久資(多)申、去正月踏哥幷放生会祿物雜事等無沙汰之間、大会以前不被下行者、不可從其役之旨、右舞人等一同少時本定雖訴申之、忩可有其沙汰之由、社家問答之間致出仕了、

上卿參議辨並に諸使

上卿二条新中納言、頼親、侍四人、參議堀川宰相中將、基俊、諸大夫二人、侍三人、北面、重種・(藤原)信高等、辨權右少弁爲俊、近衞府少將雅持(藤原)、左衞門府權佐顯世(堀川)、右衞門府佐泰繼(高階)、左右兵衞府、不參、但府掌從之歟、右馬寮助持衡(三善)、

導師並に祠官等

導師宰相法印信弁、呪願上座法眼教守、祠官檢校法印守清、權別當法印良清・通清、此外別當法印尚清・權別當法印長清・朝清・榮清・法眼堯清・修理別當棟眞・永清・能清・汲清無出仕、三綱權上座法眼祐範、寺主法眼明昌、權寺主法眼勝実、都維那法橋實譽、權都維那少別當」當(衍カ)院繼公文、以下也、俗別當兼定・神主久良巡檢、勾當友貞、僧座幷樂兩行事、所司任例勤之、

(13張)

出仕の樂人

左舞人左近大夫將監近康(狛)・左近將監朝葛(狛)・左兵衞尉定繼(狛)・康朝(狛)・左衞門志則

忠居〔住カ〕從正八幡宮、而白地令上紿〔洛カ〕之處左舞師近康代官勤仕之間致出仕、・右衞門志末眞・康房(狛)・行政(狛)・右近府生是淸、鞨鼓興福寺〻侍、
揩鼓同之(×人)、笙左近大夫將監近秋(豐原)・右近將監久秋・右兵衞尉常秋(豐原)、篳篥右近將曹守保・同府生
有茂篳篥事雖不落居出仕、笛左近大夫將監景貞(大神)・左近將監政多(大神)加四笛之後始出仕、有好不參之間候左、・右近將曹康氏、有好代、大
鼓右近將曹淸葛、鉦鼓寺侍、右舞人右近大夫將監久資・久忠(多)・左近將監久氏(多)・右近將監久(多)
世・左近將監好延・忠有(多)・左兵衞尉久政(多)・右兵衞尉久春(多)・左衞門志好國(多)、此外左兵衞尉忠氏依重服着淨衣候樂屋、三
鼓寺侍、笙右近大夫將監政秋・右近將監景秋(豐原)・左兵衞尉盛秋(豐原)、篳篥右衞門志季有(安倍)・左衞門
府生近宗(安倍)、季俊(安倍)城外之間代官也、笛左近將監景延(大神)・景政(大神)・近衞助近、大鼓右衞門府生光吉、鉦鼓近衞近

舞樂

光、童舞師代、左是淸・右有茂、左師者爲眞葛(狛)之處、去二日止眞葛、任近氏讓近康補之、勅樂延喜樂所ニ景延吹地久之間、傍輩等依申
之、又取壹越調音吹延喜樂、入調舞安摩則忠・行政、・二舞・蘇合如常、・新鳥蘇・北庭樂・八仙此間破損舞臺、

相撲

・散手・貴德・陵王、可爲相撲已後之處、不可然之由上卿雖有下知出舞了、相撲十七番、納蘇利・還城樂行政、・拔頭、
還御、戌一點、奏還城樂破、社務以下祠官等如例、
景貞・政秋・久秋・景政・常秋・淸秋(豐原)已下供奉之、
十六日、天晴、家君渡御常磐井云〻、予不參、自其直御參吉田殿云〻、予・公具(西園寺)・爲兼等朝臣參

駒引

花山院長雅同家教勅勘を免ぜらる

去二月皇居沙汰事に依り解官出仕を停めらる

神輿入洛の時狼藉の宮仕六人を禁獄す

院宣を西園寺實兼に下して延暦寺僧兼覺定意を武家に引渡さしむ

院宣

會、知嗣朝臣以下少々祗候、及晩還御、駒引弁与次將馬取論及數剋云々、駒引分配上卿大炊御門中納言(冬輔)、三条宰相中將(公貫)、而公貫不參、爲世(藤原)朝臣參云々、職事頭亮定藤(葉室)朝臣、今夕邦仲(高階)朝臣參、廷尉景氏(藤原)畏ヲ申、駒引弁与次將馬取論及數剋云々、傳聞、花山院前大納言(長雅)幷同前中納言(家教)今日預勅免云々、亞相今夕則初參本院云々、中納言又參新院(龜山上皇)云々、此兩人依皇居沙汰、去二月解却所帶官、被留(止カ)出仕了、其後已及數日(月カ)、今日恩免尤神妙々々々、但未及還任之沙汰歟、

(14張)

十七日、申剋許家君御參北山、予同參、今出川院當時御如法經之間、爲彼御所之故也、亥剋御退出、予同之、

傳聞、神輿入洛之時狼藉宮仕六人、今日被渡使廳、廷尉六人大判事章澄(中原)・明法博士明成(中原)(盛カ)・五位尉以光(藤原)・同章名(中原)・同盛隆・六位尉家康(藤原)等、於四条橋爪請取之、則禁獄云々、

廿二日、癸卯、天晴、今日執當法眼兼覺・三綱定意法眼爲天王寺別當職訴訟關東使節領狀之三綱也、等參、經清(藤原)相逢之、御問答及再三、其旨趣不知及、又恐失錯之間不尋聞者也、申終剋院廳官季重布衣、下絬、持參院宣、經清同申次之、予依家君御命書留案、

延曆寺執當法眼兼覺・同三綱權寺主定意等被召遣武家事、經氏(藤原)朝臣奉書如此、子細見狀

候歟、仍執達如件、

八月廿二日申剋　　大宰權帥經任(中御門)奉

謹上　春宮大夫(西園寺實兼)殿

兼覺定意衆勘を恐れ勅命を輕んず

執當法眼兼覺・權寺主法眼定意、被召遣武家候、兼覺者當時爲寺務之仁、定意者所差關東之使節也、然者云造意結構之輩、〔云脱カ〕狼藉張行之族、定令存知歟之由雖有度ゝ勅問、更無弁申之旨、是則令恐怖衆勘、非忽緒勅命哉、殊尋子細可注申之由、可令下知武家之旨、可被仰遣春宮大夫、者依御氣色言上如件、

八月廿二日申剋　　左中將經氏

謹上　帥殿

逐言上、

定意法眼者、天王寺別當職訴詔〔訟〕事、爲申關東所被差定使節也、則向衆徒會合之砌、令存知其旨趣歟、然者盍見知彼輩哉、而雖一人不注申之条、非無御不審之由其沙汰候也、重謹言、

三善博經をして御教書を書かしむ

(15張)

此御教書遣觀證之許者定及遲ゝ歟、仍於家君御前仰博經(三善)被書御教書、

實兼の御教書

延暦寺執當法眼兼覺・同三綱權寺主定意等被召遣由事、院宣如此、子細見狀候歟之由、春

弘安六年八月

宮大夫殿可申之旨候也、恐々謹言、

八月廿二日　　沙弥観證奉

謹上　武藏守殿（北條時村）

則書賜聽官了、聽官持此御教書、相具兼覺・定意等、今夕卽向武家云々、以適聞及如形記之、併爲後不審欤、

後聞、兩人卽預置武家、聽官子剋許歸參云々、

安嘉門院御瘧病

廿五日、天晴、安嘉門院自去比御瘧病、今日相當三發云々、予可參之由家君有御命、仍晩頭着直衣着下袴、鳥襷織物指貫、参北白河殿、八葉車、侍一人、重友（源）上結、不及帶劍、依召參御所、可有御對面之躰也、如此之御所、被召入臺盤所之条猶以面目、况被召入御所、過分之賞翫也、自去比家君御參之時始有此事、先々臺盤所也、只今不候女房之間、基顯（園）卿對面、參上之由種々有悅仰、室町院此間御坐、參上神妙之由、自彼御方同有仰、少時退出、今日御發如形云々、教範法印候護身云々、此女院旁有由緒、仍如此代々參上也、

安嘉門院崩御

御遺跡を室町院に讓らる

龜山上皇伏見殿に御幸あらせらる

還御の途次二條新造内裏を檢分せらる

安嘉門院と龜山上皇は親子の儀あり

九月 小

四日、乙卯、天晴、傳聞、今曉寅剋安嘉門院崩御、〻年七十五云〻、御遺跡事室町院御沙汰云〻、則前内府(三條公親)・堀川大納言(基具)以下參入、定御喪礼以下事云〻、從三位資通(萬里小路)卿奉行云〻、予依新院(龜山上皇)召、今夜亥剋俄歸京、爲明日伏見殿御幸供奉也、

五日、天晴、辰一點着布衣參新院、少時出御、御小直衣、生御指貫、少將定教(花山院)朝臣禁色、候御劔・御輿也、公卿新大納言(北畠師親)・予、殿上人內藏頭宗親(藤原)朝臣・右中將公永(藤原)朝臣・左中將宗氏(藤原)朝臣・右中將資顯朝臣・左中將爲雄(藤原)朝臣・左中將師行(北畠)朝臣・木工頭重經(高階)朝臣・左馬頭爲忠朝臣・權右少弁爲俊(中御門)・左少御劔役候御後、本定將定教朝臣・左衞門佐經守(高倉)各楚鞦、但定教一人懸總鞦、依初度供奉也、以上前行、爲先下﨟、先殿上人、次公卿、次御輿、六位下北面幷御隨身左府生秦久延本定持御劔、・右番長同利則・近衞同久延等歩行、御袈裟筥・御杓一等北面輩持之、 次御劔役人、次上北面前左馬權頭重清(藤原)朝臣・右馬權頭知顯(橘)・內藏權頭兼任(源)・尾張守景房(藤原)等、次下北面筑後守時景(藤原)、路次見物車夾路、甚難堪〻〻、於伏見殿兩院出御、供花如例、次有供御事、予等候御倍(陪)膳、申剋還御、其次入御二条東洞院新造內裏、爲御見知也、秉燭之程還御靡殿、予今日賜五葦毛乘之、抑安嘉門院与新院御父子之儀也、今日

(16張)

御幸被刷及齊〻之条如何、定有子細歟、

大宮院清涼寺に於て御經供養を行はせらる

七日、自去月卅日御參籠、釋迦堂大宮院自清涼寺還御日也、仍辰一點着淨衣參清涼寺、相具侍二人、于時御經供養之間也、依奉行人(冷泉)經賴朝臣、告加着堂前座、先之大炊御門(良宗)三位中將候座、御導師憲実法印、法服、題名僧三口、僧綱一口、凡僧二口、說法了有御布施事、予起座取導師被物、上北面刑部少輔師衡(三善)傳之、次中將(藤原)伊定朝臣取裹物、次左京大夫(橘)知嗣朝臣取題名僧絹裹物、次少將(姉小路)公朝〻臣取同裹物、帋、次左中弁經賴朝臣取同物、帋、次從僧參進撤導師布施、次預等撤題名僧布施、御導師一重一裹、題名僧裹物一也、次御導師以下退出、予猶候座、今日三位中將不取裹物、次御誦經、導師參進、御誦經間還御、予候御車寄、供奉人如去月晦、公卿予・大炊御門三位中將、殿上人伊定朝臣・(源)親平朝臣・公朝〻臣・經賴朝臣、奉行、各淨衣、楚鞦、但予一人御幸日懸總鞦、依聊刷也、今日先用楚鞦也、上北面三人師衡・知顯・知基、此人重服父也、然而依有先例供奉、下北面三人也、去月卅日供奉殿上人內、(三條)実永朝臣・(坊門)信經等今日不參、仍伊定朝臣今度參、

公衡以下還御に供奉す

公衡昨日の小除目に依り從二位に叙せらる

九日、早旦披見聞書、雜任等無殊事、予叙從二位、(葉室)超賴親卿、可着陣之由今朝以狀觸外記・官了、仍今日平座之次、可拜賀着陣、禁裏申次幷着陣藏人方吉書事、相觸頭中將(藤原經氏)之處、今日依故障不參內、仍吉書事与奪頭亮、(葉室定藤)申次与奪一臈右近將監(高階)成朝云〻、爲下吉書、左少弁(中御門)爲方忩可參內之由相觸了、自元平座領狀之仁也、申一點着束帶

（17張）

蒔繪劔、無文帶、紺地平緒、參內、毛車、番頭・雜色如例、不及雜色着下袴、車副・牛飼如恒、散位經清（藤原）着束帶、騎馬置前駈鞍、相具舍人、打車後、此間新」大納言以下已以着陣云々、予

公衡弓場代に於て慶を奏す

於弓場代奏慶舞踏、成朝遲參之間、頭春宮亮定藤朝臣申次之、次可着陣之支度也、而公卿兼着陣間、空昇堂上、先之主上御中門邊、仍祗候彼所、定藤・棟望（平）等朝臣、定光（藤原）及六位藏人等候

平座

之、次平座始、予未着陣、其上今日不可列上首下、仍不候平座、且此趣相觸奉行職事定藤朝臣了、新大納言・帥（中御門經任）經 遲參、二獻之後參內云々、・中院新中納言通雄（久我）・二条新中納言賴親（葉室）・吉田中納言經長、等着陣云々、〔左〕（頭書、二四頁ニ移ス、）右少弁爲方・權右少弁爲俊・少納言親氏（藤原）・大外記良季（清原）・師顯（中原）・大夫史顯泰（小槻）及六位外記・史等候床子座、平座儀如恒歟、陣作法不見知、新大納言進弓場奏見參・目六〔錄〕、頭亮出逢取之、主上於中門邊御覽之、次返給、上卿召親氏給見參、二通、召爲方賜祿法歟、次人々退出、次予退御前着陣、奥、此間右〔左〕少弁爲方・大外記・大夫史等候床

公衡加階に依り着陣の儀を行ふ

子、予須臾起座移着端、召官人令敷軾、次頭亮定藤朝臣就軾下藏人方吉書、予請取之、職事目、予微唯卷文、職事退、次官人召弁、爲方就軾下吉書、弁請之〔取脱カ〕、予目之、弁稱唯卷文退出、次予令官人令撤軾、次起座、今日略申文、且當家有先例之上、加階之時强不可有歟、但有申文

申文の儀あるを本儀とするも家例に依り略す

之条本儀也、今日略所々慶、隨又有先例、歸家之後、於中門申本所慶、經清申次之、一拜、次改脫裝束、着布衣參北山（西園寺實兼）、家君御共也、爲兼（京極）朝臣同參、女院（大宮院）御坐之故也、

（頭書）凡今日予可（本マヽ）上首之次由存之間參內了、而俄如此、如何、且只今相尋上﨟參之處、無其儀之由奉行職事答之、不審〻〻、

大宮院法水院に於て如法經十種供養を行はる

借聖

佛經一部を西園寺實氏の墳墓に奉納す

十一日、壬戌、天晴風靜、女院如法經十種供養也、去月十三日正懺悔始、自早旦堂法水院、莊嚴、其儀如例、奉行院司右少弁俊定（坊城）束帶、奉行之、抑御誦經幄欲立道場東面之處、件所被立障子被懸簾之間、已爲閑所、仍可立南庭之處、庭狹少幄甚大也、仍無便宜之間、今日略幄、南庭敷薦立案、其上安嚫物、申剋公卿等候公卿座、奉行俊定申事由、次公卿着堂前座、西上北面、家君御直衣、・新大納言師親、布衣、・土御門中納言通教（中院）、布衣、・予直衣、大帷、堅文鳥襷薄色指貫、籠結、・二条新中納言賴親、直衣、・吉田中納言、經長、直衣、次僧參上、覺信法印・憲御導師実法印非日來御經衆、然而依能說今日被召之、・寂遍僧都・定喜僧都・長快僧都・憲勝僧都・寂隆律師・借聖全承阿闍梨爲加陀被召之、各布法服、散花自持之、等着」堂中南座、南小間三間也、東上北面、但御導師着別円座、唄・散花・加陀等如恒、次御導師昇礼盤、表白之後讀御願文、今日說法凡言語道斷、聽衆緇素各溺感淚、說法旱導師下座之間、廻向加陀、次僧衆自下﨟起座退出、公卿自上首起座各退出、自下可起歟、然而無便宜之間如此、今日無御布施、內〻被送遣之、御導師准絹五千疋、題名僧六口各二千疋、借聖不及布施、亥剋許有奉納事、一部奉納當所先公（西園寺實氏）之御墳墓、仍先有御幸、予幷爲兼朝臣寄御輿、家君雖令坐給、父子無便宜之故也、俊定束帶、奉行出御事、御輿前ニ雜色二人家君御雜色也、取松明、次

（18張）

御輿、次公卿家君・予、殿上人爲兼朝臣・知嗣朝臣、殿上人可先行歟、然而無人之上毎事略儀、仍如此、諸大夫俊衡(三善)朝臣・知有(橘)・師衡・知顯・經清・景衡(三善)・淳清(藤原)・道衡(三善)各淨衣、着沓、侍能登守信友(藤原)・筑後守時景・左衞門尉藤原信兼・惟宗盛賢・大江景長・藤原信高・左兵衞尉紀久綱・源重茂、各布衣、上括、是皆非御幸供奉人、家君御共人也、奉納儀如例、次還御、無爲無事、殊勝〻〻、

例幣を延引す

傳聞、例幣依內裏犬死穢延引云〻、

小除目

十二日、猶候北山、申剋許頭中將送狀云、今日可被行小除目、可參陣云〻、予申承由了、同剋內〻着布衣歸今出川、除目任人間事書、家君御書有付帥事等、忩忙之間不能引見如次第、且忩有可奏院事之間、酉一點着束帶、蒔繪劒、無文帶、泔〔紺〕地平緒、則參新院、毛車、雜色・番頭等兩三之外無僮僕、細〻公事略侍也、依召參御前、奏

公衡實兼の命に依り北條時村同顯時加階事等を龜山上皇に奏す

家君令申給条〻、時村(北條)・顯時(北條)一級事、頼泰(平)諸司長官事、能成(藤原)侍從事、良康(丹波)權侍醫還任事、勅答之趣、時村・顯時一級幷頼泰兵庫頭等事、所有其沙汰也、能成事、任人已治定、職事退出了、然而汝參內之後、仰職事可書入小折紙者、良康(丹波)事、以尚長子息御療治賞被任了、今不及改任歟、其外望申諸司長官歟、於其条者被待便

(19張)

宜之由也、予退出參內、于時已以秉燭、職事頭中將不參、內裏有犬產穢、仍依神宮奉行憚之不參、仍藏人大進定光俄」奉行之

云〻、而彼仁未參內、仍參黑戶、主上有出御、今夜除目何事哉之由有御尋、申委細不知及之

主上除目につき公衡に尋ね問はる

殿上に於て小折紙を書改む

左中辨經賴參議に代つて執筆を奉仕す

由、隆博卿(九條)・伊定朝臣・賴教朝臣・重經朝臣等候黑戶、此間職事定光送狀云、今夕除目參內可爲何時哉云々、已參內相待參之由答了、于時甚雨、予自然早參、還有後悔之氣、或於黑戶睡眠、或於殿上欠伸、甚無益、、、亥剋許定光參內、自晚頭候殿下(鷹司兼平)云々、小折帋等內々經奏聞歟、予招職事仰能成侍從事、職事欲書入之處、小折紙狼藉也、仍於殿上書改之、今夜參議不參、仍左中弁經賴朝臣可候執筆云々、子剋許經賴朝臣參內、予則着陣、奥、此間雨脚殊甚、雜色捧笠、先之供掌燈、主殿寮立明、少外記有保(大江)・利重(中原)・右大史俊良(中原)等候床子邊、小時職事定光來奥座仰云、權少外記淸原賴秀・中務丞侍從藤原能成、次取出小折帋授之、予正笏奉仰、次取折紙予懷中、任人兩三人職事以詞仰、故実也、職事退、予揖起座着端座、直沓以下如例、次居向東正笏召官人、二音、官人參小庭、予仰云、軾、官人退出、取軾參上置之、次又召官人仰云、外記召せ、少外記有保參小庭、予仰云、可被行除目、硯・折堺進レ、外記稱唯退出、次外記持參硯、折堺入加之、置參議座上、此間弁可參着、而待上卿召歟、暫以遲々、以官人內々尋之、不待召參着、是又一說云々、辨參上於立蔀下尤可蒙上卿許歟、而無其儀、如何〻〻、直着座上、弁執筆之時如此歟、予正笏目弁、々揖起座、進來予前跪、不揖、予取出少〔小〕折帋授之、弁懷中揖起座、復座揖、弁正笏氣色、予目之、弁卷返續帋、取礼帋入硯下、和墨染筆、取副續紙於笏氣色、予目許、弁取出小折紙

兵庫頭平頼泰の位階誤記を訂正せしむ

平頼泰從下從上兩名あり

一〻任之、一通、奏任文官、權少外記以下備前權守以上、一通、奏任武官、左右將監以下兵庫頭以上、次以折堺殘書叙位、各書了一通見合
之、次押硯於左、取副召名・叙位於笏、參進予前、予置笏取之、此次取出折帋進之、弁復座之
後予披見之、見合折帋、如元卷之置前、横、取折紙懷中之、予示弁云、任兵庫頭之平頼泰、若從五位
（20張）
上歟、而被書從下之由如何、」經頼朝臣云、相尋外記之處、申從下之由、仍如此書之云〻、予
重示云、猶從上之由所存也、可被相尋外記也、仍弁以官人召外記問之、有保申云、從五位下
內平頼泰勿論也、予云、從五位上平頼泰一定不候歟、外記云、重可引見候、次外記參進申云、
從下・從上共平頼泰候、從下ノ頼泰ハ前下野守候、從上ノ頼泰ハ前出羽守候、今任兵庫頭之
仁可爲何哉、予云、前出羽守是也、仍經頼參進、予以武官召名賜之、經頼復座直改之、則持
參、予取予〔衍カ〕取之置前、此間弁起座退出、予以官人召外記、〻〻參小庭、仰云、筥持參レ、外記
稱唯退出、則持參空筥、直着軾置筥、予取召名幷叙位薄〔簿〕、賜外記仰云、封セヨ、外記自懷中取
出紙捻・少〔小〕刀封之、式召名一通・兵召名一通・叙位薄〔簿〕一通、各封之、各別也、無礼帋、予問云、無礼帋如何、外記答云、礼帋不候近例也、予强不及確執、相具筆抑執筆硯筆只自懷中取出之、進
予、〻引墨、結目ノ上也、三通共入筥賜外記仰云、內覽、外記申云、可持參里亭歟、予云、然也、今夜已及深更、
又甚雨也、職事兼尤可申請歟、而定光云、內覽事何樣可候哉之由、於關白申申次人、然而無分明左右云〻、仍予且爲初度奉行、以如法之儀內覽了、外記取筥稱唯退出、參關白里亭、鷹司

室町、此間甚雨、弥毎事懈怠、予依有用事白地起座、如此之時白地起座無妨也、不可撤軾之由誡仰官人早、暫昇中門、則歸着陣、
其後數剋窮堀〔屈〕無治術、丑剋許外記歸參、置筥於上卿前、予則仰云、封解ケ、外記開之進之、又
予入筥、予目之、仍外記取筥退立小庭、予居直南面、揖起座、參進日花門代外、依雨也、主殿寮取松明先行、外記持
筥相從、召使又相從、職事數剋不見來、仍以召使內々尋之、則出逢中門下、降自切妻、徒跣、予指笏取筥付職事、々
々取之參進、予拔笏佇立、數剋之後被返下、予今度內々懷中笏、取筥給外記、取出笏經本路
歸着陣、外記置筥、予問云、式省・兵省候哉、外記申不參之由、仍予仰云、封セヨ、外記封之如
元、封早進之、予仰云、傳給ヘ、外記取筥稱唯退出、不取硯、僧名定可用此硯云々、官硯只今不用意之故也、予居直南面之間、職

尊勝寺灌頂日次並に僧名を定む

事藏人春宮大進定光就軾依雨經柱中、仰云、尊勝寺灌頂日次・僧名令定申ヨ、予微唯、以官人召弁、
經頼朝臣着軾、經柱內、予仰云、尊勝寺灌頂日時令勘申ヨ、弁微唯退、則持參勘文、不納筥、有礼紙、予披見
之、此次予仰云、可被定僧名、例」文進レ、硯事兼在座之間不仰之、次右大史中原俊良持參例文・土代入筥、候

(21張)

兼ねて僧名を書儲く

小庭、予目之、史稱唯着軾進置退出、次史參進、偸置續帋於硯內、件續帋兼書儲僧名、內々儀歟、予以官人召
弁、々參進着參議座上、予目之、卷返續帋摺墨染筆、弁取副續帋於笏氣色、予披土代讀云、尊
勝寺灌頂大阿闍梨、隨讀弁書之、次卷土代投遣弁許、參議執筆之時下臈納言可爲此儀、而已及曉更之上每事省略、仍密々投遣之、兼書儲

尊勝寺灌頂僧名

上卿公衡土代と校合す

僧名之間、須臾書了校合土代、

（底本改行セズ上文ニ續ク、今之ヲ改ム、）僧名

尊勝寺灌頂

大阿闍梨

法印權大僧都敬宗

讃衆

法印權大僧都觀兼　權大僧都信雅　權少僧都信勝

權律師俊尊　尊深　宗深　長円當灌頂、　定仏

現暹　尊觀　快憲　珎覺　有昌

盤俊　嚴悟　良深　實快　恒譽

実盛　寛弁

弘安六年九月十二日

取副僧名・土代於笏、來予前進之、予置笏取之披見、校合土代也、如元卷之入筥蓋、例文暫取出置筥外、日時勘文・僧名加入之、此間弁起座退出、予以官人召弁、經頼朝臣就軾、予給筥令奏聞、內覽申請了云々、次歸來置筥、予結日

弘安六年九月
時・僧名云弁〔脱アルカ〕仰詞、予微唯卷之、次取日時・僧名下弁、々結申之、予目之、弁微唯卷〔文カ〕又退出、次令官人召史、々参進、予取例文入筥返給史、々取之稱唯退出、令官人仰外記可撤硯之由、外記参進取硯退出、予召官人令撤軾、次起座退出、此間外記催小折帋、仍授早、于時寅剋也、

（22張）

聞書

聞書、雑任略之、
權少外記清原頼秀　侍從藤原能成　掃部助三善行俊
備前權守大中臣爲行六位也、權守六位常事之由外記申之、　右近將曹秦久家　左衞門尉三善定衡新藏人也、
右衞門少志大江職重　兵庫頭平頼泰
弘安六年九月十二日
從四位下藤原定教　從五位上平時村　平顯時　安倍宗俊
從五位下清原季兼　藤原景氏元廷尉也、而申畏之時、依不合期不饗〔應〕下部、仍下部等一同訴之、各不從公事、仍被止其職被叙爵歟、不便〻〻、雖爲家人更無御口入之事也、

大外記良季公衡に任人折紙を進上す

去夜除目任人折紙謹進上候、可令進入中納言〔公衡〕殿御方給候、良季恐惶謹言、
九月十三日　大外記清原良季上
進上　大内記〔藤原邦行〕殿
良季所進折帋、爲同事之間不書之、但件小折帋元書高檀帋、而書加侍從事之間書厚帋了、職事定光筆也、

口宣案

延暦寺執當を改補す

山門執當は座主の進止なり

造興福寺事遅怠に依り春日神人造國知行主の第に赴き督責す

十五日、頭中將經氏朝臣書下口宣、(正親町)正五位下藤原實明可賜從四位下藤原定教同日位記由事、予下大內記邦行𠃵、雖爲家人、依公事任家例用名字・殿字了、内記請文又如例、但書跪字副頓首字、大內記請文到來之後、書出職事請文𠃵、

十七日、天晴、家君令參龜山殿給云〻、

傳聞、依山門事、執當兼覺猶被處奇恠、仍執當事被仰前執當源全法眼云〻、抑山門執當事、先〻座主相計進止之、而當時無人于山務、仍自公家可被仰云〻、可爲宣下歟、又以院宣可被仰歟、被問例於官・外記、各申不分明之由云〻、落居之樣不知不(衍カ)及、可尋記、

廿三日、甲戌、天晴、予沐浴、終日無殊事、藏人大進下宣下、〻知權弁了、造興福寺事、依遲〻付春日神人於國司許云〻、是衆徒結構也、今日參向內府(中院通成)禪門亭、閇門戶、及水火責云〻、未曾有之狼藉也、不可說、〻〻、

(23張)

廿五日、天晴、終日徒然、右金吾(滋野井實冬)借ス抄物尤所自愛也、藏人大」進下宣旨、而去十五日頭中將所宣下之実明朝臣位記也、仍爲同事之間、可爲何樣哉之由可相尋職事之旨、仰含少(小)舍人吉弘了、且又以狀相尋定光之處、依權大納言(洞院公守)被申奏聞之處、可宣下之由被仰下、仍宣下𠃵、所詮爲權大納言息者同事歟之由返答之、權大納言付兩人經氏朝臣・定光、奏聞歟、頗朝儀輕忽也、如何〻〻、

此宣旨遂不及下知、

小除目

廿六日、今夜有少〔小〕除目云〻、任人無殊事、

権侍醫丹波良康　　左近中將藤原実泰

従四位下源親長　　丹波棟康　　正五位下平春時

従五位上藤原景綱　　従五位下源重定　　大中臣爲理

平行定民部　　藤原信通　　雑任略之、

後聞、上卿吉田中納言、執筆三条宰相中將（公貫）云〻、

廿九日、庚辰、天晴、無殊事、

○弘安十一年正月ヨリ三月マデハ、底本巻一〇・一一・九一・九二・九七・九八・九九・一〇一・一〇三ニ分載セルニヨリ、各巻ノ表紙外題等ハ一括シテ三月ノ本文ノアトニ載セタリ、

公衡本年二十五歳、正二位、権中納言、皇后宮権大夫、八月遷中宮大夫、十一月転権大納言、

（弘安十一年　四月二十八日改元為正應、）

以下底本巻九九

後深草上皇御所常盤井殿に於て院拝禮

（正月）

（12張）

（首缺、正月一日條、）□□（頭書、三四頁ニ移ス、）中納言□□侍従［　　　　］参云々、仍諸卿降立車宿□関白（二條師忠）下車、経列前、随身上﨟三人前行、左府生武（秦）躬取裾、（但於公卿前垂裾、）下﨟経列後、予蒙関白目之後、揖離列東行、進立関白乾邊、（中門砌也、）巽向、少磬屈伺気色、関白目之後、揖左廻至中門西面沓脱下（当中門北扉程、）脱沓、地上、昇沓脱（先左足、凡雖可懸膝略作法也、）入中門、直降東簀子、更北行又東行、進跪御座（先左膝、）階間（被出織物几帳、所御坐件間也、）西間東頭、正笏気色、次上皇（後深草上皇）令引御簾御、予又揖、後日（西園寺実兼）家君仰云、此揖頗深、似揖只可気色也、起左廻経

関白二条師忠以下南庭に列立す

亀山上皇後宇多天皇の譲位後毎事謹慎せらる

後宇多上皇御薬

後深草上皇御薬

弘安十一年正月

（以下裏書、二三張ノ紙背ニアリ、）『本路、自中門内沓脱降立地上、當關白艮留立揖、家君後日仰云、頗深、今少可淺、右廻出中門、至初所着沓、左廻西行更斜南行、加立本列、不揖、家君兼可加本列之由有御命、仍如此、次關白練歩、（九條忠教）・右大臣・土御門大納言定（定實）、・大炊御門大納言信（信嗣）、・西園寺大納言殿（實兼）・左大將（鷹司兼忠）・堀川大納言具（×中）（具守）、・三条中納言実（實重）、・花山院中納言家（家教）、・土御門中納言雅（雅房）、・大炊御門中納言良（良宗）、・中納言中將兼（二條兼基）、・近衞宰相中將兼（兼教）、・侍從宰相雅（源雅憲）、・平宰相忠（坊門忠世）、・左大弁宰相爲（中御門爲方）、・花山院三位中將定（定教）、等參列南庭、東上北上（面）、先之御隨身左將曹久家（秦）衣褐垂袴、不帶弓箭、奉仕立明、候階東方、西面、廳官四人東帶、候階西方（×面）、北上東面、立明、次殿上人頭內藏頭信輔朝臣（平）・頭右大弁俊定朝臣（坊城）・右中弁冬季朝臣（滋野井）・□□□□□朝臣［　　　］奉行、［　　　］』

（頭書）（首缺）仙洞常盤井殿、□礼、

○以下御藥ノ事、宮內廳書陵部所藏伏見宮本「元三御藥記」ニ據リテ收ム、又二日・三日條同書（略號フ）ヲ以テ底本ノ缺字ヲ補ヘリ、

弘安十一年正月一日、他事略之、傳聞、万里少路殿（小、以下同ジ、）（龜山上皇）院無御藥、每事御謹愼、但有四方拜、新院（後宇多上皇）御藥如法密儀、被垂御簾、公卿土御門大納言定、・家君御遲參、・吉田中納言經長、奉行、殿上人近習輩四、五人或衣冠、或布衣、等云〻、新院御烏帽子御直衣、云〻、又兩院拜礼被略之、於事催懷舊之心歟、本院（後深草上皇）御藥、儀同三司（堀川基具）・四条前大納言房（房名）、・土御門大納言・家君・前平中納言（時繼）・平宰相父子轉盃云〻、頗不可然之由家君有仰、・左大弁云

々、殿上人兩貫首以下濟々焉、又御隨身・下北面等參候如例、万里少路殿兩院四方拜、御簾土御門中納言云々、本院四方拜三条中納言、

○以下底本卷九九ノ一二張ツヅキ、

二日、戊子、火開、　供御藥、供御節供、內藏司供若菜、東宮大饗、中宮大饗、關白家臨時客、供屠蘇白散、內藏寮酒肴、

今日不出仕、家君御直衣、令參新院御藥給、人數如昨日云々、次令參本院御藥給、人數又如昨日、但儀同三司不參、四条勤仕陪膳、又帥卿(中御門經任)參加云々、

亀山上皇より勅書を賜はる

今朝院万里少路殿、有勅書、御使召次(×使)清重、

公私大慶、眞実改年、爲悅千万、幸甚〳〵、難及筆端者也、抑去夜被參候けるニ、餘拜礼以下及深更候けるニや、今日なとは出仕不定候哉、每事期見參候、猶〳〵自今年弥上下合躰候て被召仕候条、可顯本意候歟、悅入候、〳〵、ことしの消息ハしめて申候ぬるこそ、まめやかニ〳〵めてたく候へ、

公衡請文

請文云、(頭書、三六頁ニ移ス、)

被仰下候之旨跪地奉候了、公私之大慶、臣民之悅豫、可在此春候乎、千万之祝言、難述禿筆候、參仕之間、且以此旨可令洩披露給、公衡誠恐頓首謹言上、

弘安十一年正月

正月二日　　皇后宮權大夫藤原公衡上

進上　權大納言〔洞院公守〕殿

（頭書）□帋懸帋立□帋頸結之、

三日、己丑、火閇、　供御藥、供屠蘇白散、供御節供、內藏寮酒肴、

後宇多上皇御藥

天晴、辰剋着束帶、有文帶、紺地平緒、蒔繪螺鈿劔、永經〔藤原〕朝臣刷之、先參万里少路殿、毛車如例、侍二人上結、帶劔、・雜色三人平礼、下結、等相具之、於北門下車、候院御方庇、帥卿兼候之、頃之吉田中納言來、傳仰云、新院御藥可祇候云ゝ、申承了由、又來帥卿同可祇候之由仰之、仍二人相共廻廣御所方、土御門大納言・吉田中納言兼在此所、

殿上人御厩上二間に候す

先ゝ出御以前候御厩上、出□〔御之ヵ〕後隨召參着御前也、而今度殊密儀也、仍公卿兼參候也、被垂御簾、今日殿上人等候御厩上二間、土御門大納言・帥着奥、予・吉田中納言着端、予外皆直衣也、不經程新院御烏帽子御直衣、鳥襷薄色堅織物御指貫、被結垂御紐、出御、諸卿動座、御座定安座、上皇〔龜山上皇〕出御後、障子內密ゝ

御藥の作法

御覽御藥儀、次皇后宮權大進定房〔吉田〕衣冠、持參火置御火桶、取折敷・土器等退居、次頭右大弁俊定朝臣（頭書1、三八頁ニ移ス、）束帶、持參御菓子、土御門大納言起座、參進供之、次中將伊定〔藤原〕朝臣衣冠、持參白散樻、置陪膳前、次右中弁冬季朝臣束帶、持參御酒盞、陪膳人供之、次前勘解由次官經繼〔中御門〕朝臣白襖狩衣、白衣、白單、持參御銚子、陪膳人入散振袋、作法委不見、□〔一獻之間定房置澆濁土器ヵ〕

公衡召により龜山上皇の御前に參る

後深草上皇御藥

花山院流の作法

（以下裏書、一二張ノ紙背ニアリ、）『次陪膳人供之、次巡流如常、次中將師信（花山院）朝臣二藍狩衣、青衣、赤單、持參御酒盞、定房持參御銚子、巡流如前、但今度土御門大納言盃依帥讓予受之、次擬帥、〻盃吉田中納言受之、次頭弁持參御酒盞、冬季朝臣持參御銚子、次巡流、次□（初カ）役人參上、撤御菓子・白散等、次上皇入御、諸卿起座、予依召參院御方常御所、着御烏帽子直衣御坐、暫承御祝言等、良久退御前、參大宮院臺（×大）盤所、女房褰簾、暫祗候之間、又（×暫）依召參常御所、小時退出、次參親王（邦治親王）御所、參常御所、女房褰簾、入見參之後退出、歸參万里少路殿、參新院臺盤所、女房褰簾、上皇御坐、須臾退出、參常磐井殿、着弘御所下廊座、平宰相兼在之、不經程儀同三司・土亜相・花黄門・都督・左大丞等加着、良久四条前大納言又加着、此後出御遲〻、殆及數剋、未剋上皇出御、諸卿隨御目參着御前座、儀同三司直衣、奧、・四条同、端、・土亜相同、奧、・都督同、奧、・花黄門同、端、・予端、・平相公束帯、奧、・左大丞同、端、次前土左守忠顯（平）□（帶カ）束持參火置御火爐、次頭弁持參御菓子、儀同候陪膳、次中將資（藤原）行朝臣衣冠、持□（參カ）（頭書2、三八頁ヘ移ス、）白散樻置陪膳前、中將兼（藤原）行朝臣衣冠、持參御酒盞、陪膳人供之、抑白散ノ土高坏ヲ置御前、每度御盞置其上供之、是花山作法歟、源家不然、如何、中將爲兼（京極）朝臣衣冠、持參御銚子、陪膳人供之、流巡如恒、今度品下御菓子、橘、其儀如恒、次中將資高（二條）朝臣衣冠、持（參）御酒盞、權弁（右中弁ノ誤カ）冬季朝臣束帯、持參御銚子、流巡、但一（堀川基具）品盃土御門受之、四条盃花山受之、帥盃予受之、予盃左大弁受之、左大弁盃平相公受之、次忠顯持參御酒盞、前春宮權大進爲行(中御門)束帶、持參御銚子、流巡如恒、次陪膳人供膏藥、臣下應之、次初役人撤御菓子・樌等、次入御、人々起座、次予參院臺盤所、女房褰簾、依召更參常御所、入見參之後退出、參女院(東二條院)臺盤所、又參御前、次退出、參內、於四足門外頭弁來逢、下裾降、並路立留互会釋、少揖之後予入門、頭弁退出、藏人來示可參臺盤所之由、仍予參入、女房褰簾、主上出御、御引直衣、次參皇后宮(姈子內親王)御方御湯殿上、女房對面、更又參臺盤所、次退出、向前源大納言(中院通頼)亭、々主丼禪尼(宇都宮頼綱女)入見參、被勸一獻、次退出、詣一条前攝政(家經)亭、不經程被出逢公卿座、烏帽子直衣、下結、〔結、以下同ジ、〕見參之後退出、參室町院、於公卿座謁女房(中原師朝女)、次退出、參祖母二品御許、被勸一獻、次參今出川院入見參、次歸亭、』

公衡中院通頼第に赴く

(頭書1)　一獻之間定房置澆濁土器、

(頭書2)　□〔左兵衛佐ヵ〕泰繼(高階)衣冠、□□〔澆濁ヵ〕躅土器、

四日、庚寅、木建、　法成寺阿弥陀堂修正、法性寺御八講始、四日、

不出仕、無殊事、

○具注暦五日條脱落セルカ、

以下底本巻二一

公衡新陽明門院御所靡殿に参入す

叙位の儀

雨儀を用ふ

(28張)

五日、天陰終日雨雪交下、今日叙位儀也、信輔朝臣奉行、依可参仕、酉剋着束帯、蒔繪劔、毛車如恒、刑部少輔知基在共、先参靡殿、新陽明門院御坐、元三不参之間、故所参仕也、於公卿座謁女房、冷泉局、不經程退出、参内、于時已以秉燭、於中門右少弁兼仲(勘解由小路)云、只今中文奏覧了撰定之間也、未無其期歟云々者、仍予参万里少路殿、入見参之後、良久歸参内、撰定了御装束已奉仕云々、藤中納言実冬(滋野井)、在小板敷、招請之間加居其所、雑談移剋、此間執筆右大臣、被参万里少路殿、其後可被参内云々、頃而女嬬來示可参常御所之由、仍参上、數剋入見参、有被仰下事等、良久之後出中門邊、公卿少々已着陣云々、仍予着之、一条大納言実家・藤中納言実冬、等兼在陣、子終剋右大臣一上、参入、直被着端座不令敷軾、此後又數剋、關白遅参之故云々、毎度如此、為何□〔様カ〕、不便事歟、丑半適被参入、即頭内藏頭信輔朝臣出陣召仰叙位事、大臣以官人召大外記師顯(中原)仰之、又召右少弁兼仲被仰之、其後又數剋無召、良久之後、藏人右□□〔衞門〕尉憲直(藤原)出陣召公卿、先之皇后宮大夫公孝(徳大寺)、・三条中納言実重、・吉田中納言經長、・左大弁宰相為方、等加着陣、(頭書1、四四頁ニ移ス、)侍従宰相雅憲雖参不着陣、又皇后宮大夫事未始之以前退出、所労之故云々、大臣召外記被仰筥文ニ可候之由、六位外記三人取筥列立小庭、東上南面、左大弁起座出陣腋、大臣依可起座敬礼之故也、次右大臣・一条大納言・藤中納言・三条中納言等起座、經柱内、二位納言可出中間之由、一条前攝政先々有諷諫、而今夜一条以下皆出東間、若雨儀之作法歟、進立中門下、依雨儀也、大臣南面、傍北扉、納言北上東面、外記列其後、参議西上北面侍従宰相・左大弁列之、也、予・吉

公衡等便所に於て筥文の作法を窺見る

（29張）

田等此間起陣、自腋密々堂上、於便所伺見筥文作法、次關白・大臣等起殿上被着御前座、此間一条大納言進立大臣跡、揖有無委不見及、取筥左廻經政柱外、所謂東也、昇中門内切妻、東端、更左廻」西行出西面妻戸、中門廊南妻戸也、經廊外緣北行、入北腋戸更入西面妻戸、廊北妻戸也、東行經透渡殿、入參議座後妻戸、所謂寝殿西庇南一間西面妻戸也、超參議座東行、參議座下迫御簾擧掌燈、仍人々傍南、昇長押斜艮行、傍御簾東行也、自御簾西間西頭少歩寄南、於御座間西頭跪、先左膝、次右膝、膝行三度、先右、次左、次右、次左ヲ平頭ニ引整、置硯以左手引直之、以左右少押之、次逆行兩三、先左、次右、次左ヲ深ク退、艮向持笏起、左廻經本路降簀子、引直裾南簀子東行着座、次藤中納言取筥、經柱外昇切妻、經中門廊東簀子直北行、經透渡殿東行、其以下作法如前、次三条中納言取筥、作法如藤中納言、次侍從宰相昇切妻參上、其路如一条大納言、左大弁歸出中門外昇沓脱參進、兩參議着座之後、（頭書2、四四頁ニ移ス。）關白依召被着円座、次關白奉仰召大臣、々々歸着円座、次予加着御前座、吉田中納言候小板敷、爲清書奉行也、不加着御前休息、執筆作法依程遠不見及、藤中納言・三条中納言等即退出了、

勸盃

執筆被緣大間之間、居〇火櫝・衝重、關白前五位藏人、其外五位・六位等役之、勸盃、頭内藏頭信輔朝臣、瓶子藏人佐俊光（日野）、大臣盃、一条大納言依目揖起座、降簀子東行、至大臣後、懸膝於長押揖、此揖〇有無忘却、但一定被揖之やうニ覺、指笏受盃起、不揖、經本路還着本座、不揖、乍逃足置盃於前、拔笏安座更被目予、次置笏取盃飮了被擬予、々先目侍從宰相之

權中納言經長痢病の爲公衡代つて入眼事を奉行す

後、置笏居寄受盃、次流巡了、次一条大納言起座、左大弁又如此、小時執筆召侍從宰相、被遣取院宮御申文、侍從宰相於殿上邊尋取持參之、七通云々、進執筆、此間藏人來示云、吉田中納言痢病無術之間欲退出、然者入眼事奉行哉、予答云、日來咳氣無術、今夜相扶所參也、終夜祗候更無計略、但又眞実及闕如者、何可(×不)顧身命哉者、重歸來云、中納言眞実所勞不便之間已欲退出、然而予又不奉行者可及違乱歟、然而雖平臥爭不祗候哉之由申之云々、予重示云、一旦申子細也、中納言所勞眞実、如然者爭不奉行、早可被退出、可扶祗候也者、中納言悅退出云々、是偏存公平之故也、終夜只(30張)」予一人候御前、關白又被退出了、左大弁適雖祗候在小板敷云々、天已曙之間執筆被整文書、仍予且退御前、於小板敷邊燒松補寒、左大弁・頭內藏頭等在此所、無定仕燒松明在前、有便宜之間仰之也、密儀、以主殿寮密々取寄沓置小板敷前、天已曙了後執筆被退御前、予起少〔小〕板敷在殿上座、納言座端、如例、大臣入上戶被着御倚子前、南面、被目予、々揖起座東行、進寄大臣前跪不揖、置笏取簿、大臣被示云、散々不讀解歟、能々可見合也云々、取副笏復座、大臣卽退出、予等披簿於臺盤上披見之、左大弁及職事等來此所見之、叙人濟々數十人也、正二位一人、正三位一人、從三位二人、正四位下以下不可勝計、次如元卷之、取副笏降小板敷、外記(中原)利重持筥蓋出來、兼誠仰也、予跪小板敷上賜簿於外記、々々取之入筥、退立無名門代外、予卽降立小庭、兼置沓也、出無名門向陣直着端座、入立蔀西、外記暫持筥

小板敷邊にて松を燒き煖をとる

叙人數十人に及ぶ

平經親四位に叙せらるるも検非違使元の如し

四位廷尉は近代稀なり

經親は院執權平時繼の愛子なり

名字の輩數十人超越せらる

外記の書寫せる聞書を以て密々下名を書かしむ

立小庭、次召官人令敷軾、此間已以日出、次目外記、〻〻趨來置筥於前、欲退之次予問云、諸司ハ候ヤ、內記・中務・少納言・將監・主鈴等也、本儀各別ニ可問、然而依略儀束問之、又例也、外記申云、候フ、予目之、外記稱唯退、次頭內藏頭信輔朝臣着軾仰云、從四位下平經親左衞門權佐如舊、左衞門權佐平經親檢非違使如元、此事珎重也、中古光賴（藤原）卿、近經賢（藤原）卿等之後無此事、夕郎事、依被超越俊光、含欝不出仕、仍直可被任弁官之由有勅約、然而猶不出仕、不休欝之間、依所望重有此恩、當時執權卿（平時繼）之愛子也、不能左右、然而右少弁兼仲・藏人大輔顯世（堀川）・藏人大進賴藤（葉室）・前春宮大進顯家（四條）・民部少輔光泰（藤原）・前備前守顯相（藤原）・兵部少輔時經（藤原）・民部權大輔爲忠（藤原）以下、名字（×家）之輩並肩之族數十人被超越了、就中直可被加中弁之由風聞、凡寂初之善政歟、可以目、莫言く、　予微唯、頭退、次召外記仰云、從四位下平經親左衞門權佐如元、外記稱唯退入、次以官人召弁、右少弁兼仲着軾、仰云、內記座也、座令敷ヨ、弁微唯、又仰云、左衞門權佐經親檢非違使如元、弁微唯退入、次掃部寮敷座、柱外砌內、

（31張）

東西行、次以官人召內記、大內記敦繼（藤原）持笏、」（頭書3、四四頁ニ移ス、）着軾、仰云、位記、內記微唯退入、次大內記參上着座、東第一座、南面、〔少〕小內記某位記幷硯筥等持參之即着座、諸司供燈於座前、然而天明之後也、仰令撤之、次目大內記、〻〻〻參進、予給叙位簿、內記給之復座、次第ニ付式兵ノ一、二、〔少〕小外記利重在傍口入、蓋例也、　此間予以官人召外記、〻〻利重○參、仰云、硯・折堺持參レ、外記持參之置參議座前、此間內記取出位記、○可入眼、式兵位記多不足、仍當座少〻書加之、同召加外記二人・史一人令書之、大略事成了、式三、四通、兵三、四通猶不足、然而書加者殆可及終日、仍略之、强又不可沙汰之末輩也、　此間目左大弁令移着座上、叙位簿返上之後可令書下名、而返上遲〻、是入眼經程之故也、仍返上之後更令書之者

上卿公衡位記の檢察を省略せし處後日失錯現はる

位記三所に捺印す

下名を位記簿と校合す

（32張）

弥可遲々、仍以密儀以外記所書寫之聞書且令書下名、不可爲後例、然而今日已及午剋、可爲違乱之故、且參議存其旨也、且一々入眼了後、位記筥三合幷叙位簿等置予前、一々可加檢察、而百余通位記悉加檢察者弥可遲々、仍且行事、而件位記等不入日之由後日傳聞之、是內記之失錯也、然而上卿尤加檢察可致沙汰之處、依省略之作法、今已有此事、尤爲恥、向後能々可留意事也、予三合ノ位記ヲ一筥ニ盛加置前、次以官人仰云、近衛府《チカキマモリノツカサ》召せ、將監來跪小庭、予仰云、印《ヲシテ》、將監稱唯退入、掃部寮立案於小庭、主鈴置印、少納言(源)親平朝臣自立蔀東進立案北頭、中務少輔(藤原)氏家自西入テ進立少納言西頭、次予目氏家、々々進着軾、予給位記筥、一合ニ盛加也、輔取之就案下、少納言捺踏印、每卷三所、中務輔披之、隨踏了落置案下、少內記一人居案下卷整之、返上之後更給內記可入分筥也、然而今夜《日》以略儀、且給筥於內記、一度ニ令整分也、內竪〔豎〕主鈴代、就內記卷整之、依遲々內々儀也、此間參議書下名了持來予前、予校合簿、先是內記返上也、無違失、仍取笏目參議、々々起座退出了、(〆次)・先是少納言・中務輔等退出、請印了盛本筥之後、中務輔返上上卿、々々檢察了奏聞也、然而今日以略儀即令入分筥、又不奏聞也、是常例也、主鈴納印、掃部撤案、大內記加着座、少內記与相共覆筥蓋結之、帖帋テ緘之、十文字、又押銘、每筥一、式一・式二・兵等也、予給下名於內記令挿位記筥上、而式兵下名兩通共挿式一筥上、予示云、如所存者、式下名挿式一筥上、兵下名挿兵筥上也、而今儀如何、內記答云、兩說也、可隨上宣、予重仰云、猶可挿分也、仍式下名挿式一筥上、兵下名挿兵筥上、此間予召外記令撤硯、內記整筥了、」大內記起座、少內記取重筥三合退立小庭、予以官人令撤軾、次起座出立蔀東進立弓場代、雨雪止、仍如此、招出藏人右衞門尉憲直、予懷中笏取笏三合取重之、凡者付藏人二人可奏也、然而近例一人也、勿論く、付之、仰可奏聞之由、此次可留御所之由內々諷諫之、抑內覽兼申請也、示付信輔朝臣、次退出、于時午剋也、休息之外無他、」

（頭書1）內裏富少〔小〕路殿西礼、右仗儀、

（頭書2）公卿着座之間已以鷄鳴、

（頭書3）右仗儀、

內裏富小路殿

以下底本卷九九

（4張）六日、壬辰、水滿、　法成寺藥師堂修正、法勝・尊勝兩寺阿弥陀堂修正、

午剋退出、窮屈失度、終日平臥、

七日、癸巳、水平、　白馬節會、加叙位、」

以下底本卷一〇〇

白馬節會

（1張）七日、天晴風靜也、白馬節會、剋限殊被忩之由、奉行職事藏人大輔顯世相觸之、仍午剋着束帶、巡方帶、付魚袋、飾劍、紫緂平緒、永經朝臣刷之、先參常盤井殿、毛車如恒、右馬助行房（高階）在共、以女房奏條々事、不經程退出、參（衍カ）參万里少路殿、（亀山）上皇出御、新院又出御、有御雜談等、拜兩皇龍顏喜悅且千、小時入御、土

内辨土御門大納言定實

外任奏

外任奏の奏事は藏人頭を用ふ

御弓奏

加叙の儀

（2張）

御門大納言今日内弁也、來加、又大炊御門中納言・左大弁等同參加、四人相共參內、直着陣、小時官人來云、有召、可參堂上云々、仍參上、參臺盤所、依召參朝餉、加叙々人事有被仰下事、不經程歸着陣、大炊御門大納言父子・侍從宰相・冷泉宰相（經輔）・左大弁等着陣、小時皇后宮大夫・三条中納言等加着、未終剋藏人大輔顯世出陣、仰內弁於土御門大納言、々々移着端座、以官人令敷軾、又以官人召外記、大外記師顯參軾、內弁問諸司、其詞不分明、國栖・舞岐〔妓〕可被止之由承之、而未被仰下、可爲何樣哉之由內々外記申內弁云々、外任奏可持參之由被仰、外記稱唯退入、即持參外任奏、內弁披見了取笏、外記退去、內弁云、外任奏々事多ハ用藏人頭、今日兩頭不候歟、如何々々、予申云、兩頭共所祗候也、但頭內藏頭爲御使向執柄許云々、若未歸參歟、內弁以官人招頭內藏頭、官人歸來云、頭內藏頭爲御使參執柄了、未歸參、內弁又仰云、然者頭弁此方へ、仍頭右大弁俊定朝臣着軾、內弁被奏外任奏、御弓奏可付內侍所之由被奏請歟、此後加叙數剋、酉半剋頭內藏頭出陣下加叙折帋、又依內弁乞請下々名、二通、此次仰云、從四位下藤原実爲左近少將如元、從五位下藤原仲淸左近將監如元、內弁微唯、職事退入、內弁以官人召外記、少外記利重參小庭、內弁仰云、硯」持參レ、外記即持參置參議座前、內弁目左大弁、先是侍（×侍）從宰相・冷泉宰相等起座、左大弁起座移着座上、內弁目

内辨叙留事を仰下す

神宮怪異事により國栖舞妓を停む

近例内辨の白紙位記を覧ずるを略す

大弁、〻〻揖起座、進寄内弁前、不揖、置笏給下名幷折帋（折帋懐中、下名取副笏、不揖復本座、）復座、〔又本〕引寄硯墨ヲ摺染筆、次取式下名、巻返之書入叙人、次取兵下名又書入之、此間内弁召外記仰叙留事等、次参議書了巻整持参、返上内弁（折帋同返上、）之、内弁見了目参議、〻〻復本座、次内弁召信輔朝臣、而顕世替参着軾、被奏下名、次内弁召内記、申未参之由、仍召少外記利重給折帋、可〔仰〕造白帋位記可造之由、此次可撤硯之由被仰歟、外記稱唯取硯退出、次頭弁返下外任奏、（内弁不結、）仰可候列之由、又御弓奏事聞食之由同仰之、次内弁召外記返下外任奏、又御弓奏事被仰歟、内弁相語人〻云、依神宮木顚倒事、今日可被止國栖・舞岐〔妓〕等之由、内〻有沙汰之旨外記申之、而職事無仰下之旨、爲之如何、左大弁云、内〻可和讒歟、内弁被示可然之由、大弁以官人内〻問顕世、〻〻答云、只今欲参申、亦國栖・舞岐〔妓〕所被止也云〻者、人〻嘲云、何言付官人不來申哉、早職事出陣可宣下事也、仍官人仰其由、顕世出陣仰内弁、〻〻召外記師顕仰下之、其後内弁暫不起座、不審之處示云、白帋位記相構忩可覧之由可仰内記云〻、左大弁仰官人令催之、内記遅参、只今参上欲成位記云〻、〔頭書1、四九頁ニ移ス〕大炊御門大納言・予等云、近例多不覧也、雖非本儀近年如此、日脚漸傾、被略之條有何事哉、内弁猶雖不〔有脱カ〕請之氣慭起座了、於陣腋召外記令押笏帋、經小庭出

今日左大辨以下上官皆參す

公卿南庭に參列す

大宮院御幸始

（3張）

東方、良久内弁召内豎〔豎〕之音慥聞于陣、仍大炊御門大納言以下起座、經床子前左右中弁依位次、・權右中・左右少弁・少納言三人・兩大外記・兩大史等在床子、凡左大弁以下上官今日皆參、揖過之、於立蔀西頭着靴、先是右大將（久我通基）着靴在中門東庭、然而不着外弁、仍大炊御門大納言以召使問着否、答云、不可着云々、信嗣卿云、上首必在傍、」下﨟着外弁下式筥行事之条其理不當、爲之如何、示合人々、花山院中納言不着陣、云、右大將不可着陣之由令申之上者、無御着座者又如何、仍大炊御門大納言・皇后宮大夫・花山院中納言・予・左大弁・左中弁爲俊朝臣・少納言親氏（五辻）朝臣・六位外記・史・官掌・召使等着外弁、次大炊御門大納言以（×召）召使令下式筥、次又以召使召外記問諸司、其詞不分明、小時内弁着陣見叙位宣命、於弓場代奏之、奉行職事逐電之間經數剋、甚不便、習（マヽ）出御之時存役畢由歟、不覺々々、其間儀委不見及、良久舎人之音聞于外弁、少納言起座、諸卿次第雁列日華門代外、（頭書2、四九頁ニ移ス、）召成之後公卿參列、予參列之間、中將基兼（藤原）朝臣退列致礼歟、又外弁參列以前、上官着階下座如例、

〇此間指圖アリ、便宜本文末尾ニ移ス、

（頭書3、四九頁ニ移ス、）三位中納言・三位宰相等立所不同歟、但基俊・經頼・爲方等卿立所協常例歟、内弁宣敷尹、群臣再拜、造酒正師冬（中原）授空盞、謝酒之儀如恒、次次第昇殿、但大炊御門大納言・皇后宮大夫・花山院中納言・予・冷泉宰相等自軒廊退出、予逐電退出陣家、二条万里少路、改着衣冠、今日大宮院御幸始也、予可候御車寄、

大宮院皇后宮御座所に於て主上に御對面

（4張）

而可有御入内之間、爲節會日着衣冠也、依逐電參万里少路殿、網代車、差綱一人相具之、侍不經程出御、予寄御車、先御幸常盤井殿、八葉御車

如例、侍四五人（×人）、下結、帶劔、步行、予・中將有通（藤原）朝臣衣冠、・少將宗經（藤原）朝臣闕腋、帶劔、相具隨身、參節會之人也、・中將実連（藤原）朝臣衣冠、等

連車扈從、於常盤井殿寄御車於西面御車寄、入御、暫而還御、〻入内、京極南行、入御皇后宮御方京極面」南門、於門外税御牛解御鞦、寄御車於

皇后宮御方御車寄也、予以下步行御車後、依爲陣中也、入御之後、予廻南殿見物節會儀、只今宣命拜之間

也、事了主上御引直衣、渡御皇后宮御方、殿上人等候脂燭、予候御共、御對面之後、不經程還御万

里少路殿、予以下猶步行、入御之後予退出、於新院御方入兩皇見參、有御雜談等、不經程退出、於二

条改裝束歸今出川、」

（指圖）

□侍從宰相三位

□中納言中將三位中納言

□大炊御門中納言以上四人二位中納言也、

□予

□花山院中納言

□三条中納言　□左大弁宰相三位

□皇后宮大夫　□冷泉宰相三位

□大炊御門大納言　□堀川中納言三位

□右大將

（頭書1）此間内弁宗三条中納言云、宣命使、黄門微唯、抑片節会宣命使多於陣點之、如此節会宣命使多座點之爲吉歟、但於陣點之又有例、

（頭書2）秉燭之間右大将以下不練、

（頭書3）後聞、上階宣命使実重卿、御酒勅使爲方卿、例宣命使雅憲卿、祿所爲方卿云々、

以下底本巻九九

（5張）

八日、甲午、金定、女叙位、御齋會始、眞言法、太元法、女王祿、円宗・法勝・尊勝・寂勝寺等金堂修正、七ケ日、法成寺金堂修正、七ケ日、」

以下底本巻一〇〇

法勝寺修正會

後深草上皇臨御せらる

御政務以後初度なるに依り御幸始と通用せらる

（5張）

八日、天晴、今日法勝寺修正初夜也、院有御幸、右少弁兼仲奉行、抑御政務以後初度也、御幸始又被通用之、先々幸万里少路殿、今度必可爲其儀之處、當時万里少路殿毎事御謹愼之間、無其所之故也、家君御直衣如例、御馬万里少路殿大黒、居飼・御厩舎人着下袴、雜色不着之、依被守先々制符、兼所被定下也、依可令供奉給、秉燭之始令參常盤井殿給、網代御車、網差、前駈四人、衣冠、予直衣、白袙、白單、薄色堅織物指貫、網代車、網差、侍二人上結、帶劔、相具、御馬、万里少路殿二鹿毛、居飼・御厩舎人着下袴、其外如例、（經大理之人強不可然歟、然而近例又勿論也、）連車、下車之間、院居飼等取松明拂雜人、予依爲御厩別當也、供奉人半參上、不經程出御、公卿等着半靴、左大将帶劔、持笏、反閇之後公卿家君以下列立南庭、北上東面、御隨身列居御車東方、左將曹秦久守唐綾聊〔打カ〕、押色帋形、打付金文字、紅衣、同單、・右將曹秦久家虫襖打、瑩付吹返、有薄嶋・同橘等、紅衣、同單、・左府生同師峯褐衣反、以赤地錦替昇、端袖、以金銀薄押格子菊等、紅衣、黃單、・右府生同武躬赤色打、替昇、端袖、有薄嶋、施畫圖、紅衣、同單、・左番長秦

公衡院御厩別當たるに依て後騎に候す
東二條院御同車
法勝寺上卿辨並に檢校
修正會咒師猿樂あり
供奉の公卿殿上人

（6張）

延躬二藍打、以錦昇・端袖等替之、有色々畫圖、紅衣、同單、・右番長〇久友、萌木打、以銀瑩付替昇・端袖等、押色々大鮫色々ニ綵色押細金也、纐纈袙、紅單、件裝束家君調給之、依被朝夕召仕也、下﨟色々、但四座頼茂不參、各珎重也、郎

出御簾中、御烏帽子直衣也、先々多御冠歟、今夜如此、如何、定有子細、右大臣直衣、候御車寄、兩貫首付御車、四位院司役也、猶末藏人院司可宜歟、如何、

大輔顯世・前備前守顯相・勘解由次官仲親（平）・左衞門佐經守（高倉）等取松明、公卿漸退列、家君令退給之時、予退列蹲居、予依可候後騎留候、密々敷床子、上皇乘御、御隨身發前聲、東二条院御同車、無御車後女房御車後無女房歟、路次儀如恒、右府乘車參会、法勝寺儀又不違例年、本寺上卿大炊御門大納言參会、弁冬季朝臣又候之、檢校（性仁法親王）仁和寺御室（後深草上皇）上皇御子、令參給、修正儀如例、昨日節會國栖・舞岐〔妓〕、今日御齋会舞樂等、依神宮事被止之、而於修正咒師三手、猿樂者如例年、是爲初度之間如此歟、咒師・猿樂之間、三条中納言一人出床見之、若年三位中將・宰相中將等依上首命出床、有興事也、予少年之比又如此、而今日無其儀、只中納言進出見之、强不甘心、又難强難歟、」事了還御、右大臣候御車寄、三条中納言・予・刑部卿（九條隆博）・六条三位（藤原盛家）之外、皆以早出了、如何〳〵、卯剋歸華、窮屈失度、

今日供奉人

公卿

御車寄
右大臣　西園寺大納言殿　左大將兼、　皇后宮大夫公、　三条中納言実、　花山院中納言家、

後騎
皇后宮權大夫予　大炊御門中納言良、　堀川中納言基（基俊）、　平宰相忠、　左大弁宰相爲、　六条三位成〔盛〕家、　刑部卿隆博、　五辻侍從三位（藤原）公世、以上直衣、　花山院三位中將定、束帶、

殿上人

兩貫首以下四十餘人、

御後官人

大夫尉（源）重友

下北面

（源）康顯　平基胤　源季久　藤原以氏　大江景長　藤原信重　同光景　惟宗行茂　大江遠茂

藤原景廣　中原清景　中原季勝　藤原光經　同利行　中原親方

御隨身皆參、

出車女院御方

中將信基朝臣

一兩　柳衣　紅單　山吹表着　紅打（×單）

赤色唐衣

紅梅匂　增單　柳表着　紅打（×單）

赤色唐衣

表紅梅二重　濃單　柳表着　紅單〔打カ〕

蒲陶染唐衣

紫匂　紅單　花山吹表着　紅打

蒲陶染唐衣

〔7張〕

中將公朝〻臣

二車　紅梅匂　增單　柳表着　紅打（×單）

蒲陶染唐衣

御後官人

下北面

出車

薄萠木　紅單　紅梅表着　紅打
蒲陶〔染脱カ〕唐衣

柳　紅單　山吹表着　紅打
蒲陶染唐衣

紫薄様　白單　萠木表着　紅打
紅梅唐衣

中將実連朝臣
三車院御方

紫匂　紅單　花山吹表着　紅打
赤色唐衣

萠木　紅單　紅梅表着　紅打
赤色唐衣

柳　紅單　紅梅表着　紅打
蒲陶染唐衣

紫匂　紅單　山吹表着　紅打
蒲陶〔染脱カ〕唐衣

女叙位

今日女叙位云々、頼藤奉行、」

以下底本巻九九

（6張）
九日、乙未、金執、
　不出仕、
十日、丙申、火破、
　早旦着布衣上結、参常盤井殿、於兩御方（後深草上皇・東二條院）入見参、次参万里少路殿、於兩院御方幷大宮院御方

公衡検非違使別当中院通重第に赴く

皆入見参、良久移剋、晩頭行向大理亭（中院通重）、廳始以下事經頭之由示之間、爲行訪也、來十三日云ヽ、更闌月昇歸華、」

恒例北山始

（7張）

十一日、丁酉、火危、　円勝寺修正、

今日恒例北山始也、家君渡御、予・実時朝臣（藤原）及舍弟小童等參上、晩頭歸華、

年始政始

今日年始政始云ヽ、可尋記、又神宮恠異等可有御卜云ヽ、同可尋記、

後聞、政申剋事始、上卿大炊御門中納言（良宗、初參）、參議侍從宰相（雅憲）・左大弁宰相（爲方）、弁頭右大弁俊定朝臣（自結政退出）・左中弁爲俊朝臣（申文）・右中弁冬季朝臣（位次在爲俊上、座事了即退出）・左少弁仲兼朝臣（平）（申文）、少納言親氏朝臣（申文、請印）、及外記・史等參入、南所勸盃・申文如恒、秉燭以前事終、有所ヽ出立云ヽ、於南所上卿有違失事等之由左大弁語之、陣申文頭弁・左少弁候之云ヽ、」

神宮怪異事に依り軒廊御卜あり

大臣参陣の時参議必ず候すべき例なり

『（以下裏書、七張ノ紙背ニアリ、）今日十一日、神宮木顚倒西寶殿幷累代重寶破損事、有軒廊御卜、□（信輔朝臣）、上卿右大臣、一上、而職事不催參議、懈怠云ヽ、大臣參陣之時、參議一人必催之例也、況一上行御卜、尤參議可候座也、而催落之条職事失也、大臣頻被咎仰、職事申有例之由、大臣云、雖無謂於今者無力、隨又申有例之由之上者、早可行云ヽ、即被行御卜、其趣頗重云ヽ、次第解・御卜形等可尋記、』

以下底本巻一〇

神祇官卜文

（21張）

神祇官（以下卜文・占文他筆ニ係ル、但シ『　』内ハ自筆書入ナリ、）

卜恠異等事、

問、豊受太神宮祢宜等言上、去年十二月廿一日注文偁、去十月十一日、見付心御柱巻縄寸ゝ切落、巻布等切破、黏付御柱所奉餝御榊一向損失、兼又今日見付件御柱爲虫令湌損事、者是依何咎祟所致哉、

推之、依神事不信不浄所致之上、可有公家御愼及天下動搖病事歟、

問、同宮祢宜等言上、同年同月廿六日注文偁、昨日子剋、依深雪、當宮以西松木倒懸西寳殿、彼殿令破損給間、累代本様神寳以下破損上、東寳殿幷瑞垣御門千木等折損事、者是依何咎祟所致哉、

推之、依神事違例不信不浄所致之上、恠所幷天下可有動搖病事歟、

（22張）

弘安十一年正月十一日　従四位下行權大副大中臣朝臣高宣

従四位上行權大副兼山城守卜部宿祢兼方」

従四位上行權大副卜部宿祢兼益

正四位下行權大副卜部宿祢兼秀

陰陽寮

占伊勢豐受太神宮司言上恠異等吉凶、

當宮心御柱令朽損給、去年十月十一日巳時奉見付之、

去年十月十一日、戊辰、時加巳、功曹臨戌爲用、將騰虵、中徵明、將大陰、終傳送、將白虎、卦遇玄胎四牝、

推之、依神事違例穢氣不淨所致之上、公家可愼御御藥事歟、期彼日以後卅日內、及今月・來四月節中、並甲乙日也、何以言之、傳有徵明大陰、卦遇玄胎四牝、是主違例穢氣不淨、又用終日上大歲上見騰虵白虎、是皆主御藥事之故也、兼祈請至期愼御、其咎自銷乎、

同年十二月廿五日子時、同宮以西松木倒懸于西寶殿間、彼殿令破損給上、東寶殿幷瑞垣御門千木等令折損給、又神寶破損、

同年十二月廿五日、辛巳、時加子、太一臨巳爲用、將六合、中傳送、將天空、將功曹、將天一、

弘安十一年正月

（23張）

卦遇氣伏吟玄胎四牝、

推之、依神事違例不信不淨所致之上、禁裏可被誡火事歟、又從巽離方奏口舌鬪諍事歟、期彼日以後廿五」日內、及來四月・七月節中、並丙丁日也、何以言之、用幷辰上帶太一、傳有金神、天空終見旬天火神、火神《ヒヒ》卦遇伏吟玄胎四牝、是皆主違例不信不淨、及火事口舌鬪諍之故也、兼致祈謝至期被誡愼、無其咎乎、

同月廿一日神事次、重奉見心御柱處、爲虫令喰損、木皮与木子外無所殘、

今日丁酉、時加戌、奉宣旨日時、徵明臨戌爲用、將大陰、中神后、將玄武、將大吉、將大裳、卦遇聯茹、

推之、依神事違例不信所致之上、公家非愼御御藥事、恠所有病事歟、期今日以後卅日內、及來九月・十月節中、並壬癸日也、何以言之、用起日鬼爲徵明、大陰傳帶玄武、辰上、幷御年上有騰虵白虎卦、遇聯茹、是主神事違例不信御藥事、恠所病事之故也、至期愼御、其咎自銷乎、

弘安十一年正月十一日　少　允安倍朝臣良康

主計頭兼安藝權介賀茂朝臣在言

『上卿右大臣殿、』

以下底本巻九九

（16張）十二日、戊戌、木成、

天晴、不出仕、家君令參院・內給云〻、

十三日、己亥、木收、

以下底本巻一〇〇

檢非違使別當通重廳始並に拜賀を行ふ

（11張）十三日、己亥、天晴陰不定、朝間白雪紛〻敷地、申剋以後天霽、入夜月清明、子剋許又甚雪、今日新大理卿通重、廳始幷拜賀也、去冬京官除目、任左衞門督補檢非違使別當、細〻事被示合、又所答子細也、每事不審之上、來訪哉之由嚴親卿（中院通頼）被示遣、仍申一點着直衣青鈍指貫、着下袴、行向大理亭、駕網代車、差綱、相具侍一人、三条坊門万里少路亭、東礼、四足門、於姉少路面門下車、昇自西面方、先是廳始已始、後聞、官人列立車宿前、家司大夫將監遠説、衣冠、出逢召官人、不問見參、彼家例也、官人次第參着、大理直衣、淺黄指貫、白衣、同單、兼出廳座、紫端疊一帖南北行、敷之、其前置硯、黑漆筥、瓦硯、具水入・筆、張蓋、但暫撤之、官人座以下如例、廳座儀委在指圖、嚴親前亞相直衣、下結、・万里少路前大納言（北畠師親）同、・土御門中納言雅房同、以上舊大理也、等佇立大理後布障子外伺見之、予加其所、只今覽別當宣之間也、

着座の官人

着座官人左大尉章隆（中原）朝臣奧、・右少尉章保（中原）朝臣端、凡以奧爲左座、以端爲右座、然而左右相交着座也、

左少尉（中原）職隆朝臣奥、左少尉（源）重友朝臣端、○左少尉中原明綱奥、・藤原重直同、・中原明澄奥、（〃〃〃章蔭同、）・同明澄同、・同章任端、・同章夏奥、・右少尉同章綱端、・同章鑒同、・同章材同、・左大志同明治奥、・左少志紀業弘同、・右少志（奉行）同（衍カ）章（中原）員端、・右府生中原尚名横敷、五位布袴、六位布衣冠、如例、等也、次第如例、吉書覽了後大理起座、官人平伏、官人

免者

自下臈起座、列中門外、左北、右南、如例、人々於中門内伺見之、次出門外行免者、今日無雜犯云々、次官人還列庭中、次歸着廳座、申次可出逢也、而早出云々、仍官人等空退出、次大理改着束帶、無文帶、泔〔紺〕地平緒、沃懸地細劒、無文、裾長自踵四尺、頗長歟、猶可爲三尺五寸、万里少路・予等同在此所扶持、土御門先是退出、參法勝寺修正云々、今日東二條院初有御入内、○先日修正御幸有御同車、然而今日初又有御入内也、奉行院司左兵衞佐定資（坊城）、俊定朝臣息、予可供奉之間、此間退歸、參常磐井

（12張）

殿、供奉人未參集、殿上人少々參仕、予暫候弘御所邊、不經程花山院中納言」・左大弁等來加

別當通重所々拜賀

雜談、亥終剋別當爲拜賀參入、毛車、皆具、予借遣之、前駈二人、前上野介忠茂・前隱岐守清成、隨身四人、本府　友吉・友宗・宗武・友光、藁脛巾、狩胡籙、火長四人、布帶如例、看督長四人、左清貞・清遠、右國貞・末重、牛童、白張狩衣、香帷、車副一人、平礼、雜色二人、平礼、香帷、上絬、摋尻、如何、可尋歟、一人着淺黃、帷、仍俄改着也、左尉源致光布衣冠、如例、在共、不具一員、彼家例云々、於中門申之、右少弁兼仲申次之、舞踏、次東二條院御方、申次同前、又舞踏、依國母也、次退出、

（頭書1、六〇頁ニ移ス。）

後聞、先參内裏、藏人佐俊光申次之、次參皇后宮御方、次參常盤井殿、次參万里少路殿、兩院幷大宮院、次參親王御所、不拜直昇、密儀歟、次參向關白許、不拜、直退出云々、次歸家云々、以上所傳聞也、

東二條院御入内

御幸供奉人大略參集、家君未令參給之間、○奉行人頻進使、大理退出之後、不經程令參給、先之人々

御車寄の作法

路次行列

主上皇后の御座所に渡御東二條院に御對面

（13張）

着半靴降立、家君直令昇堂上給了、可令候御車寄給之故也、陽陰師參進奉仕御身固、次公卿列立、皇后宮大夫公孝、直衣、半靴、・三条中納言実重、直衣、半靴、・花山院中納言家教、直衣、半靴、・予同、・左大辨宰相為方、束帯、頭右大弁俊定朝臣束帯、同在此列、次寄御車、院網代庇御車 主典代衣冠、・廳官或衣冠、或束帯、付轅、右中弁冬季朝臣束帯、・右中將実連朝臣衣冠、革緒劔、淺沓、ゝゝ甚不可然、公卿尚以着半靴、況於殿上人哉、況於深泥甚雪哉、等付御車、抑冬季朝臣云、普通儀上首付御車左、而女房乘御左、然者上首可付御車〔右脱カ〕歟之由有其說、如何、花山以下人々分明無答旨、冬季云、然者只以尋常儀、今夜猶可付左之由存之云々（×如何）、仍如此、大納言（西園寺實兼）殿令候御車寄給、几丁・屏風等如例、為蔀間南階間也、之間甚有煩、此間召次長秦久家左將曹ゝ守褐衣反、唐衣紅、（頭書2、六〇頁ニ移ス、）黄單、帯劔、取松明在御車左方、女院乘御、後聞、柳重御衣、東御方故太政大臣殿（西園寺公相カ）御息女、紫匂（×薄様）、紅單、山吹表着、赤色唐衣、自御車後出之、御車前後御下簾垂之、牛蔀板立之、候御車後、出衣妻、殿上人俊定朝臣以下十餘人、或束帯、或衣冠、・公卿等前行、步行、依為陣中也、御路出御京極面南行門、京極南行、入御皇后宮御方京極面南門、家君今夜令着淺履給、前駈二人取松明、同令前行給、次御車、御車副如木、稱警蹕、御牛飼・召次等着下袴、如恒、久守取松明步行于御車後、次御後官人大夫尉重友、布袴、帯弓箭、次出車三兩、各出衣、殿上人列立門內、文車宿以東、西上北（頭書3、六〇頁ヘ移ス、）面、公卿經其前西行、入作合北行、列立皇后宮御方西庭（×面）、所謂晝御座方也、東上南面、頭弁在此列、家君直令昇中門給、寄御車於西面階間、公卿跪地、密々用床子、但皇后宮大夫・三条中納言等無其用意、仍大夫安座地、中納言立退于閑所、下御之後人々退列、花山・予相共不脱靴懸尻於緣休息、此間又甚雪、無程敷地三寸餘、良久還御、」主上內々渡御皇后宮御方、有御對面云々、其儀如初、家君又令候御車寄給、花山院・予・左大丞・頭弁等之外公卿退出、殿上人纔六、七人、此間殊甚雪、人々取笠、但不供御雨皮、如何、於入御々所公卿列立庭中、依爲甚雪不居地、但下御以前皆退列了、予脱半靴乗車退出、」

（頭書1）於内裏着陣云々、兼觸官・外記、

（頭書2）院司左衛門佐經守帶劔、・皇后宮權大進定房各束帶、等取松明在御車前、

（頭書3）主上於京極面北門有御覽、

以下底本巻九九

（17張）十四日、庚子、土開、　御齋會終、　内論義、　㝡勝光院御八講始、四日、高倉院、　諸寺進巻數於藏人所、」

以下底本巻一〇三

龜山後宇多兩上皇御幸始

後宇多上皇二條殿に御幸

（6張）十四日、庚子、天晴、今日万里少路殿兩御方院・新院、御幸始也、院御方可候御車寄之由兼有其催、左中弁爲俊（中御門）朝臣奉行、仍未一點着直衣堅織物指貫、下結、參万里少路殿、網代車、相具侍一人、万里少路大納言（前脱カ）・冷泉宰相（經賴）等在公卿座、予暫加居其所、人々相語云、新院今朝御幸二条殿、當時准后（藤原貞子）被坐、其後御車□下北面等歸參此御方、可有出御云々、新院御幸儀、先出御、浮線綾柳御狩衣、文柳、白御衵、同御單、薄色龜甲浮織物御指貫、被籠御結、白御下袴、永康卿（高倉）奉仕之、　於西面中門被召御沓、頭弁獻之、下御於西門外、惣門内、乗御々車、八葉、如例、懸御下簾、花山院中納言直衣、下結、褰御簾、中將

(北畠)師重朝臣置御榻、自左方獻之云々、自右方可獻也、俊定朝臣給御沓云々、幸二条殿、召次・御牛飼皆不及着下袴、内々儀也、歩儀、殿上人頭弁俊定朝臣白襖狩衣、綾指貫、・中將保藤(持明院)朝臣白襖狩衣、・中將師重朝臣二藍狩衣、・中將師信朝臣、二藍狩衣、青衣、以上上結、下北面四、五人、下結、帶劔、但五位行清(惟宗)上結、花山院中納言歩行、在下北面後、歩行者猶可在御車後歟、乗車者勿論、乍歩行供奉下北面後如何、御路高倉

亀山上皇二条殿に御幸

南行云々、以上所傳聞也、予參上之後、不經程上皇出御、御烏帽子御直衣、着御下御袴、寄御車、予候御車寄、取御劔女房授之、入御車、出御高倉面西面門、高倉南行、予、殿上人中將師行(北畠)朝臣檜皮狩衣、・中將実躬(三條)朝臣柳狩衣、・中將実連朝臣、今朝着柳狩衣、而新院着御柳御狩衣之間、俄改着云々、下北面信友(藤原)以下五、六人、下結、帶劔、(衍カ)高倉南行、二条西行、於二条高倉辻上皇被擡御簾、自高倉面堂上可參会之由有御氣色、仍予直入高倉面門、自堂上參会、東洞院南行、入御西面門、被寄御車於西面御車寄、土御門大納言直衣、上結、參会、・花山院中納言・予等跪地、予昇殿參進褰御簾、入御之後人々候庇邊、供御於簾中被供之云々、上北面・輩羞(×供)公

（7張）

両上皇御同車還御

卿饌、三獻、殿上人等同在」弘庇座、酉剋還御、今度兩皇御同車、供奉人混合、御車寄、就上首可爲花山歟之由、内々伺御氣色之處、於此御所花山可候之、兩人共可候御共、於万里少路殿予可候御車寄云々、仍花山候御車寄之間、予於高倉面着沓、於二条高倉辻奉待之、御幸之間、花山相共歩行于御車後、於万里少路殿寄於御車於西面、御車寄如初、予參進褰御簾、新院先下御、御蹲居御車南方縁、予猶起褰御簾、次上皇下御、兩皇入御簾中、予取御劔二腰、兩御方一度ニ

御齋會竟內論義並に僧事を停止せらる

後深草上皇に祗候の藤原相子着帶す

西園寺實兼の今出川第に於て行ふ

御帶加持

實兼御帶を調進す

御禊

取合之、授女房、次欲退出之處、依召參新院御方、被改御裝束、御大口許着御、良久入見參、秉燭以前退出、參常盤井殿、於女院御方入兩御方見參、上皇(後深草上皇)仰云、今日御齋会竟內論義被停止了、依代始也、又僧事有無重々有其沙汰、先例多無之、只宣下ノ人數多少隨時也、正ク僧事ハ猶可被憚之、就中僧官一々不可被任(×可)之、不然者又僧事無其益、隨又今日被宣下者、餘ニ事定リタル樣ナレハ被停止了、還(退)可有沙汰之由所思食也云々、小時退出歸華、

今日三品(藤原相子)家君御妹、祗候本院之人也、本院寵人也、今有此幸、有着帶事、於此御亭今出川北屋、可有其儀、兼日事以下每事仙洞御沙汰也、兵部少輔時經奉行之、酉剋許被退出此亭、車八葉、懸下簾、・牛・々飼・下部等、家君被沙汰進之、侍三人北面之輩也、依仰在御共、下結、帶劔、(三條)実永朝臣候御車寄、但不參此亭、寄車於東面車寄、中將爲兼朝臣束帶、寄之、兵部少輔時經束帶、參儲、每事致沙汰、今朝被遣御帶家君令調進給、於了遍前大僧正前一長者、許加持之、使爲兼朝(卽カ)臣、束帶、□歸參此所也、家君又每事令致沙汰給、予改布衣、同口入、先於東面可有御禊事、侍一人(大江)景長、下結、解劔、(×備)今日卽候御共也、・供御禊御座、敷小莚二枚、其上供半帖、巽向、兼垂母屋御簾、庇御簾同垂之、出几帳・帷、中央間簀子立高燈臺擧燈、左右各一本、以上時經監臨之、予又口入、次三品令移着禊座給、次獻贖物、左中將爲兼朝臣陪膳、兵部少輔時經殿上人、役送、下家(司脫カ)有直布衣、傳人形・散米等、是院廳官也、被差遣也、女房三品車後女房、(三條)公貫卿女、於簾中傳取供之、」陽陰師內匠頭(賀茂)在員朝臣衣冠、着禊座、依甚雪儲中門下、祓詞了獻大麻、爲兼朝臣降地取之、就簾下獻之、次撤贖物、本役人參進、次三品被還入母屋、次景長參進撤御禊座、次有着帶事、

(8張)

験者護身を奉仕す

醫師丹波行長雜事を申行ふ

其儀委不見及、次驗者道朝僧正香染、如恒、參入、東面妻戸內護身一座、次退出、又醫師施藥院使丹波行長朝臣衣冠、參入、申行雜事、次事了三品被參女院御方、先之內々有贈物、比巴〔琵琶〕一面也、內々被差饌、次□〔三品カ〕參常盤井殿云々、依窮屈大概記之、

以下底本巻九九

(18張)

十五日、辛丑、土門、　主水司獻七種御粥、兵部省手結、円乘寺御八講始、四日、後朱雀院、內藏寮酒肴、御薪、

不出仕、

十六日、壬寅、金建、　節會、

以下底本巻九八

踏歌節會

神宮怪異事に依りて御物忌

御物忌に依り諸奏宿紙を用ふべし

(1張)

十六日、壬寅、天陰時々小雨灑、踏哥節会也、奉行俊定朝臣、又皇后宮吉書請印、奉行權大進雅俊(藤原)、兩方可參仕之間、酉一點着束帶、紺地平緒、飾劔、巡方、付魚袋、永經朝臣刷之、　先參万里小路殿、入兩院見參之後、不經程參內、此間奉行職事之外無人、於臺盤所邊謁勾當內侍、相語云、依神宮事今明兩日御物忌也、但非堅固、然而又外宿人不參御前云々、俊定朝臣云、今日諸奏可瀉〔寫〕宿帋歟、但非堅固、又無奏覽モ可有憚歟、外任奏幷宣命・見參、奏聞之由仁天、実ハ不奏志天可返下云々、且此等之儀內々申合關白云々、予問云、於內教防〔坊〕者、□〔司カ〕留御所之書也、其条如何、頭弁云、留御所之由仁天、暫只可□〔置カ〕便

皇后宮吉書請印

（2張）

右大将久我通基還任後着陣

外任奏

神宮怪異事に依り國栖立樂を停止す

所欤云々、此等之子細予未弁可否者、以藏人永賢(藤原)遣皇后宮御方、問事具否於雅俊、歸來示具由、仍予廻南殿御後、參皇后宮御方着殿上座、西面、北公卿座也、大進賴藤覽日時、入筥、予」披見之後以同人啓御所、次被返下、卽返下大進、次大進覽吉書、加賀國解、披見、啓覽返下之儀如先、次大進已下着廳行事、請印畢大夫進遠衡(三善)覽返抄、入筥、相具筆、予披見之後加署、判、卽返下、今度不啓之、次予起座、廻內御方中門方、先之吉田中納言・平宰相等參候、不經程大納言殿令參給、前駈三人、相續人々參、戌終剋右大將參入着陣、還任已後初度云々、今夜如何、頗無便宜欤、頭右大弁候申文、又下吉書、左少弁仲兼朝臣候直云々、此間內府參入、被昇堂上、右大將本陣之儀未終、所相語之右將実躬朝臣、遲參、仍及數剋、太不便之間、先可被行節会、可有本陣之儀者、節会以後可宜欤之由(×之由)、依內府命頭弁示右大將、仍大將起座、次內大臣・右大將・大納言殿・一条大納言(實家)・予・平宰相等相率着陣、依被相引予不請益、且有所存、他人作法不見及、頭弁來奥座仰內弁於內府、々々移着端座、先之平先之平宰相起座退入、內弁召官□〔人〕令敷軾、於履者自被直之、此次被仰云、大外記召せ、官人唯稱退入、次冷□〔泉〕宰相・左大弁等着陣、各請益、次大外記師顯參軾、內弁被問諸司、其詞委不聞及、外任奏可持參之由ヲ被仰、外記唯稱退入、卽持參奏、內弁披見之後、招頭弁被奏之、不經程返下之、內弁結申ス、職事仰々詞、內弁微唯、此次職事仰依神宮事國栖・立樂停止之由、又晴雨儀事被問答歟、如只今者雨不事外、猶可爲晴儀之由被治定歟、次內弁召外記被返下外任奏、此次被仰國栖・立樂事等歟、次內弁居向奥方、人々可出外弁由氣色、右大將先起座、經床子座前着靴、此間予又起座、家君令起給之間、先起座也、暫不經床子前徘徊陣腋邊、先之兩相公起座、爲內弁家礼歟、頗早速也、家礼歟、且白馬仁思渡之由左大弁後語之、次家君令經床子前給、令（×予）過予前給之時、予聊蹲居、御揖如常、次一条大納言不經床子座前、自陣腋直向中門方、次予經床子前、少納言親平・親氏等朝臣・左少弁仲兼（平）朝臣・右少弁兼仲・大外記師顯・師宗（中原）等在床子、予立向」上首揖、各答揖、外記磬折、予於立蔀西着靴、此間小雨猶雖灑晴儀也、右大將・大納言殿・吉田中納言・平宰相・左大弁等着

（3張）

外辨の公卿南庭に参列す

外弁、上卿下式筥問諸司云々、其間作法委不聞及、此間予等在中門下伺見、內弁謝座、練早練也、謝座、向東一揖、向艮再拜、向東一揖、左廻練歸、內弁昇殿着座之後開門、闈〔閣カ〕司着召舍人、外弁公卿雁列于日華門外、東上東面、少納言親平出召之、外弁參列、右大將・大納言殿・一条大納言・三条中納言・予・土御門中納言・吉田中納言・中納言中將去白馬節会、二位中納言末仁少退于西南被立、今日如普通當二位大納言後被立、兩日作法不同、如何、但今日作法猶常儀歟、・平宰相三位宰相也、中納言中將末仁少退于西南可立、而退西事一丈餘、仍經賴・爲方等卿列立之後、依下﨟教訓少雖立揚、其間猶餘丈、若有所存歟、可尋、・冷泉宰相・左大弁宰相等列立、異位重行、如常、

謝座謝酒

次宣敷尹、群臣謝座、造酒正不參代歟、次內豎頭、着靴、謝酒儀如常、次諸卿離列進軒庫〔廊、以下同ジ〕、家君令離列給之時予小退居、（×入）次右大將堂上着南座、緣第一兀子、大納言殿令留軒庫給、仍一条大納言昇堂着南、三条中納言着北第三

笏紙を押さず扇次第を以て行事す

御酒勅使

（4張）

兀子、予〔有〕○着靴（頭書、六八頁へ移ス。）故障之間欲早出之處、可着座之由家君有御命、仍昇殿着北座、兀子、吉田中納言着南兀子、中納言中將着北床子、自座上被着之、冷泉宰相着北、左大弁着南、次内弁顧座下仰左大弁云、粉熟トク、而左大弁頗有不審之氣、一条大納言密示云、餛飩曾、其時左大弁起座、此事十六日節会多粉熟ト催ス、今左大弁不審之始終〔旨趣〕未得其意、可尋、下殿催之、内竪（竪、以下同ジ。）奥端仁相分居之、居早大弁申上、内弁以下箸下、人々笏如例依立臺盤下、但中納言中將被揷座下尻下、次又内弁仰云、飯汁トク、大弁置箸取笏下殿催之、内竪又居之、居早後大弁申上、内弁已下立箸・匕、箸内方、匕表方、次又内弁仰云、一獻トク、大弁下殿催之、内竪居〔勸〕奥端、造酒正不參、次内弁抜箸・匕、譲右大将退出、冷泉起座平伏、左大弁下軒庫、家（×敬）礼、右大将不押笏帋、以扇次第行事、今夜儀尤可然、右大将云、國栖被止歟、如何、人々不答左右、良久不便之間、予於國栖・立樂者被止歟之由和讒、大将」顧座下仰云、二獻トク、左大弁起座下殿催之、内竪勸之如先、次内弁正笏召参議之由也、畢〔目〕○冷泉宰相、々々起座微唯、揖超床子經西簀子入南廂東面間、進立内弁坤相去七、八尺、頗遠歟、揖、内弁仰云、大夫君達仁御酒タマヘ、參議微唯、揖右廻下西階、召外記取勅使夾名、歸昇西階經南簀子、於西二間西柱程立留、揖顧西東西之儀如常、揖右廻可左廻歟、經本路復座、次内弁仰大弁云、三獻トク、大弁欲起座之間、内弁又云、乍座、仍召寄座下催之、三獻勸早後、内弁抜箸取笏、揖下殿立軒庫

內教坊奏

出御なきに依り藏人南殿御後に候せず

實兼御乳父分として舞姫一人を沙汰進む

宣命見參を奏す

宣命使

見參目錄

東間、以陣官催內教坊奏、取次次將少將、(九條)隆教歟、披見儀如常、令持于將監進弓場、付職事奏
之、留御所、次歸軒庫立東間、如先、〻〻以陣官仰可撤標之由於外記、次歸昇、其後舞姫遲出、內弁仰
御後職事催之、數反雖仰之敢無答者、若依無出御職事不候御後歟、但於此節会舞姫者、猶仰外記可催之歟、仍又職事乍聞不催之歟、不審、可尋、良久後職事
一人來御後咳聲、簾中女房若內〻仰職事歟、內弁重仰之、數剋之後舞姫六人其內御乳父役一人、〔家君〕君家令沙汰進給、兼內〻示付內裏女房按察局了、彼人以器
量仁(×付)沙汰立歟、舞姫(衍カ)六人自東方出三迊、廻右歸入東方、兼敷莚道、樂前大夫二人先行、次內弁拔箸取笏下殿、於軒庫內
弁示予云、直所罷向陣也、早可令立拜者、仍予以下列立于右仗西南程、異位重行、中納言中將被立予後、各北上東面、立定
拜舞、自上﨟離列、左廻入軒庫昇殿復座、立箸置笏、此間內弁於陣見宣命・見參、於弓場奏之、
次令持外記來軒庫、取副宣命・見參於笏、於軒庫東間取之、次昇殿着座、次內弁吉田中納言仁問在座之
參議、中納言不意得之間無答旨、內弁正笏召參議〻名、氣色許也、目冷泉宰相、〻〻起座微唯、揖進
參內弁坤揖、其作法如御酒勅使、內弁暫懷中見參・目錄、取副宣命於笏、次宣命ヲ自左袖下微
〻指出宣命(衍カ)、冷泉宰相小步寄、脇笏以(×於)右手取宣命、取出笏小逆行、揖右廻可左廻歟、復座、次內弁
取出見參・目錄取副笏、召左大弁給之、左大弁取之直着祿所床子、次內弁已下拔箸・匕下殿、
依無出御强不可歸昇、仍各拔匕歟、列立右仗西南程、北上東面、異位重行如先、次宣命使就版、作法如常、宣命ヲ右脇仁披、猶左脇可宜歟、披見之

(5張)

後押左、諸卿再拜、宣命使猶不待再拜早、兩段宣制已早、仍諸卿相議、雖無宣制猶舞踏、擬兩段也、此間宣命使不歩歸、拔笏猶在版邊、今夜作法頗失欤、諸卿拜舞早宣命使歩歸、復座拔匕下殿、內弁已下歸入軒庫、更相引向祿所、內弁跪薦上東面、賜祿小拜、於中門改履退出、予已下作法皆同之、今夜微雨雖灑、遂以晴儀也、丑剋歸華、

「（頭書）西階儀、昇時ハ傍南欄先右足、降時ハ傍北欄先左足、」

微雨灑ぐと雖も晴儀を用ふ

以下底本巻九九

（14張）

射禮

十七日、癸卯、金除、　射禮、

不出仕、家君令渡（ヌ向）爲衡（三善）法師亭給、予・舎弟小童・右衞門督（園基顯）、実時・爲兼等朝臣及二千石等実綱（藤原）等參、

射礼、吉田中納言參行云々、

十八日、甲辰、火滿、　仁壽殿觀音供、射遺、賭射、蓮花王院修正、」

以下底本巻九二

（1張）

蓮華王院修正會

十八日、蓮華王院修正、有御幸、左少弁仲兼朝臣奉行、可供奉之由兼日有其催、而脚氣更發之間、度々申其由、然而相扶可供奉之由被仰下之、猶着半靴之條不可叶、仍俄着束帶、蒔繪劔、無文帶、如恒、酉剋許先

後深草上皇六條殿より御幸
公卿無人に依り後騎を略す
御堂を御所と爲す故中門に於て御乘車

參万里少路殿、網代車、片網、相具侍一人、馬二鹿毛、幷御厩舍人光重、如木、居飼國里、如木、等、直可參儲六条殿之由下知了、如法勝寺、・先入新院見參、申八幡暇了、次
(龜山上皇)參院御方又入見參、小時退出、參內、步行、此間別當參內、直衣始云〻、官人明澄在共、又相具火長四人・依御幸供奉相具之、看督長四人各如木、・雜色二人、平礼、上結、藁沓、揷尻、中八葉車云〻、大理直衣、淺黃
指貫、帶劔沃懸地蒔繪野劔、予借遣之、持笏、於常御所入見參、次參六條殿長講堂、上皇自今朝御幸、是修正御幸、自此御所可出御之故也、供奉人大略參集、今夜公卿
面〻俄申子細頗無人云〻、以仲兼朝臣被仰下云、今夜公卿無人、略後騎可前行云〻、申承由
了、亥刻出御、先公卿予懸裾、如例、列立中門廊南庭、北上東面、兼立御車於中門外、御堂爲御所之間、於中門可乘御御車也、於殿上人
相向公卿列立、頗寄東、北上西面、御隨身皆參、布衣冠如恒、各改法勝寺裝束、進參御堂東庭、兼在南中門砌上、臨期取松明渡庭中也、陰陽師在秀朝臣(賀茂)
候反閇、上皇出御御烏帽子直衣自御堂東北廊(×西)(頭書1、七一頁ヘ移ス。)南面妻戶、內大臣褰御簾、御隨身發前聲、令經御堂東〻御正面南行、藏人大輔顯世・勘解由次官仲親・藏人大進賴

(2張)

藤・右衞門權佐俊光各可候松明之、院司也、兼有仰、等取脂燭前行、經公卿座北廊幷中門廊御東行、於中門乘御〻車、網代庇、被卷御簾、御下簾被□□八字、內大臣褰御簾、
前兵衞佐顯範朝臣(藤原)・前兵衞佐邦高朝臣(高階)等付御車、公尹朝臣(洞院)入御劔於御車、五位四人交名如脂燭、」取
松明候御車前、御隨身發前聲、殿上人・公卿前行騎馬、今夜無後騎人、每事如例、於蓮華王院寄御車
(×於)之儀、公卿・殿上人列皆如例、下御之後、予於南面階解劔撤笏着床座、公卿・殿上人着座、內
大臣被候之、行事弁左中弁爲俊朝臣進內府前申事由、奉行上卿大炊御門大納言不參、次奏御所、此次伺咒師・猿樂事歟、次復

命、次行事弁歸着本座、以預召官人重友巻纓、依候御後也、撤劔笏、仰之、呪師三手・猿樂三番云々、依神宮事如此之音樂、節会以下被止之、然而於法勝寺幷今夜者如此、

呪師三手猿樂三番を行ふ

次修正儀每事如例、布施、（頭書2、七一頁へ移ス）剋限公卿・殿上人（滋野井實冬）藤中納言以下、取布施、內府不止之、〔取カ〕檢校被進御杖之時、內府不被動座、大臣先々如此、藤中納言降床蹲居、（久我通雄）中院中納言・予・侍從宰相等悉起座退後妻戸、花山院三位中將以下及殿上人等一向不動座、有若亡歟、事了還御、（兼教）近衞宰相中將・別當等外皆祗候如先、還御六条殿了後予退出、歸今出川、天已曉、

御幸供奉人

今日供奉人人々雜色不着下袴、但近衞宰相中將・別當等具之、又人々舍人・居飼幷御厩舍人・居飼皆着下袴、

內大臣直衣、御車寄、以車半蔀、参会、　藤中納言直衣、　中院中納言同、　予（×同）束帶、　近衞宰相中將直衣、紅打出衣、薄色織物指貫、帶劔、小隨身四人布衣上結、取松明在前後、　侍從宰相束帶、　別當直衣、帶劔、半靴、看督長四人・火長四人・雜色二人平礼、・舍人二人如木、依初度供奉歟、　花山院三位中將直衣、織物指貫、不帶劔、不具隨身、

殿上人

資行朝臣以下廿餘人、

御後官人

大夫尉重友

下北面

豐後守範房（藤原）以下十餘人、

御隨身皆參、　出車三兩、

（頭書1）　中將（束帶）公尹朝臣取御劔候御後、

（頭書2）　作法儀式委見建長元年菊國、仍委不記之、

建長元年西園寺公相記

以下底本卷九九

關東使者二階堂盛綱上洛す

後深草上皇石清水八幡宮御幸を延引せらる

（8張）

十九日、乙巳、火平、

天陰雨下、明曉八幡御幸可供奉之間、於知（橘）嗣許可出立、自六条殿可有出（×立）御之故也、仍家君今朝參龜山殿給、又令參向今林給、次御參万里少路殿、次御參六条殿、次渡御知嗣許、令向給、予相具舍弟少（小）童・右衞門督・実時朝臣・実綱丸等參向、而關東御使伊勢入道行覺俗名（二階堂）盛綱、俄上洛、今日下（上）着云々、仍八幡御幸延引、子剋許延引之由被相觸、可爲來廿六日云々、

仍丑剋許歸今出川、

廿日、丙午、水定、

以下底本巻一一

盛綱實兼第に到り事書等を進入す

龜山上皇の御書に對する關東の返書も進入す

盛綱關白第に到り書狀を呈す

（1張）

天晴、申剋許東使伊勢入道行覺墨染衣袴、參、家君御直衣、令着下袴給、於東面令對面給、觀證引導之、條々事書一通進入之、續左、又去冬所被下之万里少路殿御返事一合進御所之間、家君不令開給、同進入之、是無実御虚名事、被謝仰之御返事也、全不信受之由申之云々、東使歸出之後、家君令參常盤井殿給、衣冠、前駈一人、令進入關東狀幷事書等給、次御參万里少路殿、令進入關東御返事給、次御參內云々、後聞、東使今朝先向關白許、有凾云々、凡執柄之威珍重〳〵欤、

執權書狀

條々事以行覺令申之由可申之旨所候也、以此旨可令披露給候、恐惶謹言、

正月四日　　前武藏守（北條）宣時判

相模守（北條）貞時判

進上　右馬權頭入道殿（三善爲衡）

（2張）

條々事書

條々

一、御政事、

執柄諸事可被計申欤、

議奏公卿並に評定衆の選定は叡慮に依るべし

一、議奏公卿幷評定衆事、

諸人相傳所領事

後宇多上皇に御分國を進ぜらるべし

任官所領等につき關東の所存と稱して濫望する輩は一切御信受なかるべし

龜山上皇の仰に依り關東使者の申詞を注進す

(3張)

可爲御計歟、

一、任官加爵事、

理運昇進、不乱次第可被行之歟、

一、僧侶・女房政事口入事、

一向可被停止歟、

一、諸人相傳所領事、」

任道理可被返付本主歟、

一、御所事、

可爲御計歟、

一、新院御分國事、

無御知行國者可爲難治歟、被進之条可宜歟、

此外以詞申云、任官・叙位・所領事、稱關東之所(×風)存、猥致所望之輩等有之歟、向後一切不可有御信受、只任道理可被行、若又關東有存知ム事ハ可申上云々、」

(以下裏書、三張ノ紙背ニアリ、二十二日條ヲ參看スベシ、)

『爲後代可被注(×付)進申詞之由有仰、予爲御使中家君、仍同廿二日使者御對面之次、被注申詞、被讀聞

弘安十一年正月

之、無相違之由申之、剰(ヌ申)書加九个字、尤以神妙、

自万里少路殿被仰下事、

使者行覺申詞、

龜山上皇御別心の風聞につき幕府は存知せず

就先度之御返事、子細委申入候了、而重被仰下候之趣殊恐入候、於武家御別心之由風聞事、於此條者、關東一切不存事候之上者、〔以下九字依行覺申、被書加之、〕無所存之旨候、』

以下底本巻九九

(9張)

廿一日、丁未、水執、　内宴、

晩頭參万里少路殿・内裏・常盤井殿等、

廿二日、戊申、土破、

實兼盛綱を召し事書につき問答す

今日關東使行覺、依召參上、家君令對面給、先日七个条篇目之内、議奏人數難計申之由被載之、然而御使若内〻有存知之旨哉、又諸人由緒相傳所領、可被返付本主歟事、可限年限歟、又可限長講堂領・院御領等歟、若又凡の諸人事歟、此条同〻無〔有〕存知之旨哉、以上兩条一切無存知之旨、只給御事書進入許也、御使更無存知之旨申之、東使退出之後、予參院奏此等之趣、

公衡參院して問答の趣を奏す

家君依御勞無御出仕、又參万里少路進入使者申詞了、

北山長増心院修正會

廿三日、己酉、土危、
參常盤井殿、兩度、御問答事等難記盡、夜陰向北山、長增心院修正也、事了深更歸華、

（10張）
廿四日、庚戌、金成、
天晴、早旦參院、退出之後入風爐洗髮、晩頭着直衣參万里少路殿、入兩院見參申暇、次參內、
又入見參、次參常盤井殿、条々有承事等、可申家君之由也、旨趣委不能記、
廿五日、辛亥、金收、　國忌、廢務、贈后苡子、（贈皇太后藤原）
不出仕、家君令參兩院・內裏給、
廿六日、壬子、木收、
天晴、八幡御幸事在別記、

八幡御幸別記

實兼盛綱を召して御返書を賜ふ

東使行覺今日參家君御亭給御返事云々、其間事不聞及、可尋記、

以下底本
卷一一

幕府への御返事案

（4張）
廿六日、
關東御返事案（三善）仰博經書之、
弘安十一年正月

條々事、以行覺被申之趣、被聞食了、子細又被仰含之由、御氣色所候也、仍執達如件、

正月廿五日　權大納言実ー『兼』(他筆)

事書々様

事書は坊門忠世案文は實兼仰を奉じて書く

忠世(坊門)卿於御前書之、家君《大納言》可令書給之由有御氣色、然而先々如此事、如經任(中御門)之類書之、當身未書之由令申給之間、忠世卿書之、此間家君《行覺猶》令候御前給、又於案者、家君奉仰令書給歟、」

(5張)

条々

一、政道事、

一、任官加爵事、

一、僧侶・女房世事口入事、

一、御所事、

一、御分國事、

被聞食了、

評定衆の人選につき幕府の意向をただす

一、評定衆事、

一位(堀川基具)　土御門大納言

西園寺大納言　前平中納言

如此可候歟、此内若可有用捨哉、將又有可被召加之仁者」可被計申歟、

(6張)

傳奏につき更に幕府の推擧を求む

一、傳奏人數事、

猶可被計申歟、

一、諸人相傳所領事、

就近年之訴訟、且可有其沙汰歟、

一、任大臣事、

土御門大納言　右大將

一条大納言　左大將

大臣所望の仁

前々所望之仁如此候歟、今度右大將被登用之条、可被披人路歟、

一、一位所望事、

款狀被遣之、所望之躰頗過分、爲朝輕忽歟、此上事何様可有沙汰哉、

一、天台座主事、

慈実僧正申狀被遣之、何様可有沙汰哉、

御即位用途として任官功を募るべし

一、御即位用途事、

任官功少々被召進之条可爲何様哉、

堀川基具款狀案

（7張）

一位款狀案高檀帋ヲ續テ書之、

弘安十一年正月

一大納言の勞十一年

太政大臣昇進を望む

任大臣事、近日可有其沙汰候歟、然者所申尤可被聞食置候哉、老臣一大納言勞十一年、希代之沈淪候、因茲先被叙位階、准大臣可朝參之由被宣下候了、且踏儀同三司（藤原伊周）之舊躅、亞三公而致拜趨候、大臣闕出來候者、必當登庸之仁候歟、且先年此御沙汰之時、猶被任內（×大）大臣之条如何之由雖被仰下、聊申入子細候了、斷足相乱候之条、爲朝儀可有煩之由存候之故也、而今度所望之仁者、位階之下﨟、若齡之後進也、忽閣一品之上﨟、以〇二位之下﨟被加上之条、惣以無先規候歟、一品者太政大臣位階、爲三司相當之位、我朝以三公准三司歟、且思寛弘之舊儀、列三公上之条、可似新儀歟、然者太政大臣當時徒闕候、以老臣先被上其官、下﨟可令昇進候哉、但於此条者、雖非宿望、且顧時宜、且訪先賢之跡、三条太相國（藤原實行）可任此官之由被仰下之時、稱非本望雖及固辭、强而被仰下之日、以子息（藤原公教）可被任幕下之官者、可從御定之旨申入之間、及勅約了、其條遂不相違早、基具必雖非慕其例、無兼官之大臣父子相續之条、上古以來只宗忠（藤原）・宗（藤原）能等公一代也、於當家難被比擬彼例之次第、先ゝ申舊候了、凡後中書王（具平親王）以降、相將未絕、文才（戈カ）之勤其業未抛、曩祖右大臣（源師房）示子孫而曰、不致君於堯舜者、其恥如撻于市朝云ゝ、微臣所恥者文莫之末業也、所銜者家門之餘蔭也、且又一旦暫時可被兼任相將者、先以右大將（久我通基）被拜任大臣之条者、忍而可期後榮候、且衰邁之身也、短促之家也、競望爭論之条、太以無由候、偏仰勅斷可定運命候、何況代始之聖化、定不被」乱位次歟、定不被行非據歟、此時何可貽下情之

（8張）

基具去年氏長者並に朝恩の家領等を召放たる

〔候〕欝望哉、抑去年氏長者幷朝恩家領等悉被召放了、頻抱恐懼候之處、御治世之㝡前、再交朝列候之条、呉々非老幸哉、且又無身咎之条、世上之所存候歟、先返預舊領等候之条、可爲德政候哉、倩憶累代之世功、土御門院龍興之初、受御乳母幷外戚餘流之以來、君已三代、臣又三代、焜燿之儀于今未懈、有忠于國、有孝于家、舊勞舊勳之効績、旁難被弃捐候歟、且故院舊臣〔闕字〕等皆雖遂榮望、微臣一人沈淪而送年、不幸而臨老、今度被垂天憐之条、仁政之㝡候歟、得此等之御意、可然之樣可令洩披露給之狀如件、

消息に儀同三司と署するは不可なり

正月廿三日　　儀同三司基具 此位署珍重〳〵、去弘安八北山賀和哥序書之、其時世上之口遊只在此事、本朝ニ儲置新官、不被宣下、不被仰下、只自専号儀同三司、書消息之署之条、併狂乱之甚也、輕忽朝議之所致歟、誠佞也、

平宰相殿

慈實僧正天台座主を望み申狀を奉る

慈実僧正申狀不及書寫、加納文書内了、

龜山上皇の御書を盛綱に賜ふ

又自万里少路殿〔有〕御書、御函一合、仍御文〔函〕二合、今日廿六日、召行覺於今出川御第給之、又事書〻〻以下兩通之款狀等同剋給之、被仰含子細云々、

以下底本巻一〇

（14張）

○以下正月二十六日ヨリ二月四日ニ至ル石清水・賀茂・北野各社御幸ノ別記ヲ合叙ス、

後深草上皇御

弘安十一季正月廿六日、壬子、天晴風靜、今日太上天皇有臨幸石清水宮、去文永以後無御幸、御世務之後今日初所幸也、去

世務以後初めて石清水八幡宮に御幸あらせらる

弘安十一年正月

廿日可有臨幸之處、關東使上洛之間延引、今日所幸也、關東御返事明日《今日》可被下之、家君因之俄令留給、追可令參給云々、其間事可記左、參議平忠世卿奉行之、予依催卯剋着淨衣相具馬、二鹿毛、水干鞍、總鞦、敵舍人一人、如例、又相具乘替、參常盤井殿、供奉人少々參上、辰二剋出御于西面簾中、妻戸間、予以下着沓降立庭上、陰陽師範昌朝臣(安倍)衣冠、參上、奉仕御身固、次上皇乘御々輿、中將親定朝臣(土御門)給御劔、乘御之後賜左番長延躬令持之、殿上人以上前行騎馬、各總鞦、

御幸供奉人

公卿

予　大炊御門中納言片路供奉、入御馬場殿之後退出、　堀川中納言　平宰相奉行、　左大弁宰相　高三位(高階邦仲)

殿上人

頭內藏頭 信輔朝臣　中將 資行朝臣　前中將(藤原) 範藤朝臣　中將 爲兼朝臣　中將 兼行朝臣　同 資高朝臣　同(藤原) 長相朝臣　同 親定朝臣御劔役

前中務大輔 永經朝臣　左衞門權佐 經親朝臣淺黄總鞦、看督長一兩着白張相從、

右兵衞佐 泰繼　前土左守 忠顯

上北面

前刑部大輔(源) 時仲朝臣 院殿上人　前內藏權頭(源) 仲澄朝臣 院殿上人　前壹岐守(源) 仲秋朝臣 院殿上人　散位 家重(藤原)　若狹守 知經(橘)　皇后宮權大進 遠衡

下北面

（15張）

前能登守信友路次不供奉、参会社頭、　周防守康顯　左衞門尉平基胤　源季久　藤原以氏　大江景長

藤原信重　同光景　大江遠茂　中原季勝　藤原光經」　中原氏清　藤原信房

御隨身

秦久守左將曹、花田狩衣、黃衣、同單、騎馬在御後、　同久家右將曹、褐衣反狩衣、黃衣、同單、同前、　同延躬片路供奉、即退出、左番長、柳狩衣、畫梅枝、上結、着藁沓步行、〔結、以下同ジ〕　同久友右番長、唐帶上下、上結、同前、　同久廉近衞、二藍狩衣、末濃袴、　久家子近衞、

御身固

雅樂頭範昌朝臣

出車一兩

此外典藥頭(丹波)尚長朝臣・陰陽助(賀茂)在秀朝臣等參会社頭祗候、於五條大宮乘〻替、人〻又同之、於八幡惣門內又乘晴馬、於橋西爪下馬、殿上人前行、在極樂寺東南邊、公卿又入其門之間、予有召參進御輿邊、此間御輿被扣高坊門前、仰云、於門外雖可有下御、只乍御輿可令廻〻廊東北御之由所思食也云〻、予申可然之由、仍令廻御、予等自門內參会北門外、於此所奉舁居御輿、坤向、有高良御遙礼、先〻於極樂寺北庭儲御座、有御遙礼也、次御登山、自縣宇治被用御輿、無高良御參、予以下皆步行、

馬場殿に着御

公衡柳房を宿所とす

予着藁沓、經藥師堂後、自馬場殿東石橋、被寄御輿於馬場殿南面少階〔小カ〕、此間一品在公卿座、不奉降向立隱閑所、如何、甚以奇恠也、土御門大納
言束帯、降立庭上蹲居、次昇堂上褰御簾、下御、親定朝臣取御劒昇殿、經廊入御南面妻戸、予卽退出于宿所、權別當尚清儲之、号柳房、先々宿所也、戴冠理
鬢髪、欲着装束之處、装束師違乱、永經朝臣候御所御装束、仍相待彼之間已經時剋、良久適
來、于時午終剋也、卽着束帯蒔繪劒、無文帯、如例、持笏、參上、相具侍二人、上結、帯劒、其外如恒、自今日五个日於當宮可被行御八講最勝王經、之故
也、奉行忠世卿、上卿土御門大納言、四位院司經親朝臣、藏人説春（藤原）、上皇已出御、參御社頭、只今祝師申祝之間也、公卿强無着座之

御禊の儀

儀間、予同在南樓門邊、後聞、先奉仕御禊御装束、其儀卷馬場殿西面階間御簾、供御禊御座、
敷小莚二枚、其上供御半帖、北面、前庭立御幣案倚」御幣、大三本、小五本、此內色帋一本、其北引立神馬、予所進黑、御隨身利澄・（秦）久廉各褐衣、垂袴、壺胡籙、置弓、等引之、御幣案南
敷陰陽師座、主典代資鄉（安倍）束帯、廳官等參儲監臨之、次出御、御衣冠、異文御袍、遠文、窠中菊、御指貫、令持御笏木如例、御、次供御贖物、自南方供之、土御門大納言不解劒、候

（頭書1、八八頁へ移ス）

（16張）

陪膳、藏人頭信輔朝臣左中將兼行朝臣・前土左守忠顯等役送、陰陽助賀茂在秀朝臣着座、奉仕御秡、信輔朝臣兼行朝臣降向取大麻傳

御拜の儀

陪膳人、々々供之、次撤御贖物、次入御之後可改御装束、撤御座垂御簾也、而出御被忿之間、任文永例
自御禊御座直出御、先公卿列立西面階前、信輔朝臣在此列末、東上北面、各懸裾、但土大不懸、殿上人列立飯殿前、南上東面、各懸裾、近衞司等細劒、平緒、相
具隨身、但資行朝臣帯革緒劒、又不持笏、如何々々、自余悉持之、但範藤・永經朝臣等
又不持笏、不知案內歟、廷尉經親朝臣黑袍、柳下重、纔着、蒔繪沃懸地野劒、紺地平緒、持笏、御隨身左將曹久守・近衞利澄・久廉〔廉〕等各褐衣、垂袴、壺胡籙

里神樂御誦經

執事別當實兼御誦經文に加署す

寺官勸賞

（17張）

等也、右將曹久家・右番長久友・久家子等、出御之間遲參、參会若宮、此外左右府生雖有催、稱所勞不參、又左番長延躬稱故障早出、候階北腋、東上南面、出御之時不追御前、右中將親定朝臣紫緂平緒、懸裾、給御劔降西階、着沓候公卿列上邊、次出御、一品懷中笏於階一級着御〻沓、兼召次持之、臨期聽官取之傳藏人、〻〻判官說春青色、不帶劔笏、專失礼也、且所陳甚不當也、取之傳左大弁、左大弁懸裾指笏、於公卿列前邊取之供之、此間公卿侍臣皆居地、次御參宮、御步之間御懷中御笏、御劔役候御後、左、殿上人前行、列居南樓階壇下、公卿扈從、上皇昇御南樓階着御〻拜御座、御安座之後令取出御笏御、舞殿中央間敷高麗疊大文、一枚爲御座、此間神馬引立樓門外階下、役人如初、次土御門大納言不解劔、指笏、於舞殿東庭取御幣、四位院司經親朝臣不解劔、指笏、傳之、今度被略金銀御幣、入御座當間沓不脫、進之、御拜了返給、直進立舞殿西面北第二間北柱下、乍立召祝師俗別當兼定、着柳下重、給之、跪拔笏直出西候西廻廊邊、俗別當祝了給祿、大褂一領、主典代取之、於便所給之歟、以上以傳聞記之、定有漏脫事歟、祝之間廻神馬、三匝之後引入樓門付神人、但入御廻廊御所之後引上也、次入〔御脫カ〕廻廊御所、門西腋二个間懸翠簾儲御座、但御坐東一間、御沓役人如初、一品懷中笏、褰御簾、次予入樓門候東廻廊邊、次撤御拜御座、藏人說春役之、（於砌外神人請取之、」（頭書2、八八頁へ移ス）次里神樂、巫女二人、（×事）唱人六人、飜袖了給祿云〻、巫女各上絹一疋、唱人各布一段、次御誦經、其儀舞殿東庭敷小莚、立案積嶮嚫物、在御誦經文、執事別當（西園寺實兼）令加署〔署〕給、導師當宮供僧、法服如例、着座、啓白之間給祿、右兵衞佐泰繼帶劔、指笏、取之、進寄礼盤下授之、此間土御門大納言起座、經東廻廊土壇廻北方了、爲武內御幣役歟、又上皇自簾中召信輔、〻〻朝臣正笏參進壇下奉仰寺官賞、撿校妙清法印・別當守清法印等、以上追可申請云〻、彼兩人法服、平袈裟、候西廻廊北邊也、懸尻於長押、向上卿在所今間在武內邊歟、觸之、

弘安十一年正月

武內社に御參

若宮に御參

御八講初日

御願文草日野資宣清書鷹司兼平

（18張）

仰寺官等欤、其儀不見及、次上皇出御、一品兼候西方、褰御簾、御沓役人如先、經西廊入北腋戸御參武內、兼儲御座南北行、着御、艮向、土
亞相取御幣自北方進之、御幣兼儲神殿後方也、祝了給祿、如初、次里神樂、其儀如先、但不賜祿、次參御若宮、予先出西面南中
門、降階廻〻廊西北、儲北面中門階下、上皇着御〻沓、經武內西北、自廻廊內出御北中門令
降階給、此間御劔・御沓役人進降候階下、予以下公卿列立居階西腋、南上東面、殿上人列立其北、
西上南面、御隨身候階東腋、南上、頗雁列、次〔御脱カ〕着若宮拜殿御座、北一間、頗寄南敷大文高麗一枚、東西行、御奉幣、若料一本相加之、役人如初、御拜了
於御前乍立給之、次歸脫沓之所拜殿東溜下、着之、候拜殿後屋邊、祝了給祿如先、次里神樂、事了給
祿、色目如初、次於拜殿東西南角頭着御沓、直南行御、昇御東面中門階、殿上人・御隨身留階下、經東廻廊壇上南行、更折西テ
西行、入御廻廊御所、一品褰御簾、一品卽着西廻廊座、取出笏揖、北面、次土御門大納言定、・予・堀川中納言
基、以上帶劔、取笏、・平宰相忠世、・左大弁宰相爲方、・高三位邦仲、各至座前揖、脫沓懸膝昇揖安座、西上北面、以扇直沓、等着東廻廊座、次御八講、
先是御宮廻之間奉仕堂莊嚴、其儀、幣殿撤御幣棚立机、弁備香花・燈明、御願文草資宣卿、（日野）清書前關白、（鷹司兼平）兼
置講師前机、其南立」高座二脚、其南立礼盤二脚、左右相分敷床、無足、平敷床也、其上敷高麗端疊爲僧
座、東西座末敷紫端疊一枚、爲凡僧幷威儀師座、其座前立磬臺、舞殿廊与樓門作合間北頭立
御經机、金透箱、玉緒、其南立散花・行香等机、散花西、行香東、南廊樓門以東、北壇上敷莚爲行香座、往反人乍着沓經其上、可尋可否、幣殿

奉行上卿大納言定實

着座の僧

憲實碩學能説たるに依り特に召加へらる

并舞殿毎間懸幡・花鬘代、舞殿東庭立御誦經案、下敷小莚如例、南廊樓門以東、敷高麗疊行東西、爲公卿座、東廊西面敷紫端疊等爲院司座、同西壇上南北行、南爲上、以敷同疊二枚爲堂童子座、西廊樓門以西、同敷高麗疊、

(×爲)
今日一品一人着此座、

次院司頭内藏頭信輔朝臣持笏着沓、自東方參進、經廊前壇上、跪奉行上卿土御門大納言、(頭書3、八八頁ヘ移ス、)前壇上申事由、頗懸膝於長押、

即依氣色起西行、參進御所間壇上跪奏事由、勅許之後歸跪上卿、〻〻仰鐘、信輔朝臣退歸

東廻廊北邊、招藏人說春依爲貫首仰藏人、不然者直可仰主典代也、仰之、於壇上乍立仰之、則打鐘、次僧入自南樓門相分着座、先是從僧入同門、

置草座・香爐筥等、

山、證義、 西 法印權大僧都寛円　山、證義、 西 憲実　寺 西 房珎　東大 東 宗顯

寺 西 信弁　寺 東 定觀　山 西 權大僧都永源

興福寺 東 權少僧都範憲　興 西 公壽　山 東 已講宗尋　寺 西 円伊

威儀師嚴暹

僧可爲十口、而憲実法印當世無雙碩學之上、能說已超過先賢、仍今度旁可被召加之處、

自先年中風所勞連〻相侵、連日出仕更不可叶之由申之、然而文治澄憲、(×聖憲)文永聖憲、代〻

宸筆最勝王經供養講師憲實の能説富樓那の再誕といふべし

導師勧賞

佳例之上、御經供養御導師、他人頗難勤仕、猶今日許參勤之後、可退出之旨有勅定、仍今日參加、自明日不可參云〻、仍今日十一口也、」

（19張）

次講憲実、讀宗顯、師就礼盤、次惣礼、次兩師昇高座、威儀師打磬、公卿以下置笏、堂童子右兵衞佐泰繼撤劔笏、可然、前土左守忠顯、賦花筥、卽退着東廊壇上座、次散花行道、出舞殿西面南一間、廻壇上北行入北一間、出同東面北一間、經壇上南行、入同南一間復座也、ゝゝ次僧復座、對揚了威儀師打磬、堂童子收花筥退入、次講師表白、卽宸筆冣勝王經供養也、凡説法驚耳、富樓那之再誕、雖不始于今、今日頗超過先〻、上下隨喜、爭無宗神之納受哉、可貴〱、讀御願文、威儀師分經置講讀師前、次納御經筥蓋分置余僧前、金泥新寫御經、今日卽供養也、ゝ次揭御經題名、次經釋了論談、次兩師僧復座、威儀師點行香・咒願寛円、・三礼円伊、等、次咒願・三礼就礼盤、威儀師嚴暹也、進就机下、土御門大納言以下公卿六人解劔置笏、此間一品・信輔朝臣等起座退入閑所、一品依着衣冠不立行香歟、仍不得心事也、起座着沓進着行香座、西上北面、乍着沓列之、如御齋会、威儀師賦奩、次各起經行香机南幷南廊北壇上西行、至西廊東壇上作輪、上首當南第一間立、下﨟次第ニ經前立其北、大略南上東面也（頭書4、八八頁へ移ス。）次相引經本路、入舞殿南第一間、僧立同第二間以北、西上南面、艮サマニ行香、出同東面北（×南）第一間、經行香座上東行、至東廊西壇上又作輪、上首當南一間立、下﨟經其前、南上西面、次次第ニ進着行香座返上奩、自下﨟起歸着本座、帶劔取笏、（頭書5、八八頁へ移ス。）此間上皇召信輔朝臣、〻〻參進御前壇上、仰奉御導師憲実、賞事、追可申請云〻、進寄上卿前相觸之、依命信輔朝臣經僧座中央、進跪憲実法印座前仰之憲実頗平伏、退歸、

夕座

次僧欲起座、而上卿只乍座可候之由被抑留、仍留候、信輔朝臣進上卿前申事由、次奏聞、次復命之後仰鐘、一如朝座、兩師昇高座、毎事如朝座、

御布施

次被引御布施、是御經供養御布施也、堀川中納言揖起座、着沓揖進立西〔東〕廻廊西壇上北邊、乍立指笏取被物、藏人傳之、經壇上進寄御導師前授之、拔笏左廻敬御所方歟、復座、次中將資行朝臣帶劔革緒劔、不持笏、凡不得心、取褁物、次題名僧十口各一褁、僧綱絹褁、凡僧帋褁、殿上人等取之、衞府輩皆帶劔指笏、但泰繼不然、依堂童子撤之故歟、

今日所作、朝座講師憲実、依爲證義無重難、 問者房珎、」

夕座講師房珎、 問者憲実、頗振才學、房珎閇口、

次事了出御、還御馬場殿、其儀如出御、但御隨身今度發前聲、入御之後予退出、暫休息、

（20張）

参仕の公卿

今日公卿

堀川基具の所行奇怪なり

一位衣冠、龍膽丸、遠文袍、持笏、着差懸、着絹韈 晴日如何、凡着衣冠之条甚不得心、公卿束帯之日也、何可着衣冠哉、又難着束帯者不可出現、而上皇御衣冠、一品又衣冠、着別座、不起座不列行香、所行之旨人以傾奇、如何〱、嚴重之砌脱置差懸、頗一会之違乱也、奇恠〱、

土御門大納言不懸裾、 予不懸裾、御所爲咫尺、強雖不懸不可有難之由、兼家君所仰、 堀川中納言懸裾、

平宰相・左大弁・高三位及殿上人皆懸裾也、着廻廊之公卿及四位院司經親皆帶劔取笏、但堂

童子撤之、又殿上人・近衛司・外衛佐皆帶細劒取笏、但資行朝臣帶革緒野劒、又不持笏、範藤朝臣不持笏、藏人判官說春不帶劒、不持笏、甚失礼、御隨身褐衣、垂袴、壺胡籙、下北面五位布衣上結、六位下結、帶劒、但不帶弓箭、淺沓、今度官人不祗候、各故障云々、」

（頭書1）經親朝臣帶劒搢笏、付御幣、

（頭書2）御沓・御劒等役人候樓門邊也、蓋先例如此、

（頭書3）信輔朝臣可候公卿末之由土大召着之、又奉行院司左衞門權佐經親朝臣在東廊座末、院司座也、帶劒笏、西面、

（頭書4）內一﨟藏人說春青色、取火舍、

（頭書5）行香了一品又歸着座、每度揖也、持笏、

以下底本卷二一

金光明最勝王經供養願文

（9張）

（以下願文他筆ニ係ル、但シ『』內ハ自筆書入ナリ。）

南瞻部州大日本國太上天皇、御諱、敬就于石淸水八幡宮寺之宗祧、奉供養金光明冣勝王經十一部、斯經者遍法界以包衆、德亘三世以除万惡、山斤海湳不盡邊崖兮無量、諸天善神以生歡喜兮爲用、專逑邦國之大術也、豈非皇道之至要乎、四佛世尊爲之垂擁護、十方大士因之底恭敬、高廣之理尤以甚深、伏惟、自脫屣以三十年、雖徒件七聖、訪繁機之後幾多日、已父于一人、長秋宮之並后掖於中禁、飾金屋以垂翠帷、法親王之卜仁祠於西郊、尋鐵塔以究密藏、倩

後深草上皇異敵掃攘の爲寫經せらる

（10張）

顧宿縁無不冥瞻、爰」戴一陰一陽之明德、寫護國護民之金言、一部者、先年之比有宿願旨、手自染金字於紺紙、寤寐凝寸丹於十軸、是依攘異域之覬覦、憶我國之安寧也、發露之趣、匪啻弟子懇篤之願緒、其時暫儀殆覃先皇慇懃之叡襟、心中旣雖思惟、慮外頗以依違、歲去歲來、忽然而懈啓白、運也命也、幸今披其眞文、十部者、以素帋新摸寫之、添景福兮加演說、迺崛法印大和尚位權大僧都憲實爲唱導師、解花紐兮五日、〻〻翹稱嘆之聲、擇松宿於七朝、〻〻彰

（11張）

報賽之志、鷲子之碩德連袖、遞決鷲心之狐疑、龍光之群卿侍座、」屢移龍尾之風儀、蓋以今日之壯觀、可爲每年之嘉謨、永案件經於社壇、欲重此席於廟庭、願依佛神力、遙盡未來際、是則遠遥白河先院徃代斗藪之勝躅、近追文永法皇每春貫華之恒式、懇府之至、舊章不違、方今新花綻而早鶯百囀、功德林之法音賁和光、春氷開而遊魚多樂、放生臺之景趣任天然、昔後魏孝文之祀大禹也、安邑之雲片〻、今本朝眇身之幸祖廟也、男山之月朧〻、物色逢境、相應得時者歟、然則以此惠業、先導社稷之安全、答彼靈威、久祈朝廷之靜謐、堯日初昇、万年之影猶

（12張）

添影、汾水遙淸、千秋之色」無改色、禪定仙院之在堂、長久而弥專孝道、東二条之准國母、陰簾華欲比榮寵、饒傳松喬之仙方、宜獻芝砌之兩洞、凡厥金枝瓊萼、王侯將相、四海八埏、万戸千門、向犧木之聖化、雨霑期鵠椿之延齡、遐邇悅豫、重請、柳營塞垣之塵永收、菟園將幕之

弘安十一年正月

正本は神殿に奉納す

御宮廻

公衡私奉幣

第二日御宮廻

弘安十一年正月

風是靜、乃至群類悉嘗法味、敬白、

弘安十一年正月廿日太上天皇御諱敬白

『草民部卿資宣卿

清書近衛前關白

料帋面白紫裏有薄、

正本被奉納神殿了、』」

（13張）

入夜御宮廻被忩之由廳催之、仍着淨衣參上、戌終剋出御、御劔・御沓役（土御門定實）人如今朝、土大侯御簾、一品不參、上下皆淨衣也、御隨身久友布衣下結如恒、一人參上、御沓左大弁如書、藏人說春淨衣、在殿上人列、前行取松明、傳之、御宮廻如例、入御之後退出、參社頭私奉幣、師衡朝臣（三善）傳幣、祝師法服平袈裟、尚清法印代官、若宮奉幣了歸蓬門、高良奉幣明日之由仰了、又藥師堂誦經・燈明付寺家了、

廿七日、天晴、御宮廻被忩之由、度々有御使、仍午一點着楚々淨衣參上、一品以下兼參入、人々依近年制符着大帷、但一品着袙、如御服、土御門大納言束帶、依御八講奉行參儲社頭、凡每日奉行上卿・四位院司・堂童子等束帶、其外淨衣、但忠世卿每日束帶、依爲奉行歟、少時出御、其儀如恒、公卿列居階南、殿上人列居飯殿前、上北面公卿後退南列居、下北面列居飯殿北西邊、南上東面、御隨身候階北、久守・久家・久友・久廉等也、高三位役御沓、上北面遠衡傳之、藏人說春淨衣、在殿上人列、入夜之時、取松明前行、臨期取御沓傳役人也、御劔親定朝臣、每日如此、御八講中不被撤道具之間、每日御拜於西廻廊御簾前敷筵、其上儲大文

薬師堂に御参

高良社に御参

（14張）

御座、東第一間也、但御經机・散花机・高座・礼盤等暫撤之置東庭、立幣案置軾也、有之、仍直着御其所、次院司範藤朝臣取御幣來立舞殿東庭、一品可役之歟、土大着束帶間無便宜、而手故障、御目再三猶固辭、仍予依御目進寄東庭取、入作合間進御座前不脱沓、獻上之、持時左ヲ上ニ持之、仍其マヽニテサナカラ進上之、上皇右ヲ上ニ令持御之故也、暫退候門樓下、次御拜、兩段再拜、次予參進給之、直出作合西面、跪御座西間壇上、溜內、召祝師在眼路進來、給之、或乍立賜之、但神前也、御前也、仍可跪之由先々有家君御命、仍如此、抑於舞殿有御拜之時、給御幣至西面北第二間、与柱与平頭ニ跪テ賜祝師也、而御八講中僧床ヲ敷之間、件所無便宜、仍於南廊北壇上給之也、雖爲今案、又有便宜歟、卽退候西廊邊、祝了祝師退出、上皇次御參武內、予出西面南中門、廻廻廊外至同北中門、取御幣範藤朝臣儲神殿後方、仍予頗歩進東取之、進御前進之、退候北方、御拜了參上給之、少退北方跪召祝師給之、次退候」神殿後方、祝了御參若宮、予等兼降北面中門階、列立同西方、次着御若宮拜殿御座之間、予廻拜殿西南降石橋、於橋樹邊取御幣、範藤傳之、次昇石階、於拜殿艮程脫沓、溜中、徒跣參進、自御座前昇拜殿上獻上之、經本路退候拜殿艮角、地上、暫不着沓、御拜了又參上給之、步行砌外跪、正當御前、召祝師給之、次至脫沓之所跪着沓、更經壇上南行、於御座當程蹲居、候拜殿後屋邊、祝了更敷若料前若御前軾、（衍）又申祝、兩所祝了、御參藥師堂、於若宮東面鳥居外乘御々輿、予以下步行、一品又參上、兼儲御座、着御、次供御香水、一品供之、一品以下皆嘗之、次有御誦初後有之也、經歟、次御參高高良社、御輿、予以下步行、但一品不參、（頭書1、九二頁ニ移ス、）兼儲御座、南面、次改着沓元着藁沓、取御幣、範藤朝臣傳之、乍着沓參

公衡高良社に私奉幣

進獻之、御拜了給之、跪御前召祝師給之、俗別當兼定不參、進代官、束帶、祝了還御、無里神樂、予暫留候、撤大文御座敷小文高麗、社家儲之、予着座、知顯朝臣(橘)傳幣、拜了返給知顯朝臣、凡當宮幣直不給祝師、以人傳給之也、去夜又如此、知顯朝臣給祝師、法服平袈裟、如去夜、祝了予登山、

御八講第二日

先是御八講已始、土御門大納言・平宰相・信輔朝臣今日又申事由、等着東座、(頭書2、頁末ニ移ス。)淨衣公卿可着西廊座、東上北面、仍予入西面南中門、經壇上南行、更東行、脫沓着之、堀川中納言一人在此座、一品候簾中云々、應召歟、甚不得心、仍予無程起座了、不見其後事、

今日所作

朝座講師宗顯　問者信弁　夕座講師信弁　問者宗顯

石清水宮の祭神に關する諸説

(15張)

晩頭歸參御所、及晩御宮廻如例、抑土御門大納言相語云、「當宮三所御殿、中御殿應神天皇、東神功皇后、西仲哀天皇、異說号姫御神、神武天皇御母云々、但打任說仲哀也、垂跡阿弥陀三尊、異說釋迦三尊云々、又東腋ニ有小神号劔《ツルキ》、不動垂跡、西腋ニ有小神号八子《ヤコ》、毗沙門垂跡、武内神垂跡又阿弥陀也、若宮ハ應神天皇王子也、垂跡十一面、若ハ同皇女也、垂跡普賢、其東社号大智滿、越前氣比、或又日吉十禪師云々、」此外相語事多々、不能記、

(頭書1)　高良御幣無御參之日々、毎日被遣勅使、四位・五位院司替々參向也、

(頭書2)　堂童子泰繼・忠顯、

第三日

御八講第三日

五部大乗經供養

御願文草藤原基長清書鷹司基忠

六位藏人藤原説春藏人頭の手長を勤仕するを拒む

（16張）

廿八日、御宮廻度々有催、仍午剋着淨衣營參、御宮廻如例、堀川中納言勤仕幣役、乍立給祝師也、今日西僧床頗引退之、
北第二間開其路、仍祝師入件間給御幣、兼行朝臣傳之、御宮廻之後入〔御脱カ〕廻廊御所、土御門大納言・平宰相以上束帶、兼候東
座、一品・予・堀川中納言候西座、（頭書1、九四頁ニ移ス、）院司左衞門權佐經親朝臣野劔、革緒、持笏、申事由、上卿仰鐘、僧昇、（頭書2、九四頁ニ移ス、）
初日自南樓門參入、自（又門）余日々自東中門參入、毎事如昨日、朝座講師定觀、問者範憲、夕座講師永源、問者公壽、兩座了僧（頭書3、九四頁ニ移ス、）
退、次撤高座・礼盤・散花御經等机等、暫置東庭置佛供机備香花、是恒例五部大乗經供養也、
次御導師寛円法印着礼盤、題名十口〔僧脱カ〕當社供僧等也、執行正眞法印以下也、僧綱七口、凡僧三口、各法服甲袈裟、着座、堂童〔子脱カ〕賦花筥、毎事如
恒、導師表白、讀御願文、（藤原）基長卿草之、前太相國（鷹司基忠）清書、説法了導師復本座、次平宰相起座、於堂童子座上程跪、
綾被物一重、
指笏起取布施、藏人説春傳之、今日綾袍如恒、進寄導師前授之、拔笏右廻敬神前也、退歸本座、次中將兼行朝臣不帶劔、不指笏、
今日御幸非束帶之間如此歟、誠可然、取裹物、次題名僧十口各絹一裹、中將」資高朝臣不帶劔、同前、・左衞門權佐經親朝臣
不解劔、指笏、・右兵衞佐泰繼爲堂童子間、不帶劔、・前土左守忠顯・藏人説春不帶劔、等取之、次還御馬場殿、予退出、
入風爐療風、夕御宮廻如例云々、予不參、
抑今日御沓役頭內藏頭信輔朝臣也、手長可爲説春之由被仰之處、申云、寛元初度淨衣御幸、

藤原憲説記を披覧す

故隆親（四條）卿爲貫首時、亡父憲説（藤原）爲藏人、不勤仕手長、但爲別勅者可勤仕之由申之、忠世卿云、別勅可依事也、此事全不可及別勅、只爲可勤事之間被仰也、寛元隆親卿大納言以後也、弥以不足言云々、説春云、亡父記分明也云々、忠世云、早可披覧件記、仍披覧之處、御沓頭中將云々、（不注名字、）手長有無全不記之、以之不手長之由申之、尤奇恠也、仍殿上六位藏人頭手長不限此事、今更申子細之間太不可然、仍説春大略閇口、慭隨其役了、（信輔朝臣淨衣、説春束帶也、依御八講也、）凡不足言之男也、」

（頭書1）　經親朝臣候東廊院司座、毎日如此、

（頭書2）　毎日僧不起座始夕座、只申事由仰鐘許也、

（頭書3）　堂童子泰繼・忠顯、

（以下願文他筆ニ係ル、但シ『　』内ハ自筆書入ナリ、）

五部大乘經供養願文　（17張）

『草藤三位、基長卿、

清書前太政大臣、』

夫八幡大菩薩者、或釋迦備國王之子、來自耆崛而排權扉、或無量壽世尊之身、顯于男山而垂靈跡、是則譽田天皇宗廟太神而已、擧直措枉大菩薩垂納受、擧枉措直大菩薩不納受、言其外用則超夏殷周三王之君、言其内證亦爲法報應三身之佛之故也、何世而不欽仰之、誰人而不尊崇之、伏惟、神武基皇德以來、謬（脱アルカ）八十餘代之嫡嗣、正元遁帝業之後、久忝三十六洞之仙遊、

（18張）　（19張）

昔父兆庶雖少子育之仁、今父一人欲滲南明之化、爰陛下君臨之始、寓内臣伏之時、垂諮詢之暇隟、企宗祧之參詣、凝潔淸之明信、繼寬元之叡願、即翹七日殷勤之精誠、所修兩箇鄭重之白善也、奉摸寫素紙華嚴」經一部六十卷・梵網經二卷・大集經三十卷・日藏分十卷・月藏分十卷・瓔珞經二卷・大品般若經一部四十卷・仁王經二卷・妙法蓮華經一部八卷・無量義經一卷・觀普賢經一卷・大般涅槃經一部三十卷・後分二卷・像法決疑經一卷、方今點釋提桓因鑒臨之齊月、卜遍照薄伽有緣之良辰、洒掃神壇、稱楊〔揚カ〕佛書、啒法印大和尚位權大僧都寬圓爲唱導師、言泉頻湧、省聞滿願子於印土、義林牙森、如攝迦旃、延於論場於戯、曉排玉戸、雪意猶埋遠望山之梢、朝拜瑞籬、梅信漸薰轉法輪之庿、觸境之感自然相催、抑卯金刀明主得宮福而子孫並興、依致孝行於遠祖之靈祠也、後嵯峨法皇傳大統而子孫共昌、以致孝敬於遠祖之尊庿也、餘慶覃身、報賽爭懈、願捧淸淨心之法施、永爲未來際之」勤行、况乎大乘五部之讃嘆者恒例也、薫修雖舊、寂勝八講之齋會者今儀也、法樂是新、大小諸神、部類眷屬、威光倍增、哀愍加讙〔護カ〕、然則仙齡無彊、驗至道於具茨峯之風、神眷是遙、耀顯榮於扶桑島之月、殊抽丹懇、奉祝紫禁、曆數之超前代、慣蓬瀛之、以一萬年爲春、寶祚之軼上壽、約椿樹之、以八千歳爲秋、重乞、母儀芝砌之下定水鎭澄〔×證〕、公主椒房之中德風久馥、國母仙院同爭西母之遐算、藩王諸宮皆傳東王之秘方、加之將帥安全、細柳營之塵是靜、民人愷樂、豐葦原之國弥昌、凡厥功德有隣、

弘安十一年正月

利益無邊、稽首和南敬白、

弘安十一年正月廿八日太上天皇御諱敬白」

第四日

（20張）

廿九日、早旦着淨衣參御所、今日御持齋云々、午終剋出御、一品以下候之、如先々、左大弁獻御沓、上北面家重傳之、召次傳廳官、々々傳上北面、凡毎度如此、予勤仕御幣役、一品毎度固辭、不知其故、准大臣不可勤御幣役之由存之歟、大臣皆勤之、不知之歟、不足言、々々、泰繼傳之、其儀如一昨日、但西僧座有所、仍給御幣之後、經舞殿中央欲至西面北第二間之處、祝師遮進來舞殿中、仍愁相跪授之了、其外儀如一昨日、武内御奉幣之間、家君令參給、自今日可有御祗候也、仍於若宮雖伺御目、猶可勤仕之由有御命、」仍勤之了、次經神殿西御自廻廊北、自北面中東面中（衍カ）門階昇御、入御廻廊御所、

實兼參仕す

御八講第四日

（21張）

一品褰御簾、即着西座、家君又令着給、予依御目同着座、頗絶席、（異筆）『座歟』堀黄（堀川基俊）同之、土御門大納言・平宰相等在東座、次信輔朝臣申事由、仰鐘、僧昇、毎事如昨日、朝夕講師範憲、問者定觀、夕座講師公壽、問者永源、論義頗刷歟之間、毎日移時、今日大略終日也、朝夕兩座了還御、此間雨下、資行朝臣候御笠、入御々所之後予退出、少時家君又令退出給、毎事馳筆如形記之、今夜

雨により夕御宮廻を略さる

依雨夕御宮廻被略之、

第五日

公衡父に代つて御幣役を勤仕す

深泥のため出御の路に打板を敷く

御拝

二月一日、今日御八講結願也、雨已休、日脚間見、剋限殊被忩之由度々有催、仍巳剋着束帶、蒔繪劔、無文帶、如恒、永經朝臣刷之、先參上御所、依深泥用手輿、相具侍二人、如初日、堀川中納言・平宰相等兼參仕、又上卿土御門大納言參儲社頭云々、少時家君御束帶、蒔繪劔、無文御帶、令參給、御手輿、前駈二人束帶、步行、平宰相自御所方出來申家君云、御幣役、就上首被仰土御門大納言之處、損膝之間起居不合期之由申之、然者可有御勤仕云々、家君令申給云、雖不可有子細、昨日登山之間損足、猶可被仰他人歟云々、仍平宰相歸參申其由歟、又歸來云、然者公衡可勤仕云々、家君令申給云、然者御前許ハ早可勤仕云々、此後良久出御、御淨衣如先々、家君令褰御簾給、令懷中笏給、予以下公卿皆束帶、懸裾、予先日不懸之、今日依甚泥懸之、列立如先々、殿上人又列立、皆淨衣、但信輔朝臣可申事由之間、着束帶、但在公卿列、（頭書1、一〇一頁ニ移ス、）藏人說春青色、不帶劔、取御沓傳高三位、懷中笏、々々供之、而甚泥之間、自西面北階至樓門階下敷打板、仍被用件打板、被召御裏無、先是中將親定朝臣淨衣取御劔降候、家君又降西階令着沓給、此間被仰予云、御幣役猶汝可勤仕云々、上皇昇南階御、着御西廊」御座、予廻東廊南東、於東面中門邊垂裾、聽官在此所、々々々、々々々縿持之入中門、經東廊西壇上南行、經南廊北壇上西行、立留西二間東邊、北面、依地濕不出砌外也、砌內、左傭

（22張）

門權佐經親朝臣淨衣、取御幣持來、在溜外、予乍立指笏、刷身躰取御幣、左ヲ上ニ持之、如恒、直西行、至御座前

壇上跪、〈南面、脱沓、〉不進御幣、〈不取直、上皇以右爲上御之故也、〉少居退、拔笏左廻、跪候南樓門內東腋邊、〈西面、〉伺見御拜之儀、御拜了忩參進、跪懷中笏給御幣、起右廻經舞殿至北第二間、祝師入西面第二間、來舞殿中央、予相跪、〈北面、〉授御幣、取出笏左廻行東廊邊、〈於御路〔目カ〕路更蹲居、〉懸尻休息、〈此間土御門大納言候西廊西邊、家君・堀川中納言等被候南門樓外、〉

御八講結願

給、返祝了祝師退入、次上皇入御簾中、〈土御門大納言褰御簾、〉次土御門大納言・家君令着東廊座給、予暫在壇上、依家(×御)君御目、起至座前、〈置疊一帖着之、〉揖脱沓昇着座、揖刷裾、次堀川中納言・平宰相・左大弁・高三位〈皆束帶、〉等入東面中門、加着東廊座、此間立高座・礼盤等、又敷堂童子幷行香座等、〈神人直人々沓、〉〈依示仰也、〉頭信輔朝臣正笏進來上卿末、懸膝於長押〈每日如此、如法ニ不懸也、〉申事由、次參進御前奏聞、歸來觸上

朝座

卿、復命之後、信(×仰)輔朝臣退歸、於東中門乍立召藏人仰鐘、次從僧入南門置草座・香爐筥等、次僧入南門樓〈初日之外、每日自東中門參入、今日依結願又入南樓門、〉相分着座、〈如先々、〉次講讀師登礼(×高)盤、〈此間惣礼、〉兩師着高座、威儀師打〈公卿置笏、〉磬、堂童子泰繼・忠顯賦花筥、散花行道了、經釋論談、〈講師宗尋已講、問者円伊已講、〉畢兩師復座、〈公卿取笏、〉信輔朝臣起

夕座

座中事由如初、夕座始磬之後、公卿又置笏如例、講師円伊、問者宗尋、依爲結座無重難、次兩師復座、威儀師仰咒願・三礼、〈寬円法印・円伊已講、〉咒願・三礼着礼盤、公卿解劍置前、〈橫、以柄爲右、平緒帖置其上、又以笏置其上、以上爲左、〉威儀師起座、進就于礼盤〈行香机下、〉土御門起座、着沓進着行香座、予又次家君起座給、予先降座着沓、蹲

行香の作法

作輪

講師以下に布施を賜ふ

（23張）

居壇上、家君令着行香座給之後、予又着之、頗通御後方、於事」致敬礼、次堀川中納言・平宰相・左大弁・高三位・頭内藏頭等皆進着此座、次威儀師賦奩、輪家君令傳予給之時、予退片足恐〻賜之、未見先例、然而以今案致此礼也、毎度如此、乍逃足傳次人、各取奩了後、次第起座西行、上首兩人西廊ノ東壇上南一間ニ令立給、予雖可經砌內、頗無便宜、仍歩出砌外、溜水流、仍以片手暫取裾、入砌内之後垂之、自余人〻又如此、更歩入砌內、立家君北方、人〻皆列立、所謂作輪也、藏人說春取火舍相從、次各相引更東行〻香、自西一至東末、於東（×西）廊西壇上又作輪、予以下經溜外進立如先、次又相引着行香座返上奩、予返上之時、又逃足如始儀、自下﨟起退、平宰相以下直退入東中門邊、堀川中納言歸着座、予暫不歸着、座ノ當間ノ壇上ニ蹲居、家君御歸着了後、予又歸着、帶劔取笏、人〻同之、家君取劔・平緒等、揖令退出給、於東中門令前駈帶之給歟、予忩降壇上蹲居、又安座、次堀川中納言以上（×下）揖起座、着沓揖退立東廊西壇上、南上西面、家君直令退出給了、次藏人說春取綾被物進來、授土御門大納言、〻〻氣色予之後、指笏乍立指之、取之、西行入作合間、斜行西座一和尚（寛円）前授之、少逆行北面、拔笏起右廻（頭書2、一〇一頁ニ移ス。）依敬神前也、以下皆如此、予復座、次予又氣色堀川之後、乍立指笏取被物、授西二和尚（房弥）、作法一如土大、卽歸着本座、次堀川中納言取之、作法同前、但授東一和尚（宗顯）、拔笏右廻（×但）猶可左廻歟、歸着本座、次平宰相取之、授西三和尚（信弁）、拔笏右廻如予等、但直退出、次左大弁授東二和尚（定寛）、拔笏左廻此儀宜歟、退入、次高三位懷中笏、授西四和尚（永源）、右廻退入、頭內藏頭授東三和尚（範憲）、左廻退入、次泰繼・忠顯・說春等取之、（頭書3、一〇一頁ニ移ス。）皆被物也、裹物直被送之、被准宸勝講例云々、仍被物許引之、次從僧撤布施、次僧退、次御經宸勝王經宸筆、一部、金字、紺帋、納銀透筥玉緖、被奉納之、元御筆法華經納銀筥被奉納之、被加置其傍云々、又御願文初日御願文也、」（24張）同被奉納之、可有奉納之儀、先上皇出御簾外御座、土御門褰御簾、土御門以下東廊ニ懸尻候之、先仕丁黃衣、等撤高座・礼盤等、又正面玉垣同撤之、次御山執行正眞法印法服、甲袈裟、・御殿司僧綱也、同着法服、等取御經筥・御願文等、入神殿簾中奉納之、次於閑所給祿、兩人共綾被物各一領云々、內々給之也、次上皇着御々沓幸武內、予廻神殿東幷北等、於武內後所謂北方、邊取御幣、今度懷中笏、經親朝臣傳之、持參御前進之、少退候樓門腋邊、御拜了予參進、懷中笏給之、少退跪御前、召祝師給之、次取出笏退入、祝（×師）畢・御參若宮、予以下先降立北中門階下、次着（御）拜殿御座之後、予廻拜殿西南降石橋、乍立東面、指笏取御幣、經親朝臣傳之、右廻昇石橋超溜、水頗多、仍以片足引超裾、於拜殿艮角脫沓、乍立脫之、自拜殿北昇拜殿上、跪進上之、拔笏右廻降砌上、引直裾蹲居拜殿艮角、乾向、暫不着沓、御拜了忩參上、跪于御前、懷中笏給御幣、更降砌上跪、檐內也、依地濕也、召祝師給之、取出笏左廻退入着沓、於御座當融當間蹲居、更南行候拜殿後屋邊、兩所祝了還御、令廻々廊東南御、入御御所、予乘手輿退出、及晚着淨衣參上、秉燭之後、夕御宮廻也、一品・土大・予以下候之、家君不令參給、每事如先々、委不及

宸筆最勝王經並に御願文を奉納せらる

武內社御拜

若宮御拜

夕御宮廻

記、及晩又時々少雨灑、

(頭書1) 泰繼・忠顯又着束帶、可勤堂童子之故也、

(頭書2) 此間撤堂童子座・行香座・散花・行香・御經机等、

(頭書3) 證義以下一重一褁、威儀師料綾被物一重、從儀師料絹一疋、

第六日

甚雨の中夕御宮廻あり

二日、大風大雨、及晩殊甚、巳剋人々參集、御宮廻如例、人々雖取笠、又不及上結、其間咫尺之故也、御幣役土御門大納言、範藤朝臣傳之、今日御奉幣儀、於舞殿中央間儲御座、役人取御幣入御座當間進之、不脱沓、御拜之間退候舞殿東砌內、御座當間、御拜了經本路參進給之、直進舞殿西面南第二間、北逼北柱柱有其儀、御八講訖之故也、又若宮御幣役人於砌內給祝師、祝師座拜殿北膽〔檐〕內与平頭、乍立給祝師、經西砌依雨儀也、於御座當間蹲居、候西廊西方、ニ敷之、於同所申若殿御幣、但其時頗向艮也、」毎事無殊事、今日御沓役平宰相、上北面家重傳之、夕御宮廻如法申剋也、此間甚雨、卽幸高良社、御輿、人々皆上結、予同之、揷尻前着藁沓、於高良予勤御幣役、脱藁沓徒跣也、雖可着沓、毎事只隨宜、次還御、人々退出、

(25張)

實兼父子春日社參詣を止めて上皇の還御に供奉す

一品相具子息(堀川基俊)卿、不申暇今夜俄出京云々、如何、終夜大風大雨、丑剋以後頗休、

三日、今日還御也、家君・予等申暇、直可參春日社自生津乘舟、可着木津、自木津可乘車、之支度也、而依雨洪水、御路有怖畏之上、平宰相・左大弁・高三位之外無供奉人、頗冷然、其上依洪水、自大渡可被用御

實兼上皇御料の舟を獻ず

御宮廻

初後兩度里神樂あり

還御

大渡に於て御乘舟

御舟綱手人夫八幡檢校等召進む

實兼舟料人夫を鳥羽及び會賀福地より召す

上皇鳥羽南殿に入御

舟、御所御舟未被加修理、家君御舟又當時加修理、知嗣法師私舟、家君御春日詣料儲生津、以彼舟可有臨幸云々、仍私春日詣思留了、兩人可參御共之由、今曉俄思立也、卯一點參御所、家君同令參給、辰一點出御、御參寶前、土御門大納言勤御幣、此間可廻神馬、而遲々之間直付社家了、次里神樂、初後有此事、次御參武內、又御奉幣、里神樂、次御參若宮、同前、次御參藥師堂、自若宮人々皆上結着藁沓、深泥以外也、但家君雖令着藁沓給、不令上結給、御誦經、有祿、供御香水、家君令供之給、次御參高良、土御門大納言不參之間、家君令勤御幣給、次還御、家君・予以下騎馬供奉、于時白雪紛々、於大渡上皇御乘舟、知嗣法師私〔小〕少舟也、敷新御莚、不及儲御破子、家君・予・平宰相・左大弁・高三位・信輔朝臣・親定朝臣御劍、等依召參御舟、永經朝臣御鬢等之料歟、又候之、其外殿上人（×女房）以馬參会、鳥羽南門、女房或輿、或車、直出京、下北面・御隨身等又以馬參会、御船着折烏帽子、淨衣、五、六人候之、數不足之間、家君私御船着五、六人各裝束同前、但少々着白直垂、又候之、綱手人夫八幡檢校・別當等召進之、都合十餘人、」又家君御舟料人夫同被召渡之、鳥羽并会賀・福地、都合二十餘人、不經程着御鳥羽南門前、乘御々輿、

（26張）

自此所予騎馬馳向鳥羽殿、供御以下事下知之、今朝出御之間、自八幡馳（×以）人、下知知嗣法師、仍儲之、雜掌已參上調備了、神妙、須臾入御南殿、供御饌、公卿以下又羞之、予可參御送、家君可令留鳥羽給、予兼不存之間、總鞦・淨衣等皆遣京了、然而無人之間、雖非可默止之間、殆逐林宗之跡、懸細鞦慭供奉了、少時出御、鳥羽以

常盤井殿に還御

風雪により賀茂北野御幸を延引せらる

後深草上皇賀茂北野御幸

御禊

社司勧賞

北野社に於て御経供養あり

御幸供奉人

北雪風殊甚、申剋着御常盤井殿、五條以北人々雖乗晴馬、總鞦、予猶用楚鞦了、逐電退出、休息之外無他、家君酉終剋自鳥羽令歸洛給、今日日已及晩之上、雪風甚、仍賀茂・北野御幸延引、可爲明日之由被仰下了、

四日、天晴風靜、今日賀茂・北野御幸也、予俄有觸穢之疑、自去二日至來八日、六畜之死、然而路次頗無人之間、雖不參社內、可供奉之支度也、辰終剋着淨衣參常盤井殿、馬、大黑、總鞦、舍人一人、水干、褐衣袴、相具諸大夫三人淨衣、・侍三人、狩衣、懸尻於中門邊、乍着沓候之、午一點出御、先於西面廣庇有御禊、堀川大納言候陪膳、御隨身久守・久家引立神馬、內匠頭賀茂在員朝臣候祓、事了直出御、御輿如恒、京極北行幸鴨社、予自川合鳥居之外、直參儲騎馬、中新御所屋邊奉待之、不可入中居〔鳥カ〕內也、土御門大納言以車參会、勤御幣役、祢宜祐実被聽一級、正下四位、頭信輔朝臣承之云々、每事不見及、次幸賀茂、神主又被仰賞云々、可尋、予候鳥居外閑所、次幸北野、於中門有御禊、予不入中門內候塔邊、御經供養、御導師房珎法印云々、每事不見及、次還御常盤井殿、於今者不可有苦、可堂上之由有仰、仍參上、」次參女院御方、次參万里少路殿、次歸華、

（27張）

今日供奉人

公卿

弘安十一年正月

土御門大納言乗車八葉、参会賀茂、自其扈従于御幸、巻簾、今日弥事也、自閑路可参会也、而連車、甚奇恠、　堀川大納言具守、　皇后宮大夫公孝、

予　大炊御門中納言良宗、　堀川中納言基俊、　平宰相忠世、奉行、　左大弁宰相為方、

高三位邦仲、

殿上人

信輔朝臣以下如八幡、

上北面

時仲朝臣　仲秋朝臣　家重

下北面

康顯以下如八幡、

御随身

久守　久家　延躬持御劔、　久友 利澄 久廉　久家子兩將曹之外皆歩行、

以下底本巻九九

實兼東使と重ねて問答す

（11張）

廿七日、癸丑、木開、

就昨日条〻東使重有申旨云〻、家君令問答給、指不及奏聞、

八幡御幸事別記に在り

関東使者二階堂盛綱下向す

八幡御幸事在別記、

廿八日、甲寅、水閉、

家君可有御參之處、依東使未下向猶御逗留、明日可令參給云〻、

(〻家)
・・八幡御幸事在別記、

廿九日、乙卯、水建、神祇官獻御麻、御巫子奉御贖物、

東使今日下向云〻、八幡御幸事在別記、家君今日令參八幡給、」

(1張)

今月事

外記政、吉書奏、除目、三个日、大臣家饗、七瀨御祓、法勝寺季御修法、火灾代厄御祭、

二月 大建 乙卯

弘安十一年二月

一日、丙辰、土除、祈年祭以前、僧尼重輕服人不可參內、

八幡御幸事、在別記、

二日、丁巳、土滿、釋奠、周易、

八幡御幸事在別記、

三日、戊午、火平、獻胙、

同昨日、」

（2張）

四日、己未、火定、祈年祭、廢務、

賀茂・北野御幸事在別記、

賀茂北野御幸事別記に在り

五日、庚申、木執、春日祭、未日使立、關白家神馬立、二宮使立、平〔枚〕岡祭、鹿嶋祭使發遣、

春日祭

天陰、終日甚雨、不出仕、春日祭、上卿一条大納言、実家、弁、可尋、近衛使宗冬（中御門）朝臣、皇后宮使（姈子內親王）大夫進三善遠衡云〻、異姓使、可尋記、

異姓の使は不審なり

六日、辛酉、木破、率川祭、

天晴陰不定、不出仕、師重（北畠）朝臣參、家君（西園寺實兼）令對面給、孝秀（藤原）・直保（三宅）等參逢、仍俄有御遊、孝秀取拍子、直保吹笛、予

四條隆良等所望事に依り西園寺實兼第を訪ふ

吹笙、舎弟童吹篳篥、家君（北畠師重）・羽林彈比巴（琵琶）、女房二人彈箏、呂梅枝・鳥破・席田・鳥急・賀殿急、律伊世海（勢）・万歳樂・青柳・三臺急、及晩隆良（四條）朝臣參、所望事申之、又実清（藤原）卿・康能（藤原）朝臣參、各所望事也、以上予謁之、」

（3張）

七日、壬戌、水危、

參院（後深草上皇）、

八日、癸亥、水成、　祇園御八講始、五日、法勝寺常行堂修二月、」

以下底本巻一〇一

新院（マヽ）

（1張）

龜山上皇大宮院御所龜山殿に御幸あらせらる

皇后姈子内親王常盤井殿に行啓あらせらる

八日、天晴、自今日被始行縣召除目、頭弁俊定（坊城）朝臣奉行、又皇后宮可遷御常磐井殿、院・女院（東二條院）御同宿、大進頼藤（葉室）・藏人佐俊光（日野）藏人方、等所奉行也、今朝申文一通當年給二合、付頭弁了、

早旦着直衣參院（後深草上皇）、常磐井殿、申條々事、又參万里少路殿（小、以下同ジ、）（龜山上皇）、院今朝御幸龜山殿云々、仍參新院（後宇多上皇）御方、心閑入見參、晩頭退出于二条宿所、改着束帯、蒔繪螺鈿劔、紺地平緒、有文丸鞆帯、依召參万里少路殿、毛車如例、大藏少輔經清（藤原）束帯、共、在只今自龜山殿還御云々、參御前聊有申上事、又奉仰逐電參內、申文撰定只今事終云々、藏人佐云、召仰事雖觸申大夫（德大寺公孝）、未被申左右、且可奉行歟云々、予諾、卽垂裾着陣、奥、藏人佐

皇后宮御所角殿

主上兼ねて渡御毎事沙汰せらる

御輿寄の儀

(2張)

俊光縫腋、垂纓、帶劔、如例、不出陣仰云、今日皇后宮可有行啓于院、召仰諸司ヨ、予微唯、不仰路次、是又例、但或仰之、兩說、卽移着端座、令官人敷軾、便召外記、少外記利重(中原)參小庭、仰云、不召着軾、只乍候少〔小〕庭仰之、今日皇后宮可有行啓于院、召仰諸司ヨ、外記稱唯退入、次召弁、右中弁(〆少)冬季朝臣(滋野井)着軾、仰云、今日皇后宮可有行啓院、御輿令進ヨ、弁稱唯退入、次令撤軾起座、於中門邊着靴懸裾參皇后宮御方、御角殿也、主上兼渡御、每事有御沙汰、予以下公卿等着殿上座、以公卿座号殿上座也、大進賴藤於中門催促、少時堀川大納言(具守)又來加此所、大夫遲參之間頻被遣使、亥剋許大夫參上、着加此座、卽可有出御云〻、仍人〻卽起座、大夫獨殘留、爲覽日時也、大進賴藤覽之、入筥蓋、陰陽師在秀朝臣(賀茂)勘申之、大夫見了啓御所、大進啓之、返下大夫、〻〻返下大進、次大夫起座、先是奉安御輿於南作合、中門代也、此間人〻着靴、予此間垂裾、爲寄御輿也、次反閇、在秀代子息在冬(賀茂)參簾中奉仕之、兼構御輿寄、角殿寢殿西面也、又寢殿中央間左右立高」燈臺擧燈、几丁各一本・屛風絹五尺、各一帖置其左右、反閇了後公卿列立西階北方、自南渡北也、東上南面、各着靴懸裾、但大夫・予等垂裾、堀川大納言具守、・大夫公孝、・三条中納言実重、・予權大夫、・吉田中納言經長、・侍徒宰相雅憲(源)、・冷泉宰相經賴、・亮(中御門)爲方、于時參議左大弁從三位、等也、次(頭書1、二二頁ニ移ス、)安御輿於御輿寄上、南面、啓將二人左少將実任朝臣(三條)位次下﨟、・右少將教顯朝臣(藤原)位次上﨟、各闕腋、平胡籙、螺鈿劔、靴、懸緌、等前行、立西

路次行列

（3張）

階南北、左南、右北、次宮司權亮実永朝臣右中将(三條)闕腋、平胡簶以下如啓將、・大進頼藤藏人〻靴・權大進雅俊(藤原)〻同・定房(吉田)〻同・顯任(藤原)・大夫進遠衡以上着靴取笏、等進立幔外、東上南北面、但權亮一人立北方、自余皆立南方、不可然、左右相分可列立也、次大夫・予等揖離列直進南方、自北方可昇、而無其便宜、仍更渡南方也、於中門內切妻作合邊脫靴昇殿、經簀子進御前、於殿上座前邊大夫云、我可留南方、且御輿爲南面、早可被亘北方也、仍予先進參經御前、不蹲居、於西階北間簀子右廻蹲居、南面、直裾、引正笏候、掌燈可障碍、仍兼大進內〻仰女嬬、密〻令撤之、大夫蹲居南間、北面、次兩人同時立、予懷中笏挿役之、大〻〻夫置笏弓如役之、次取几帳立之、東西行、以手爲內方、其所狹少之間一本無不足、次開屛風立其後、密〻召寄權亮令押之、乍立地下以弓押之、依開也、次女房卷庇御簾、先開輦戶後聞、以末濃几帳・帷密〻引廻御輿內、是爲不令透也、內帷無用意之故云〻、入御劔、次乘御欤、其間事不見及、次女房閇〻開輦戶垂御簾、次兩大夫起帖予今度懷中笏、置屛風、又取几帳如元横ニ置之、副御簾置之、取出笏經御前南行、於南中門邊着靴懸裾、出御京極面南行、〔門カ〕京極北行、(×南)步儀也、(×行)・入御京極面門、路次行烈〔列〕、左兵衞佐教定(藤原)、裝束如行幸、次公卿等、次兩亮、相並、以左爲上首、次兩大夫、相並、同、次御輿、啓將相並、左〻右〻、次宮司・御後殿上人少納言兼有(平)、等也、(頭書2、一一二頁ニ移ス、)於常磐井殿公卿列立南階西、北上東面、兩大夫・亮同在此列、(×列)(頭書3、一一二頁ニ移ス、)兼構御輿寄、每事」如出御之儀、奉安御輿之後、兩大夫離列經列後、於中門內切妻脫靴、昇堂上參進、今度大夫直渡東、御輿依爲東面也、寄御輿之儀如先、下御之後、兩大夫於初所着靴

名謁

除目初夜

蒔繪劔に紙を以て文を押し螺鈿劔とす

冷泉經賴中御門爲方近衞家基に家禮をとる

筥文の作法

更加列、經列前加之、次權亮実永朝臣兼留階腋、問名謁、公卿稱籍、只少揖也、次自下﨟揖離列退出、予不堂上、直改着浅履參內、可候除目也、內大臣(近衞家基)・堀川大納言・三条中納言・予・中納言中將(二條兼基)・冷泉宰相・左大弁等着陣、吉田中納言雖參、筥文事中納言中將被乞請之間、吉黃不着陣退出也、抑行啓供奉人皆不改劔・帶等、但三条中納言帶蒔繪劔、予密々問云、御劔被改歟、如何、三条云、元來蒔繪劔ニ以帋押文、仍只今剝取件文也云々、於帶者不改、是略儀也、次頭右大弁俊定朝臣出陣、召仰除目事、內大臣移着端座令敷軾、召大外記師顯(中原)被召仰之、又召弁兼仲(勘解由小路)被仰之、次又召大外記被問文書具否歟、次藏人右兵衛尉永賢(藤原)行事、二﨟、出陣召公卿、次大臣召外記仰筥文、次少外記有保(大江)・利重・權少外記某(義)・利良(中原)等取筥列立小庭、次大臣起座兩相公起座兼(×自)起座、依家礼也、自被移着端座之時起座也、被進立、次堀川大納言以下列立弓場代、各起座、經小庭予自東間西柱西出小庭也、出立莂東妻也、大臣西面、納言東上北面、外記列其後、參議南上東面、次大臣揖諸卿答揖、參議磬折、離列、入無名門、於小板敷當東一間、下揖、脫沓懸膝昇、更起入殿上東一間、關白(二條師忠)兼被着御倚子前、更西行被着切臺盤程、次關白・大臣等被參御前、次堀川大納言揖離列、進立大臣跡不揖取筥不揖、次三条中納言揖離列、進立大臣跡不揖取筥揖、諸卿答、予・三条中納言入無名門代之後、予離列不揖、他人皆聞上首着座之由後、進立大臣跡、予以前人計昇沓脫之程、且進立大臣跡待之、每度用此作法也、進立大臣跡、不揖、少時召使來告着座(×大臣)了由、次目外記、々々經公卿列上、進來予前揖磬折、次予相待外記揖終也、指笏、强不曲腰、以左手指之、以少刷衣文引直平緒取筥、此時外記

（4張）

跪取直笏進之、取含端袖當劒柄程持之、外記歸本列之後揖、諸卿答揖、右廻入無名門代、經小庭東行、於西面沓脱下脱沓、懸膝於沓脱昇、更起入西面妻戸」東行、降簀子經透渡殿東行、入寢殿西面妻戸、副北、先右足、踏參議座末降板、副北御簾東行、以左袖摩御簾、自御座西間西柱邊少歩寄南方、恐御座之由也、相計膝行之程立留、跪先突左膝、次右膝、踏立足之跡ニ突膝也、膝行三度、先右膝、次左、次又右、次左ヲ右ト平頭ニ引整、落居置笏於前、以左手取笏、艮乾ニ引直、文上向御前方、次以左右手取笏西鰭押寄東、二笏与今笏其間三寸許、次逆行三度、先左膝、次右、次左ヲ深ク退クレハ向艮也、拔笏少刷衣文、先踏定左足之後、自右足起左廻、蹴退裾西行、自御座西間西柱程又歩寄北也、經本路降妻戸、引直裾、經南簀子東行、着座揖刷裾、次中納言中將取笏文參上着座、次參議可着座、而關白・大臣移着円座之後、可着座之由存之歟、依家礼也、而普通之儀、參議着座之後被召着關白也、仍關白頻顧座下、有催促之氣色、人々鳴笏召之、仍經賴・爲方兩卿着座、次關白・大臣移着円座、兩相公依家礼又起座、此条如何、空御前座之條又自由歟、雖爲家礼之仁、猶平伏可宜歟、關白被起座之時、中納言中將乍座蹲居、此条又如何、關白已被降簀子、猶降簀子可蹲居歟、此間予起座退出了、後聞、中納言中將一人至勸盃之剋限祗候、其間作法有未練事等云々、態不記之、」

（頭書1）　此間啓所官人立明、

（頭書2）　於此御所宮司相分列東西、此儀宜也、

弘安十一年二月

（頭書3）今夜出車○五両、皆檳榔毛也、大夫・三条中納言・花山院中納言（家教）・予・亮等進之、糸毛・金作被略
之、

以下底本巻一〇

除目第二夜

（8張）
九日、甲子、金收、
早旦參院、晩頭退出、今日除目、内大臣（×中）・三条中納言・中納言中將・左大弁等參仕、顯官擧之
時、堀川（具守）・左大弁兩人候之云々、

（9張）
十日、乙丑、金開、　園幷韓神祭、

以下底本巻九一

除目入眼

（1張）
十日、天晴、今日除目入眼云々、秉燭以前着束帶、蒔繪劍、無文帶、先參万里少路殿、入兩院見參、次參内、今夜事、頭内藏（平信輔）
頭奉行云々、頭弁依□（觸カ）穢御神事中不參、行事藏人永方（賢）之外、上下未參、奉行貫首猶在直廬云々、仍予參常御
所方、數剋入見參、亥時許執筆已被參、仍廻中門方、關白又自直廬被昇、次内大臣・一条大納
言実家・予・土御門中納言雅房・中納言中將・侍從宰相雅憲、等相率着陣、大臣直着端座、令官人敷
軾、便召大外記、師顯參軾、大臣被問文書具否、小時藏人永方（賢）來召公卿、大臣召外記仰筥文、

笏文作法委細は仁治三年西園寺公相の記に見ゆ

受領擧

新叙勘文

封の上に片名を加ふ

（2張）

每事如一昨夜、一条大納言已下納言四人取笏」文、今夜予作法、揖離列進立大臣之跡、揖取笏不揖、不揖之時者外記拔笏、退歸之間籠サマニ離列也、其外作法如常、於御前令膝行、先右膝、次左ヲ右ト平頭〔ニカ〕□引整、次又右膝、左ヲ引整如先、次又右膝、左ヲ引整、是一向先右之作法也、凡於笏文作法者、云弓場列、云御前之儀、以振舞替爲故実、説々委見仁治三年菊園、其外如例、納言着座之後、侍從宰相・平宰相（坊門忠世）遲參間不列弓場、等着御前座、關白・大臣着円座、平宰相家礼起座、内府着座之後移着、侍從宰相乍座平伏、諸卿皆以競出、只予一人留座、但兩相公又歸着、大臣被摩墨之間、居火桶〔×横〕・衝重、頭信輔朝臣獻盃、藏人佐俊光取瓶子、內大臣持盃被目予、々揖起座、下簀子東行、昇大臣後長押跪、搢笏受盃、經本路歸着座、乍逃足置盃於前、拔笏安坐、目平宰相侍從宰相先是起座、不知由緖、之後、置笏於膝下取盃飮之、擬平宰相、互居寄授之、小時平宰相退出、侍從宰相歸着、予雖有早出之志、人々皆退出、受領擧、納言一人不候之條不便、仍相構祗候、曉鍾〔鐘、以下同ジ〕報之後、執筆顧予方仰云、受領擧、仍予・侍從宰相等起座向殿上方、懸尻於長押並居、予以藏人、外記ニ受領擧可持參之由仰之、少外記利重先覽新叙勘文、入笏、予披見、以師冬（中原）可入擧之由仰之、次侍從宰相披見之、次外記書擧持來、予見之返給、名字外記書入之、可書入之由仰之也、次加封返上、召使持來之、相具筆、予封上ニ加片名返給筆、取副擧於笏、次侍從宰相如先、次予等歸着本座、侍從宰相着座後、次予更起座、進就執筆後置笏進擧、取笏直退出、

清書上卿大炊御門良宗俄に故障を申す
公衡等殿上に於て大間並に叙位簿を披見す
次侍從宰相又進擧歟、予已欲退出之處、信輔朝臣語云、清書上卿大炊御門（良宗）中納言日來申領
狀、先參園韓神祭云〻、仍遣使之處、卽可參之由申之、而只今寅剋、俄損足之由申之、以外事
歟、於今者可及闕如、清書事可奉行歟云〻、予答云、此条頗自由事歟、只今ニ成テ申子細之
（3張）
条」頗忘公平歟、且叙位入眼、吉田中納言俄稱所勞之由退出之間、併存公平令奉行了、今日
又受領擧無人、可祗候之由被仰出之間、一身終夜祗候、大炊御門若憑予祗候申子細歟、向後
頗難治、然而眞実及闕如者、爭又不存公平哉、早可被奏聞此趣也、仍頭先申執柄、先是退出于直盧云〻、
次奏聞、大炊御門中納言猶慥可參仕之由嚴密被仰下云〻、不聞左右退出之條、又不可然之
間暫相待之、仕人歸來云、雖損足早可扶參云〻、弥作病奇恠事歟、而除目已了、只今召續帋
被書叙位之間也、中納言若遲參者、執筆被相待之条不便之間、至中納言參後可祗候之由申
入了、神妙之由有仰、卯剋御書〔除カ〕儀了、執筆取笏被出殿上、予兼候端座、執筆被着切臺盤上程被
目予、〻揖起座參進、懷中笏取笏、（頭書、一一六頁ニ移ス。）件笏納大間一巻・叙位簿一巻・成柄一結也、退暫置切臺盤上程、（×執）大臣卽被退出、於小
板敷被着沓、殿上人役之、被出無名門代了、次予取出大間、披置臺盤上披見之、人〻又群集此間左大弁又
參加、伺見之、次見叙位簿如先、凡近來之流例也、見了如元卷之、此間大炊御門中納言參入在

良宗勅勘を蒙る

公衡清書事を奉行す

兩參議召名を書く

施藥院使檢非違使を補す

（4張）

上戸邊、然而於今者處無了、又以女房有勘發之仰云〻、次予懷中笏取笘、跪小板敷給外記、利重、此間頭內藏頭云、內覽皆有免、可得其意云〻、又云、奏聞事、聊有所勞之氣、与奪六位早出之條如何、猶又可祗候者可隨命云〻、予早出之条有何事哉之由示聞了、次予着沓兼以主殿寮令置沓、趨着軾置笘、此次仰於小板敷前也、爲立明在小庭、仍便密〻仰也、向陣、入立蔀西着端座、令官人置軾、次目外記、〻〻趨着軾置笘、此次仰硯・續帋可進之由、外記稱唯退入、先是侍從宰相・左大弁宰相等各請益如恒、着横切座、次外記持硯加入折堺二卷、置參議座前、次予目雅憲卿、〻〻揖起移着座上、第二參議不降地直居上、仍今夜作法如此、重目之、相公揖起座、進來予前跪居、予置笏取大間給之、相公復座、披見之後」取笏申云、有勅任、黄帋可召歟、予目之、相公仰外記召之、此間猶不引寄硯、又不卷返折堺、且又可致沙汰也、良久持參黄帋、相公取之卷返、又折堺卷返之、引寄硯摺墨染筆、此間予目左大弁、〻〻更降地移着侍從相公下、次相公縿披大間相分放之、侍從宰相書勅任幷文官、又奏任・別帋等、左大弁書武官、上首頗多ク分取、如何、不知案內歟、兩人書召名、此間頭內藏頭着軾仰云、從五位下橘以基可賜去月五日位記、從五位下多久氏左近將監如元、正四位下丹波光基可爲施藥院使、左衞門少尉藤原行繼(×以)可爲檢非違使者、此次返上任人折帋、職事退、檢非違使事、事了後可下知歟、然而弁定有早出之志歟、仍以官人召弁仰檢非違使事、抑施藥院使事同可(×可)

施藥院使事は辨官に下知すべし

上卿公衡下名を大間と校合す

公卿兼官を別紙といふ

大間成柄は執筆の大臣に返進し召名は外記局に留め叙位簿は内記に給ふ

仰弁也、而都以忘却、蒙々不仰之、大失也、仍翌朝以狀相觸之□□於右少弁了、可成□日十日宣旨之由也、次召外記仰叙留事、又施藥院使事同仰之、是又大失錯也、爲恥不少、併所思亘也、專不可仰外記、可下知官事也、次左大弁書武官召名了、伺氣色退出了、不書下名如何、定書置歟之由存之間可退出之由賜暇了、而無其儀云々、如何、其後侍從宰相數剋書之、枚數多之故也、良久書了書下名、式部一通、四位・五位・六位等也、抑資行・俊通等中將兼諸國介也、入式部下名、稱先例之由、可尋本官之輩也、□□兵部一通、中將以下今夜任衞府之輩也、左大弁不書之由雅憲腹立、次式部召名內ニ卷加勅任・奏任・別帋・式下名等、又兵召名內ニ卷加同下名、以上二通取副笏持來、予披見、悉校合于大間、大間面聊有僻事等、然而召名又如然書之、更召寄雅憲卿返給文官召名、少失等仰之令改直、次直了持來、次予取出成柄・大間・叙位簿・式兵下名等留座前、式召名勅任幷奏任・別帋所謂公卿兼官也、卷加之、・兵召名等盛筥、此間目召外記令持之進弓場奏聞、次被返下歸着陣、次式兵召名今度更卷加下名等、自余如初、給外記令封之、次又給大間令封之、以上三通封了相副筆返上、

(5張)

予引墨、次大間・兩召名・叙位簿・成柄等悉盛加筥押出、外記取之、」予仰云、大間・成柄可返進執筆、召名暫可令候局、叙位傳〔簿〕給內記、又從五位下橘以基不被載叙位簿、可給去月五日位記之由可傳仰內記者、外記稱唯退出、便取重硯出了、次召官人令撤軾、退出歸華、于時日已出、窮屈之間每事散々、又不能委記、」

(頭書)　又執筆自懷中取出小折帋任人、被授之、宣下事等可存知云々、件折帋爲書寫信輔朝臣乞請之、

爲宣下出陣之時返下予、〻又事了退出之時下外記、見合之後、明旦可返進之由仰了、

以下底本 巻一〇

公衡中院通頼第に赴き検非違使廳務等につき談ず

（10張）

十一日、丙寅、火閉、　列見、

終日雨下、晩頭着布衣向前源大納言（中院通頼）亭、廳務間事有示合事等、又勧盃酌、更闌人定歸華、

十二日、丁卯、火建、　大原野祭、當日使立、二宮使立、關白家神馬立、　円融院御八講始、四日、

以下底本 巻一〇三

實兼の北山第に方違行幸あり

幸路を折紙に注して下す

留守の上卿並に辨

（1張）

十二日、天晴、今夕爲御方違可有行幸北山第、可供奉之由兼日有其催、藏人大進頼藤奉行、仍秉燭之初着束帯蒔繪螺鈿劒、巡方帯、兼懸裾、参内、毛車、大夫將監景衡（三善）束帯、在共、又相具馬、黑、馬副四人、舍人・居飼、執柄自酉一點被参、行幸殊被忩、而供奉人遅

行幸召仰

参、頼藤云、且可有召仰、可着陣云〻、仍予於中門垂裾着陣、奥、夜儲如例、頼藤來座下、下日時勘文、予結申之、頼藤仰云、今日可有行幸北山第、依勘申召仰諸司ヨ、次仰幸路事、注折帋宿帋下之、次中納言藤原朝臣実冬（滋野井）・権右中弁雅藤（藤原）朝臣等可候留守之由仰之、又注折帋下之、職事退、予取副懐中両通折帋、又取副勘文於笏移着端座、召官人令敷〔軾脱〕、次召外記、大外記師顯参軾、下勘文、師顯不結申、仰詞一〻如職事、折帋二枚同下之、外記稱唯退出了、次召弁、權弁雅藤朝臣参軾、仰御輿御装束事、次令撤軾起座、於中門邊懸裾、此後

（2張）

子剋出御

右大將久我通基途中にて參會す

被待人々參集之間良久、少時關白被出中門、被示予云、且可有出御、早可降立云々、仍予以下着靴暫在中門下、而猶可被待右大將(久我通基)參云々、仍予以下懸尻於中門內沓脫休息、少時三条中納言來加、右大將參猶無其期云々、仍子剋遂以出御、反閇了左將渡西、次公卿列立、闈司奏・鈴奏、少納言兼有候之、但不參北山、〔小、以下同ジ〕次寄御輿、」近衞三位中將(鷹司冬平)勤劍璽、公卿漸前行騎馬、每事如例、於大炊御門富少路右大將參会、下車步行、凌雜人猶向南參內、仍予等暫打入馬於閑所、而御輿更不被扣之、猶北行、仍公卿等又打出前行、大將猶步行向御輿、於冷泉富少路辻步付御輿前、於（頭書1、一二〇頁ニ移ス）路頭中央乍立卷纓懸緌帶弓箭、御輿猶又舁懸之、將等未練之所致也、仍予等抑留之、大將下﨟一座進跪云、近衞大將騎馬之所、〇不奉舁居御輿之条、次將等沙汰頗〇似不知法歟云々、誠可然、大將騎馬、番長又騎馬、於陣中騎馬如何、其後儀每事如例、

幸路

幸路、出御右衞門陣、富少路北行、春日西行大炊御門東行富少路、々々々々々々々々々々々、大炊御門東行、富(京極カ)少路北行、春日西行、富少路北行、中御門西行、油少路北行、一条西行、西大宮南行、（頭書2、一二〇頁ニ移ス）正親町西行、〇靭負少路北行、一条西行、柳原北行、入御惣門、

供奉人

供奉人

右大將還任以後初度供奉也、但隨身不着染分、

三条中納言馬副二人取松明前行、次馬、馬副二人張口、次雜色二人取松明在後、無單袴、

予馬副二人取松明前行、次馬、私、黑、取唐尾如例、馬副二人張口、次舍□〔人〕・居飼、

北山第の御座所の鋪設

劔璽役鷹司冬平幼少の為路頭に於て京極為兼に替ふ

名謁

相並、居飼取松明、雑色等不取松明、此外番頭・少〔小〕　侍従宰相雅憲、　近衞三位中将冬平、　高三位（高階）邦仲、

近衞次將

左為兼（京極）朝臣以下十人　右宗嗣（鷹司）朝臣以下八人

外衞

右衞門權佐俊光藏人、　左兵衞（權佐）教定　右兵衞（權佐）濟氏（藤原）

職事

信輔朝臣　顯世（堀川）　賴藤奉行、

儲御所事、藏人永賢奉行之、毎事如例、今度無置物幷御服等、御帳中裝繧繝御座、又立廻絹（3張）屛風、以公卿座」為諸司御所如例、南階儲御輿寄、修理職儲之、垂母屋御簾、卷庇御簾、階間簀子左右擧掌燈、不敷弘莚、又不引幔、毎事如先〻、公卿列立紅欄橋南、北上西面、御輿扣門下、神祇官獻大麻、雅樂寮奏立樂、長慶子、次御輿入御、右大將前行、經橋立南階西方、頗退西南、左中將為兼朝臣勤劔璽、三品羽林幼少之間、於路頭被止了、少將隆重為代、下御之後、離御座四、五尺之間、右大將稱警蹕、次將應之、次御輿退、鈴奏、次為兼朝臣問名謁、大將以下公卿等稱之、次公卿自下﨟退出、予脫靴昇殿、家君着

後深草上皇北山第に御幸天皇と御對面

直衣密々令候御前給、直衣不可有苦之由有仰、于時晩鍾已報、予窮屈之餘、即退御前、於直廬休息就侵〔寢〕、上皇(後深草)・主上御對面數剋云々、上皇・主上今夜御逗留、行幸還御可爲明夕、上皇明日直可幸龜山殿云々、依御八講初日也、内御方寢殿北面如例、院御方北屋寢殿西面也、供奉公卿皆以退出、貫首以下職事・非職近習之輩皆占局祗候、綾少〔小〕路三位經資、御乳父也、又內々參会、女房十餘人參上、

御乳父綾小路經資內々參會す

（頭書1）　大將於下車所可騎馬也、而凌雜人向御輿南行之条、頗無法之作法歟、

後深草上皇中御門烏丸に於て行幸を御覽

（頭書2）　中御門烏丸上皇被立御車、堀川中納言(基俊)佇立御車傍、殿上人康能朝臣以下敷床子列居、御車傍下北面・御隨身等立明濟々焉、頗以嚴重、但人々用無總鞦也、直幸北山、主上御對面之料也、

（4張）

天皇西園寺の堂舍を御覽

莚道不足の爲御步に隨って運び敷く

十三日、天陰、入夜甚雨、早旦着直衣參上、家君同令參給、先參內御方、不經程出御、御引直衣、御袙、御單、生御袴、如例、渡御北殿、院御方、爲秉朝臣直衣、卷纓、候御劒、家君・予等候御共、先以予被申渡御之由、予參御前申其由、而御鬢御裝束未訖、暫可申其由云々、仍歸參申其由、仍先所々有御歷覽、堂方可有御巡覽、仍賴藤仰掃部寮令敷莚道、自北殿中門至御堂中門、但莚道不足之間、雲客等隨御步運敷之、又敷續円座、是每度之新儀也、候御共人々、家君令取御衣末給、但後々信輔・俊定等朝臣候之、・予・綾少路三位經資、以上直衣、

上皇天皇と御對面の後倶に西園寺を御歴覽

御舟遊あり

野上に於て御宴遊あり

實兼御乳父として參河國を拜領す

還幸

（5張）

・頭信輔朝臣直衣、・頭俊定朝臣遅參、及晩參入、束帶、巡方帶」・中將爲兼朝臣直衣、卷纓、・長相(藤原)朝臣同、但懸老懸、・資高(二條)朝臣同、懸綾、・少將資顯(源)朝臣衣冠、懸老綾(行)、・康仲(源)朝臣直衣、卷纓、・信有(綾小路)朝臣衣冠、懸老懸、・藏人大進頼藤衣冠、・藏人佐俊光衣冠、懸老懸、不帶劔、但改着闕腋、浮線綾表袴、黑半臂、野劔、革緒、懸綾、・藏人判官説春(藤原)束帶、青色、帶劔、・藏人兵衛尉永賢束帶、帶劔、等也、堂〻御巡覽了還御、上皇御對面數剋、次兩主又所〻有御歴覽、上皇御冠御直衣、着御下御袴、如恒、予以下候御共、女房十餘人又扈從、重幸西園寺、兩主及女房御乘舟、予以下殿上人・近習輩少〻參御舟、一迊之後下御、〻幸上皇幸龜山殿、依御八講初日也、及晩主上西棧敷幷野上等御歴覽、敷莚道、家君令參会野上給、又被儲□破子、兩貫首以下雲客傾盃數獻、皆以沈醉、又於女房中有□會、主上御覽、女房濟〻祗候、家君・予候御前、誠是千載之一遇也、是又數獻及沈醉、甚有興、家君自元非外人之上、近曽令拜領參川國給、爲御乳父、仍弥親昵勿論也、如此事□人所申行也、予又候其座、頗氣味深也、秉燭以後還御、□可供奉還御、而腰所勞之間申其由、有御免、只列許可□仍予忩改着束帶參上、於御前又有少勝負事、□予一人候御前、次主上着御〻裝束、長相朝臣・藏人永賢候之、予候脂燭、次出御、執柄猶不被參、予以下列立中門下、依雨儀也、御輿令出門外給之後、予留門内了、公卿高三位一人也、如何〱、但三条中納言於路頭參会云〻、

亀山殿に於て後嵯峨院御八講を行はる

今年より大宮院御沙汰

後深草上皇北山第より御幸

亀山上皇世間事に依り御幸なし

傳聞、今日後嵯峨院御八講初日也、近年万里少路殿（亀山上皇）御沙汰也、而依世間事、自今年無御沙汰、仍大宮院御沙汰云〻、寂初八卽彼女院御沙汰云〻、仍如此歟、權弁雅藤朝臣奉行、女院（大宮院）自元御坐亀山殿、院（後深草上皇）自北山今日白地幸彼御所、事了還御有栖川殿、毎日自彼御所可幸云〻、万里少路殿今年無御幸、依世間事歟、但結願可有御幸云〻、今日公卿只二人、大炊御門大納言信嗣、奉行上卿、・冷泉宰相等云〻、不能左右〻〻、可彈指事也、」

『御八講僧名（以下裏書、五張ノ紙背ニアリ、）

山 寛円法印證義者　寺 親性法印　同 觀兼法印

東大寺 宗顯法印　寺 信弁法印　同 定寛僧都

山 永源僧都　興福寺 範憲僧都　山 承忠律師

山 宗尋已講』

○具注曆十三日條今見當ラズ、脱落セシカ、

以下底本巻九九

公衡御卽位記録を披閲す

（15張）

十四日、己巳、木滿、

天晴、不出仕、猶在北山、毎事冷然、終日見御卽位記、又來十八日仗議可參仕之・間（×由）、文書沙汰纒頭、

列見

龜山殿太多勝院御八講第二日

公衡涅槃講捧物を大宮院廳に付す

御八講第三日

後深草上皇有栖川殿より御幸あらせらる

上皇卽位禮以前仗議の可否を諸臣に問はせらる

今日列見云〻、吉田中納言・左大弁宰相・頭右大弁・(×右)(中御門爲俊)左中弁・(平仲兼)左少弁等參入云〻、
又傳聞、大多勝院御八講第二日、(中御門經任)帥・冷泉宰相只二人云〻、
十五日、庚午、土平、　興福寺常樂會、
恒例涅槃講捧物付大宮院廳了、五種、今日終日雨下、御八講第三日也、巳剋着束帶無文帶、帶劔如例、參龜山殿、網代車、差網、相具侍一人、上括、帶劔、御懺法開白已始、土御門中納言(雅房)束帶、・冷泉宰相布衣、下括、等着座、予加其座聽聞、其衆祐宗法印・定寛僧都・憲雅僧都、以上鈍色、御懺法二時了人〻退座、此間上皇自有栖川殿御幸云〻、予以下着公卿座、雅藤朝臣來座後、申事具之由、卽以同人啓、□〔卽カ〕歸來仰可始之由、便仰鍾了、聞鐘之後予以下着堂前座、土御門中納言・侍從宰相・左大弁宰相等也、僧昇、每事如例、堂童子勘解由次官仲親(平)・少納言兼有勤之、朝座講師定寛僧都、問者承忠律師、了僧退、雅藤又來申夕座事、復命之後仰鍾、次僧昇、此間予起座、
(以下裏書、一五張ノ紙背ニアリ、)
『參女院御前、數剋申承雜事、又給饌食之、女房陪膳、次依召參院御方、仰云、神宮恠異事、來十八日可有仗議、而卽位以前仗議無先例之由、大外記師顯內〻申之、仍有勅問、於近衞ｏ關前(鷹司兼平)白者、元來不可及仗議之由被申之、仍無勅問、一条前攝政殿(家經)被坐円明寺之間、未申左右、

右府（九條忠教）申詞、仗議誠可有豫議、可被停止歟、將又於院殿上可有議定歟云々、内府（近衛家基）申詞大略同之、仍重被仰合關白了、未落居云々、次退出于北山、於法金剛院前秉松明、』

十六日、辛未、土定、

不出仕、及晩出京、今夜宿今出川、明日御幸万里少路之故也、

（13張）

龜山上皇後嵯峨院御八講結願に臨幸あらせらる

十七日、壬申、金執、　轉輪院修二月、

天晴、今日万里少路殿御幸龜山殿、予可候御車寄由有其催、仍辰剋着直衣薄色堅織物指貫、着下袴、參万里少路殿、網代車、牛童遣之、相具侍一人、上結、帯劔、但御幸扈從之時、自閑路可参会由召仰了、不經程出御、御烏帽子直衣、着御下御袴、（頭書、一二六頁ニ移ス、）予褰御車簾、八葉御車、如恒、乘御了予自閑路可参会歟之由申入之、然而猶可連車由有仰、仍憖隨仰了、車濟々見物、凡恥辱也、御幸儀例式藝〔褻〕御幸也、但皆懸總鞦、殿上人中將実永朝臣・爲雄（藤原）朝臣・実躬（三條）朝臣・基兼（藤原）朝臣・実連（藤原）朝臣、以上布狩衣、但基兼一人着絹、下北面行廣（惟宗）・中原行宣以下七人、六位等上結、帯劔、召次所左府生久長虫襖狩衣、黄衣、同單、・右府生利（秦）則、花田狩衣、紅衣、黄單、日來左番長也、兵杖御辭退之後、被仰右大將被仰官人了云々、次予卷簾、扈從、

法華堂に御幸御誦經あり

先幸法華堂、於門外御下車、実躬朝臣獻御楊、爲雄朝臣獻御沓、以上下北面六位傳之、実永朝臣候御劔、自中門昇御、予參上褰御簾、於法華堂有御誦經、聽官兼參儲、五位殿上人泰繼（高階）束帯、取導師祿、次還御幸龜山殿、殿上人以下又騎馬、入御自北門、

龜山殿大宮院御所に入御

後深草上皇臨幸あらせらる
兩上皇世間轉變の後初めて御對面

龜山上皇普賢堂に於て御筆往生要集帖抄を供養せらる

被寄御車於女院御方御車寄、下御了引退御車、還御可爲明日云〻、(以下裏書、一三張ノ紙背ニアリ。)『予占局、今夜可祗候之支度也、又以予被仰下召次所等云、御八講之間不可出居、早可退出云〻、仍召仰其由了、小時本院(後深草上皇)御幸、此間御坐有栖川殿也、堀川中納言以下騎馬供奉云〻、但楚鞦也、兩院御對面云〻、世間轉變之後、今日始所有御對面也、此間退直廬、着束帶不帶劔、經刷之、永(藤原)參上、土御門(定實)大納言・大炊御門大納言等兼着公卿座、予同着奥座、關白自念珠堂參上、隨身一人褐冠、相從、・內大臣等被候東公卿座邊云〻、次奉行院司權弁雅藤朝臣來大炊御門大納言座下申事具由、彼亞相奉行上卿也、大炊御門相讓土御門之後、即以雅藤奏聞、歸來仰可始之由、便仰鍾、次打鍾、公卿着座、關白東、・內大臣同、・・土(×大炊)御門大納言西、・大炊御門大納言同、・帥柳下重、同、・中院(久我通雄)中納言同、・予同、・堀川中納言同、・冷泉宰相同、・新三位(高倉)永康、同、柳下重、等也、朝夕兩座了行香、大炊御門・帥・予・堀川中納言・冷泉宰相・新三位等列之、其外人〻皆朝座間早出了、藏人忠名(藤原)取火舍、行香了被引御布施、公卿三反取之、先本所女院、御布施、次本院御加布施、次院御加布施等也、御八講了本院還御于有栖川殿云〻、予退直廬、改着布衣歸參、終夜候御前、今夕於普賢堂有小仏事、院御筆往生要集帖抄被供養之、御導師憲実法印、鈍色甲袈裟、如法密儀也、不及題名僧、上皇・女院於簾中有御聽聞、予一人於明障子外聽聞、說法殊勝、事了上皇有召、予開障子參堂中、布衣、打梨、然而先〻如此之時不及沙汰、有御布施、砂金、褁之、居柳筥、予取授法印

後鳥羽院御八講初日
御治世につき後深草上皇の御沙汰なり
龜山上皇万里小路殿に還御
西園寺修二月會
後嵯峨後鳥羽兩院御八講は他に異る

了、次法印退出了、更闌退直廬就寢、』

（頭書）　今日御經供養御導師、任例二和尚親性法印、勤之、

十八日、癸酉、金破、　安樂心院御八講始、五个日、後鳥羽院、

天晴、早旦着直衣打梨、參上、御懺法聽聞之、次參御前供御膳、予陪膳、數剋有御雜談、（頭書、本文末尾ニ移ス、）午終剋退直廬、自昨日候棧敷殿、着束帶參上、今日後鳥羽院御八講初日也、本院御沙汰也、就御治世歟、左少弁仲兼朝臣奉行、未剋事始、公卿土奉行御門大納言・予・堀川中納言・平宰相・左大弁等也、僧宗澄法印證義、以下昨日衆少々相兼參勤之、朝座了行香、公卿五人之外、仲兼朝臣被召加之、藏人說春一臈判官、青色、取火舍、行香之後予忩退出于直廬、着束帶直衣如昨日、參上、院卽有還御、予寄御〔候カ〕車寄、供奉人皆如昨日、申剋還御于万里少路殿、彼岸之間有供花、予潔齊〔齋〕之次結緣了、且依仰也、次參內、入見參、次參皇后宮申女房、次歸今出川、不脱裝束、聊補氣之後、卽參北山、西園寺修二月也、予一人着座、殿上人爲兼朝臣、束帶、事未訖之以（×後）前予退座了、窮屈失度、何爲哉〳〵、

（頭書）　抑後嵯峨（×院）・後鳥羽兩院御八講異他之間、先々も雖宮司不相憚、立行香取布施也、沙汰事舊了、

十九日、甲戌、火危、　円宗寺寂勝會始、五个日、

北山妙音講

公衡即位の日禮服を着すべき旨仰下さる

即位の日次及び由奉幣等事を定む

往生講

千本居住の黒衣隱逸僧

（19張）

天陰、終日雨下、妙音講如例、但無音樂、今日前源大納言母儀禪尼（宇都宮頼綱女）同令渡給、光臨于此北山第、家君御對面、彼是令勸盃酒給及數剋、」晩頭被歸了、翌朝被引遣牛一頭、

今日藏人大輔顯世送御教書云、御即位日着令（令着カ）礼服、可候外弁云〻、礼帋云、日來三条中納言申領狀、而自去十七日三十日穢出來、仍俄申子細、必可存知云〻、予申故障之由了、且所持之礼服悉皆具借遣藤中納言（滋野井實冬）許了、今更違約者還忘公平歟、仍申子細了、

今日一上（九條忠教）參陣、左大弁同參陣、被定御即位日次・雜事等云〻、由奉幣定同被行之歟、可尋、毎事追委細可尋記、

廿日、乙亥、火成、

雨下、無殊事、入夜俄有往生講、式憲基阿闍梨、憲実法印眞弟、加陀（伽）覺淵僧都師弟、千本居住之黒衣隱逸僧也、仍乱臈次在憲基下、笛景政（大神）・久政（多）、笙予、篳篥重俊、比巴（琵琶）家君、簾中二面、箏簾中三張、大鼓舍弟小童（乂少）五有丸、兼篳篥、鞨鼓孝秀、妙法院僧正（尊教）入來、聽聞、有四个法用、調子盤渉調、樂例式物等也、採桑老以下、

廿一日、丙子、水收、

以下底本巻九七

禮服御覽

藏人等禮冠禮服を御前に持參す

藏人頭俊定冠筥の封並に蓋を開く

男帝御冠は仁治度新調なり

（1張）

○巻首缺、紙端ニ僅カニ殘劃ヲトドム、
參御前方畢、其後良久主上御引直衣、御張袴、出御于晝御座、關白直衣、出臺磐〔盤〕所經透渡殿、被着御前第
一円座、次藏人大輔顯世奉行、內ゝ告出御之由於內府、無召儀、只奉行人內ゝ告之也、次內大臣直衣、・右大將束
帶、・大炊御門大納言同、內ゝ相語云、礼服御覽、爲直廬儀之時諸卿束帶、爲御前儀之時多者直衣也、然而先例又束帶人多之、且當家代ゝ着束帶、仍着之由相語也、・予同、以上蒔繪劔、無文帶、如例、
等參上、着御前円座、束帶人ゝ有揖、如例、次五位藏人賴藤懸裾、持參御冠筥一合、八角樻也、入西面妻戸次ゝ道同之、
置御殿南庇西一間東邊、西一間東柱北頭也、次五位藏人俊光又持參御冠筥置其北邊、抑正元六位藏人役之、又先舁立御辛樻之後
置御冠筥、而今度違彼例、若仁治例歟、可尋、次左中弁爲俊朝臣・右少弁兼仲等舁舁（頭書1、一三一頁ニ移ス、）礼服御辛樻一合、自小板敷舁上之、下臈先行、逆行、上臈在後、次
ゝ効〔效〕之、置御冠筥東邊、東西行、久壽・承元正元等如此、准石灰壇之故也、四季御屛風南頭也、正元立西一間、御屛風被立二間、一間北有鳥居障子、無便宜之故也、今度儀又如然、仍立二間者自然當于御屛風傍也、次藏人大輔顯世・藏人
右衞門權佐俊光等舁又一合、上臈在後、如先、立以前之御辛樻北、東西行、如先、次頭右大弁俊定朝臣懸裾、今日頭信輔朝
臣不出仕、爲御使下向南都之故也、入西面妻戸參進、跪御冠筥西邊開封幷蓋等、六位藏人三人取脂燭相從候辛樻邊、五位藏人等又同在其邊、先奉取出
男帝御冠仁治新調、居樻蓋、顯世持參御前、次取出童帝御冠、入桶、女帝御冠破損、加納此桶歟、其形於今者如無、賴藤持參之並置
御座前、次第ニ西サマニ並（頭書2、一三一頁ニ移ス、）之、二行ニ相並也、次開礼服辛樻、隨貫首取出、五位職事等相互持參御前、皆並置了、顯

天皇形の如く御覧了つて返納す

鬼間に於て内々委しく御覧あらせらる

男帝御装束

童帝御装束
童帝御冠は巾子十二章なし

女帝御装束

長元土記に見ゆる女帝御冠

（2張）

世等開蓋、礼服具皆納黒漆小箱等也、如形有叡覽、頼藤・俊光取脂燭候御前、貫首并六位等候辛櫃邊、天覽了次第ニ如元納御辛櫃、貫首傳取納之、但少々五位職事直納之、次貫首以下退下妻戸外、不撤辛櫃等、入御之後可撤之歟、次入御、關白・內府動座、束帶三人平伏、如例、次予以上更揖自下﨟起座、內府・右大將卽退出、予同欲退出之處、」大炊御門・予等暫可祗候之由顯世傳仰、仍留候、卽執柄被候鬼間、不敷座、亞相・予等依召參其所、六位藏人等舁入御辛櫃等於此所、貫首以下又祗候、內々有出御、玉冠・礼服委有叡覽、凡御礼服有五具、一具男帝御裝束、御冠巾子樣不

（頭書3、一三一頁ニ移ス。）

異凡人、但非三山、前後有櫛形有金筋、以羅立、・押〔鬘〕髩、以金削鏤、御巾子上置方物、以羅爲之、如打敷、有金筋、四面端立玉、有莖、其前後垂玉瓔珞各十二流、所謂十二章也、其頂少寄御後方、有日形傍、日中有三足赤烏、以水精令作日形、赤烏鑄付之、但其色只金也、又有光、金、大袖緋色綾、繡日〃・月〃・星〃・山〃・火焰〃・鳥〃・龍〃・虎〃・猿〃、小袖其色同大袖、無繡文、御裳色同前、繡折枝・斧形・己字等也、一具童帝御裝束、御冠下作如男帝御冠、但無巾子、頂有日形、正面烏同上、向方与上異、可尋、以金玉飾之、但無十二章、御額立鳳形、正面開羽、大炊御門云、此鳳可有二、可向合、而今有一、若落失歟云々、予案之、可有二之由管見未及、長元土記同不注二之由、且今所立之鳳在中央正向外方、以之案之、若可有一歟、於女帝御冠者、一方鳳若落失歟之由長元記有所見、但女帝御冠當時無其躰、仍不及見伺、大袖・小袖・裳等色繡皆同前、一具女帝御裝束、御冠當時無其実、破損之間納加于童帝御冠下、仍不見其躰、但如長元土記者、御冠有平巾子、无櫛形、押〔鬘〕髩上有三花形、以花枝形飾之、前有鳳形、小寄左立、若右方之落失歟云々、爲後記之、大袖・小袖・裙等皆白綾、无繡文、

皇后御装束

皇太子御装束

赤皮沓は弓削法皇の舃と傳ふ

御冠圖二卷

今度用ひらるる禮冠禮服

（3張）

小袖ノ下ニ縫付白羅、如男裳者也、一具皇后御装束、大袖・小袖・裙皆青色、大袖・裙等圖繪雉形、小袖无繪、又副纐纈御裙一腰、一具皇太子御装束、御冠只有巾子無餘飾又無跡形、仍不及記、但長元土記云、御冠只有巾子、無餘飾、損失欤云ゝ、大袖・小袖・裳等色文等大略同御装束、但無日月形、天子御笏一枚、納赤地錦袋入御笏筥、其頭方少細、但無曲折、綬有三、四具、以白絲組之、短綬相具之、加納玉佩箱內、玉佩二流、入筥、長元記云、四流云ゝ、而現在二流、御沓二箱、赤革鼻中央窪、三、四足、「此內有小一足、又烏皮沓一足、其色頗黑、鼻有三形、此外赤皮沓頗長大也、片足有之、古人傳云、弓削法皇舃云ゝ、御襪一箱、赤地錦二足、白地錦五、六足、其內有大小、又御冠圖二卷、一卷佐保朝廷礼冠圖一卷、聖武欤、一卷皇太子礼冠圖一卷、有年号、忘却、

以上物等面ゝ入黑漆小箱等、取整所納御辛櫃也、

皆悉覽了後、今度可被用之物等被撰出之、如元納筥入辛櫃一合、內ゝ進入御所欤、

一、御冠子細記右、仁治新調御冠也、玉少ゝ落損之外無殊破損、乍入筥被留置之、於童帝御冠者如元被返納之、

一、大袖一領子細記右、男帝御装束、

一、小袖一領同、

一、御裳一帖同、

一、牙御笏乍入袋幷箱被留之、

今度用ひざる御装束は内藏寮の禮服倉に返納す

除目下名

龜山天皇正元度後嵯峨天皇仁治度の例

一、御襪一足白地錦紫文、兩三具之内被撰出一足、是若正元御襪歟、

一、御舃一足正元記云、赤皮、以金銅爲飾云々、而今度被取出烏皮沓、黑色、大炊御門大納言所申行也、

一、綬一筋相具短綬一筋、白絲組之、

一、玉佩二流

（4張）

以上納辛櫃一合面々入黑漆筥、取整所納辛櫃一合也、被留置之、今夜内々被置御所歟、

次自余物具等又整入一合、今夜卽兩弁相具御冠筥一合同被返納之、向礼服倉返納之云々、此間大炊御門

予等退出、于時丑剋也、窮屈無雙、

今夜下名也、藤中納言參行、有加任、賴藤奉行、左大弁執筆、及天明事訖云々、執柄遲參之所致也、

（頭書1）　正元ニハ御辛櫃二合東西行ニ相並、次ノ御辛櫃ヲ初ノ御辛櫃ノ西ニ並也、御冠筥置其東也、今度不然、是又例歟、
可尋、

（頭書2）　正元先覽礼服、次覽御冠、今度先御冠也、若仁治例歟、可尋記、

（頭書3）　男帝御冠古物破損之間、仁治三年故入道太政大臣殿（西園寺實氏）被調進之、今所被取出之御冠卽件御冠
也、

（5張）

廿二日、丁丑、水開、

公衡後深草上皇の御所に參り家司の昇進を謝す

晩頭參兩院、於常盤井殿畏申康衡(三善)・經清等任官事、家君令執申給也、御即位由奉幣上卿、日來土御門大納言申領狀、而俄神事有憚旨申之、仍家君可令奉行給之由被仰下云〻、即被出領狀之御請文之間、自(〆今日)今夕立神事札、又被出有憚之輩了、

實兼由奉幣上卿勤仕の爲神事の札を立つ

(6張)

廿三日、戊寅、土閇、

藏人を勅使として實兼第に遣し即位武家用途事を仰合さる

早旦參北山、自一昨日經廻今出川也、入夜藏人大輔顯世爲御使參、經清申次之、御即位武家用途事被仰合之、又由奉幣可令奉行給、於行幸御供奉者、有御免之由被仰之、又礼服公卿今一人猶以闕如、被催堀川中納言之處申子細、此上者公衡猶可存知云〻、愍存公平申領狀了、

公衡禮服を新調す

玉佩・綬等元來二具所持之、其外物具等悉可新調之支度也、以日來所持之古物爲本樣、併存公平之故、不變改藤中納言之分、仍更每物所新調也、

廿四日、己卯、土建、

天晴、家君令參院・内裏給云〻、予痔(痔カ)病更發不出仕、又風痾相侵、旁以平臥、

廿五日、庚辰、金除、

不出仕、終日惘然平臥、御即位記等粗見之、又礼服大袖小袖、爲本樣借請之間、遣大炊御門大納言

右大臣以下西園寺家の禮服を本様として新調す
繼體天皇陵盗掘犯人を捕ふ
官人御鏡以下の贓物を持参す
卽位由奉幣神祇官行幸

許了、凡今度人々多以所持之礼服爲本様歟、右大臣・土御門大納言・大炊御門大納言・三条中納言等次第ニ所借請也、官人章員（中原）來、召取山陵犯人（繼體天皇攝津國上嶋上陵）、勸賞事申入云々、付長官申入之、內々又可存知之由示云々、贓物（御鏡以下）持來之、然而明後日伊世〔勢〕幣家君御神事中也、仍不取入返給、仰聞食之由了、

自万里少路殿下給牙笏一、尤以恐悦、先日所申入也、

（7張）

廿六日、辛巳、金滿、

不出仕、喉脾瘠〔痔カ〕等更發平臥、

廿七日、壬午、木平、

自今日歸今出川、家君・女房同渡御、今夕御卽位由奉幣神祇官行幸也、家君令奉行給、又令供奉行幸給云々、其儀可尋記、

廿八日、癸未、木平、

天晴日清明、不出仕、

（8張）

廿九日、甲申、水定、

」

弘安十一年三月

不出仕、家君令参南都給、

実兼春日社に参詣す

卅日、乙酉、水執、

天晴、家君令参春日社給、予依所労不参、

今月事

祈年穀奉幣、廢務、臨時仁王会、或三月、

位祿定、或三月、季御讀經、或三月、

三月 小建 丙辰

一日、丙戌、土破、　三日以前僧尼重輕服人不可参內、奏御燈御卜、差定造茶使、

大宰權帥中御門經任新第燒亡す

朔日幸甚〳〵、無殊事、入夜有炎上、中御門西洞院經(中御門)任卿新第拂地燒失了、火不移他所

云々、

（9張）

二日、丁亥、土危、

無殊事、

三日、戊子、火成、　御燈、廢務、御節供、內藏寮酒肴、

不出仕、

四日、己丑、火收、

不出仕、

（10張）

五日、庚寅、木開、

（×同）今日始參常盤井殿・內裏等、

六日、辛卯、木閉、

小除目

不出仕、今夕小除目、顯世（堀川）奉行、藤中納言（滋野井實冬）・左大弁（中御門爲方）等參入云々、

七日、壬辰、水建、　藥師寺寂勝會、七个日、石清水宮臨時祭試樂、或巳日、

早旦着直衣參院、次參內、次參禪林寺殿、次歸華、

(11張)
八日、癸巳、水除、

即位叙位

不出仕、御即位叙位云々、執筆内大臣(近衛家基)、藤中納言・吉田中納言(經長)・中納言中將(二條兼基)等取筥文、洞院宰相(實泰)中將・左大弁宰相等參入、吉田・左大弁等行入眼事、奉行職事藏人右衞門權佐俊光(日野)云々、

叙人從二位以下濟々焉、

九日、甲午、金滿、　石清水臨時祭、長講堂御八講始、五个日、後白川院、

御八講始事、臨時祭事、公卿無人事、重盃役人事、舞人遲參事、小陣(北カ)御見物事、

以上追可記、

石清水臨時祭使舞人庭座公卿事

使侍從宰相雅憲卿(源)、舞人右中將実永朝臣(三條)・左中將家平朝臣(衣笠)禁色、・右中將冬宗朝臣(藤原)・左中將通(久我)遲參、於六条邊參会云々、嗣朝臣禁色、・右兵衞佐定資(坊城)・侍從信之・隆任・公秀(三條)・藏人橘邦宗・藤原邦清等云々、庭座一条大納言(實家)・皇后宮大夫(德大寺公孝)・藤中納言・予・冷泉宰相(經賴)等也、勸盃三獻、無轉盃、依公卿無人俄如此、

『(以下裏書、一一張ノ紙背ニアリ、)重盃実冬・經賴等卿、忩忙之間每事不記之、』

十日、乙未、金平、　法勝寺不断念仏始、三个日、使以下歸參弓場殿、

公衡龜山殿等に參入す

早旦着直衣參龜山殿、大宮院御坐、次參北殿、新院(後宇多上皇)御坐、良久入見參、雨中御徒然無計略云々、晩頭退出、

參新陽明門院、次參向前攝政（一條家經）第申承條〻（×事）、二位中將所望事、中將所望事、供神膳事、拍子事、
大納言所望事、相（マヽ）領文書事、馬所望事等也、追委可記、

公衡六條殿に參り後深草上皇に條々の事を奏す

十一日、丙申、火定、
入夜參六条殿奏條〻事、更闌月明退出、」

（12張）

十二日、丁酉、火執、

長講堂御八講結願

十三日、戊戌、木破、
參長講堂、內大臣・一条大納言・皇后宮大夫・予・修理大夫（高階邦經）・高三位（高階邦仲）等參入、行香不足、宗実朝（中御門）臣・（滋野井）冬季朝臣奉行等立加、事了退出、

十四日、己亥、木危、」

（13張）

十五日、庚子、土成、

即位儀

御卽位儀、

公衡着用の禮服を天皇並に後深草上皇の御覽に供す

十六日、辛丑、土收、
參內并院、昨日大礼無爲殊勝之由申之、又予所着之礼服新調、依召〻（進）參仙洞、又進禁裏、美麗之

由有御返事等、悉納筥底了、

十七日、壬寅、金開、　國忌、癈務、桓武天皇、

(×不)參禪林寺殿、

(14張)

十八日、癸卯、金閇、

(×不)參常盤井殿、家君(西園寺實兼)又令參給、

十九日、甲辰、火建、

後宇多上皇嵯峨殿より萬里小路殿に還御
御途次禪林寺殿に幸し龜山上皇に御對面

廿日、乙巳、火除、

新院自嵯峨殿可有還御万里少(小、以下同ジ、)路殿、可候御車寄之由兼日經繼朝臣(中御門)催之、仍未明着直衣上結(括)、參西郊、午一點出御、先幸禪林寺殿、寄御車於中門、兩皇御對面、又御遊行、晩頭還御万里少路殿、予退出、

(15張)

廿一日、丙午、水滿、　國忌、癈務、仁明天皇、東寺、

廿二日、丁未、水平、

法性寺關白忠通撰玉林抄

玉林抄の傳本

神饌供進儀の咒文

大嘗會神饌供進の作法は玉林抄に據るべし

二條家即位灌頂の秘事を傳ふ

天陰雨下、參院三院、・內裏等、

廿三日、戊申、土定、

及晩參向前攝政第、入內事經營之由申之、抑大嘗會供神膳之作法事、天治法性寺(藤原忠通)入道當職之時、委經沙汰作一卷之秘抄、名云玉林抄、件抄近衞正流一本、內府傳之、當家(一条)一本傳之、又万里少路殿一本在之、此事代々殊所秘藏也、且恐神慮之間、供了後有咒文、仁治故院(後嵯峨上皇)御在位、大嘗會之時、關白(二條)良実公、雖無障、祖父(九條道家)入道東山禪閣、作次第、故円明寺入道(一條實經)于時右大臣、作之、直進入御所、」仍關白(二條師忠)不知之、寛元幼主御時、故円明寺入道授申之爲攝政供之、正元近衞前關白(鷹司兼平)爲當職、然而件御作法事、故院以御文書直令授申給、

(16張)

(以下裏書、一六・一五張ノ紙背ニアリ。)『且爲御成人之故也、文永我又爲當職代供之、仍口傳・故実多在當家、就中此關白都以不被存知歟云々、此事先日所被語也、仍先日於內裏內々申其由、而關白又於內裏申云、仁治故關白授申故院了、仍口傳・庭訓存之云々、今日重以此旨語申前殿之處、猶無信用之氣、所詮不據玉林抄者、口傳許ハ猶有不審云々、又去御即位時、關白申秘事、此事他家不存知之由被申之、着御高御座之時有印像云々、前殿云、此事今度十樂院僧正道玄和讒執柄、々々又授申

即位灌頂は後三條院の時に始まる
此の度東寺前長者道耀注進す

主上之由所聞也、此事後三条院御時、清尊法印仁海弟子、授申之、其後時〻有此事、眞言師秘事歟、强非執柄秘事哉之由有平語之氣、且東寺流尤可存知事歟云〻、道耀僧正東寺前長者、前大僧正、語云、此事自內裏有御尋、即注進所存了、金輪王躰金剛界大日印像着御高御座之後有此事云〻、云〻、』

廿四日、己酉、土執、尊勝寺灌頂、

參院、

廿五日、庚戌、金破、

參院、

廿六日、辛亥、金危、

參院、」

仙洞評定始
評定衆を治定せらる

（17張）

廿七日、壬子、木成、

參院、傳聞、今日仙洞評定始云〻、前平中納言時繼奉行之、（頭書、一四一頁ニ移ス、）其衆五人、關白・一品（堀川基具）・土御門大納言（定實）・西園寺（實兼）大納言殿・前平中納言等也、先〻雖被仰合關東、分明無計申之旨、仍大概重被仰遣關東、所詮可在聖斷之由申之、仍治定了、今日未一點其衆關白以下皆參、冠直衣、但大納言殿依御勞

大神宮の訴申す依井庄不法懈怠事を沙汰す

毎月一日十一日二十一日を評定式日とす

公衡厄年に依り北山第に於て普賢延命法を修す

臣下の大法を修せる例

不令參給、仍四人也、上皇（後深草上皇）御烏帽子御直衣、出御廣御所、八幡臨大神宮申臨時祭依井庄不法懈怠事、一个條有沙汰云〻、仰知行之仁可興行之由諸卿定申云〻、

（頭書）　毎月三个度、一日・十一日・廿一日可有評定之由被定仰云〻、

廿八日、癸丑、木成、

大法事可尋記、」

（18張）

廿八日、癸丑、天陰雨下、及晩雨止、自今日於北山第南屋寢殿、七个日可修普賢延命法、此事予今年重危〔厄〕之間、旁有其憚、仍自舊冬可修此法之由思企之、自（×仍）廿一日可始行之處、臣下修（×行）此法之條無先例之由、御室（性仁法親王）頻有御抑留、但此法雖爲大法、於仁和寺者強不似如孔雀經法歟、件法猶執柄行之、治暦二年五月依關白（藤原頼通）所勞修之、阿闍梨性信法親王、承暦四年七月同前、阿闍梨又同人、此外猶有例歟、於內法之得益、強不可論一人・凡人哉、且內〻伺御氣色之處、叡慮又如此、又嘉禎比於西園寺被修五壇法、重引勘例之處、

天暦十年五月十一日、於九條殿御第右相府（藤原師輔）被行七仏藥師法、阿闍梨慈惠和尚、

長治二年閏二月十日、於顯季卿（藤原）宅修同法、阿闍梨良祐、

弘安十一年三月

弘安十一年三月

建保四年五月十二日、於關東將軍（源實朝）家修之、阿闍梨忠快法印、

延應元年六月四日、於法性寺殿爲禪定殿下（九條道家）御惱祈被修之、阿闍梨天台座主僧正慈源、

嘉承元年六月廿二日、春宮大夫（藤原）公ー実登山、於食堂被修七仏藥師法、阿闍梨七人、

大治三年十二月四日、於藤中納言顯隆卿宅修七仏藥師法、蓮実房修之、

普賢延命例

普賢延命法の例

寛治八年二月四日、於關白（藤原師實）第被修普賢延命法、阿闍梨法眼經暹、」（藤原）忠実卿祈也、

康和二年十二月二日、於播磨守六条（藤原顯季）宅修普賢延命法、一乗房座主仁覺修之、

大治二年二月十三日、於顯隆卿亭三条西洞院、永應阿闍梨率廿口伴僧修普賢延命法、

嘉禎三年三月十六日、爲攝政（近衛兼經）祈修之、阿闍梨寂場院僧正、

以上例尊教僧正注送也、

尊教僧正先例を注送す

（19張）

凡密教請來之本意爲全王臣云々、然者不可限執柄・大臣・納言・參議、一人・凡人、至人民・畜生、遍受其益之條、可爲法之本意歟之由頻有御氣色、上皇、仍兩三度自仙洞被申御室、遂有許

後深草上皇御室の抑留を解かしめらる

仁和寺の習御室の御許なくば毎事自專の儀なし

請書案

道耀請文

雜掌等に命じ供料を送遣す

（20張）

諸、仁和寺之習、不蒙御室御許者、毎事無自專之儀云々、仍仰家司經淸（藤原）奉行此事、又兼日遣請書、

阿闍梨前大僧正道耀、勝寶院、前一長者、故入道太政大臣（西園寺實氏）殿御息、

請書案、（頭書1、一四五頁ニ移ス）

延引以前狀也、

自來廿一日爲皇后宮權大夫（西園寺公衡）殿御祈可被行普賢延命法候、御勤修候哉之由、西園寺大納言

殿可申旨候、以此旨可令披露給、恐惶謹言、

三月九日　　內藏權頭經淸奉

進上　右衛門督法印（×殿）御房

請文、

自來廿一日○爲皇后宮權大夫殿御祈、可被行普賢延命法、可被勤修之由早可有御存知、者以

此旨可令洩披露給、恐惶謹言、

三月九日　　法印敎勝

供料万四千疋、加布施定、但除木具幷馬等、兼仰雜掌等觀證・行智・俊衡（三善）等沙汰、悉送遣阿闍梨許、大行事僧法眼嚴親、是又無內外之仁也、仍毎事被

致沙汰、木具仰行智調遣之、毎事申合阿闍梨所致沙汰也、自今朝廿八日、奉仕堂莊嚴、御室御承仕重勝被

撫物として公衡の狩衣を渡す

七箇日放生事あり

伴僧

去夜僧事に伴僧三名昇進す

（21張）

召渡之、毎事存故実、於南屋寢殿爲其所、寢殿北棟分戸西第二間、撤之、以件一間爲本尊幷輪燈在所、毎事見差圖、兼渡撫物、予狩衣也、納衣筥蓋以打褁〻之、以經清遣道場、承仕取之置机上、立母屋西一間、亥剋家君幷予皆淨衣、自今日七个日間潔齋也、又毎日有放生事、毎日四十九頭、入聽聞所、令自他僧不見內道場云〻、於凡俗者無苦云〻、仍予等見之、但尊教僧正聽聞之時、猶在障子外、次伴僧等着座大幕外、

法印祐遍聖天、　法印權大僧都教勝　良円

勝惠護摩、　權大僧都房憲十二天、

權少僧都深遍　賴猷（×祐）　權律師印基

玄眞　実印　覺全

実海　大法師全守神供、　濟尊能讀也、

禪慶　靜俊　定祐

賴嚴　乘忠　尊珍

日來請定之內、深兼法印俄有子細不參、仍改請乘忠也、又去夜有僧事、此件僧內祐遍叙法印、房憲任權大僧都、実印任權律師、當開白之日伴僧三人昇進、開喜悅之眉、所願成就之瑞、希代勝事之由大阿闍梨」頻被感悅、

聴衆庭上に群立す

大法問雑事文書等を文車に納む

公衡七箇日日中初夜の二時聴聞す

以上黄淨衣、開白・結願日平袈裟、白横皮〔被〕、其間日小袈裟、但於大阿闍梨者、毎日如開白日、

次大阿闍梨前大僧正道耀黄淨衣、黄平袈裟、同色横被、入西面妻戸、勝恵法印褰簾、入大幕西端、良円法印褰之歟、着座、此間伴僧悉退座、阿闍梨着座之後歸座、次第委不能記、御〔加〕持畢分散、毎事無爲珍重也、

抑兼〔阿闍梨〕有夢想事、仍褁舎利置壇上云々、

自昨日ゝゝ今夜雨下、而剋限雨止、可謂天地感應、又聴衆群立庭上、其内仁和寺御室〔仁〕・守助大僧正・禪助〔仁〕僧正・実寶〔仁〕僧正・尊教〔山〕僧正・守譽〔仁〕法印以下貴僧成群云々、可謂嚴重、

（頭書2、本文末尾ニ移ス、）凡大法問雑事文書・人々消息等一結納文車、大切之時可披見、

（頭書1） 雖可遣直狀、可爲如此之由阿闍梨兼被計申、又依〔爲〕一門家司不遣直狀也、仍遣教勝法印、僧正房人也、

（頭書2） 凡初夜・後夜・日中三時也、

廿九日、日中時聴聞、其後參院、歸華之後聴聞初夜時、毎日日中・初夜必聴聞、於後夜者難治之上、置撫物之上者、不可有苦云々、

（四月）一日、同昨日、

二日、同昨日、今日又上乘院宮（益助カ）以下多於庭上御聴聞云々、

三日、同昨日、

四日、同昨日、

五日、同昨日、今夕又御室以下多成群給云〻、

（22張）

普賢延命法結願

六日、天晴風靜、今日大法結願也、早旦着直衣、下結〔括〕、午剋家君御淨衣、令入聽聞所給、予同候之、尊教僧正在障子外、先日中時結願、作法等了後、大阿闍梨着平座、如日來東面、次承仕等參進、撤件僧前經机、次承仕相觸時畢之由於奉行人、經清、次五位諸大夫等經清以下參進、卷道場南面五个間并東西妻戸等御簾、兼付鈎丸、次經清入西西面妻戸、褰大阿闍梨座ノ融〔隔カ〕ノ大幕、兼付紙捻結付之、次公卿綾〔小〕少路三位經資、直衣、・持明院三位基光、束帶、等着座、南階以東兼敷高麗端、西上北面、予可合加持之間暫在簾中、次御加持、〻〻了

公衡以下布施を取る

後、予廻中門方立公卿座前取布施、阿闍梨料綾被物一重、諸大夫傳之、取之入東面妻戸經大幕外西行、入所褰之幕置大阿闍梨前、次出西面妻戸、廻南簀子着南階以東座、先之兩三品起座、次実〔藤原〕時朝臣取褁物置之、經本路退歸、自余人〻作法皆如此、次經資卿取褁物授伴僧第一直退出、次基光卿取褁物授第二直退出、次〻殿上人・諸大夫等取之、

大阿闍梨分

参仕の公卿殿上人諸大夫

諸大夫橘知經以下馬を引く

（23張）

綾被物一重

裹物一

伴僧廿口

裹物一口別僧綱絹帋裹、凡僧帋裹、

凡如此大法結願布施任舊例、無過差之法云々、

公卿、兩卿、殿上人右中將(藤原)実時朝臣衣冠、夏袍、・左中將(京極)爲兼朝臣、束帶、・左中將(藤原)長相朝臣衣冠、冬袍、・

右中將(藤原)基兼朝臣、同、同、

諸大夫

伊豫守(橘)知顯朝臣束帶、　前中務少輔(三善)師衡朝臣同、

內藏權頭經清衣冠、多袍、　刑部少輔(藤原)以基束帶、

若狹守(橘)知經同、　右馬權(×頭)・助(高階)行房衣冠、多袍、

右馬助賴清同、夏袍、　皇后宮大夫進(三善)遠衡束帶、

布施引了後引馬九鴾毛、飾之、若狹守知經・皇后宮大夫進遠衡各懸裾取鞭、遠衡指笏、知經不指之、自東中門引出之、引亙

弘安十一年三月

紅欄橋、家君仰云、不可引亘、只於橋南直引亘西可令請取也、少引向北、當階間引向之、卽引亘西方、於無量光院前邊令請取阿闍梨侍法師、指貫、着藁深沓、諸大夫等退西方、侍法師令請取大童子、各如木、次又一疋、河原毛、飾之、右馬權助行房帶劍、着半靴、・右馬助賴清同、引之、每事如前、次予起座、次全守・乘忠等參進、撤大阿闍梨布施、次伴僧等自取布施起座、大阿闍梨又退入、

抑希代之大法修中無爲無事、就中今曉(×晩)阿闍梨又有靈夢、炳焉之告仰而可信、喜悅〱、

修中伴僧用意事

修中伴僧用意事、

一、三力會後諸僧讀經、

一、大阿闍梨散念誦之間、聞摺念珠之聲、諸僧止經誦本尊咒、」

(24張)

一、經一時十七卷、眞言五千遍、

時間此員數雖不滿、歸宿所時別分無懈怠讀之可誦之、

一、開白時各懷中經參上、以帋二枚裹之、御時訖後各留經於經机退出、

一、結願時御時了各懷中經退出、

一、云讀經云念誦、各疑〔凝〕懇念不可有不法之儀、

一、同音所作每人致助音、讓他人不可令懈怠、

一、御加持咒・同伴僧咒、各聞合面〻聲不可違聲、

道場指圖

（25張）

差圖

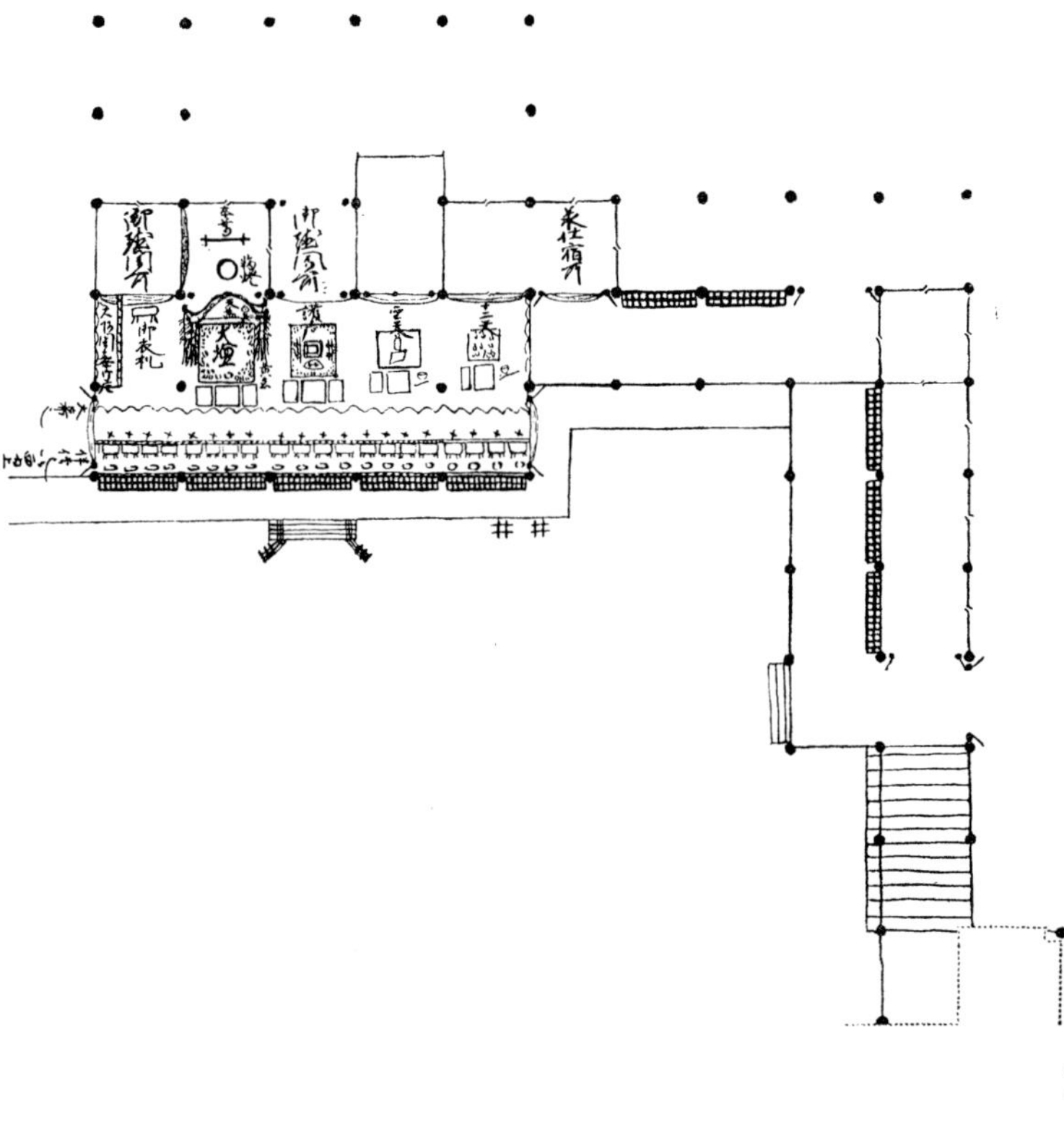

（點線ハ紙端ヲ示ス）

○左圖モト底本ノ紙背ニ押ス、前圖ノ下方ニ接續スベキモノカ、

前權大納言源雅言を院傳奏と爲す

白河院以來藤原爲房の後胤肩を並ぶ

（26張）

廿九日、甲寅、水收、　鎭花祭、

今日被加補傳奏、雅言卿（源）、當時時繼（平）・忠世（坊門）兩卿也、而今日被加雅言卿、源平兩家得境歟、名字之輩數輩在朝、資宣（日野）・賴親（葉室）・經長・經賴（中御門）・爲方、皆是先代傳奏也、而永被棄置彼等、被召加非成業之條如何、白川院以後爲房卿（藤原）後胤並肩歟、當御代如何〳〵、但或蒙讒言、或關東之形勢不快之由有風聞、仍如此云〻、可悲之代也、

（27張）

今月事

京官除目、近代及歲暮、　觀音院灌頂、」

『弘安十年十一月二日』（暦調進月日カ）」

○以下弘安十一年正月ヨリ三月ニ至ル記事ヲ収ムル各巻ノ表紙外題等ヲ掲記ス、

（巻一〇）

（表紙題簽）『七日天晴風靜也白馬節會、、、、
續紙入ちかへアリ重テツキナヲスヘシ』

（本文端裏）『日記きれ　白馬節會之儀くわしくあり』

（巻一一）

（表紙題簽）『弘安 正應
諸事自關東政務ノ事幷八幡宮御祈ノ事
實氏實兼同道南都へ行御製在之　』

（巻九一）

（表紙題簽）『除目事在　十日天晴、、、、』

（本文端裏）『有除目之事』

（巻九二）

（表紙題簽）『十八日蓮華王院、、、、』

（巻九七）

（表紙題簽）『參御前方畢其後良久』

（巻九八）

（表紙題簽）『十六日壬寅天陰時々少雨灑

踏歌節會也、、』

（巻九九）

（表紙題簽）『二月大建乙切』

（巻一〇一）

（表紙題簽）『新院切　新院

八日天晴自今日被始行縣召除目』

（巻一〇三）

（表紙題簽）『十二日天晴今夕爲御方違、、、、』

以下底本
巻一二

『正應二具注暦日（表紙題簽）　伏見
大納言一位標之事　』

公衡本年二十六歳、正二位、權大納言、中宮大夫、

（1張）
正應二年具注暦日　己丑　凡三百八十四日

正月大　二月小　三月大　四月小　五月大　六月小
七月大　八月小　九月大　十月大　閏十月小
十一月大　十二月小

正月　大建

正應二年正月

一日、辛巳、天晴風靜、万年之始、三春之朔、每事幸甚、、、巳一點着束帶、巡方帶、飾劒、紺地平緒、金魚袋、如恒、前筑前守邦兼(橘)刷之、
先參新院、(後宇多上皇)二条殿　毛車、〻副・牛飼不着下袴、依制符也、前駈三人、道衡(三善)・知經(橘)・定衡(三善)、雜色二人、平礼、垂袴、着沓、其外如例、御藥依有其催也、經長卿(吉田)直衣　束帶　奉行、予・經長卿・俊定卿(坊城)等兼
候北面弘御所、垂御簾如法事、是密儀也、但役送之路卷之、午一點出御、御烏帽子直衣、浮文御指貫、此間權大納言(洞院公守)可參仕云〻、仍暫被
相待、不經程參上、直衣、次右兵衞佐定資(坊城)衣冠、持參火置御火桶、次中將伊定朝臣(藤原)布衣、持參御
菓子、權大納言候陪膳、中將保藤朝臣(持明院)布衣、持參白散樻置陪膳人前、次左中弁冬季朝臣(滋野井)束帶、
持參御酒盞、中將師信朝臣(花山院)布衣、持參御銚子、此間定資居澆濁土器、陪膳作法如例、供了次第巡流、次右少弁顯世(堀川)束
帶、二獻持參御酒盞、定資持參御銚子、今度下御菓子、次伊定朝臣持參三獻御酒盞、次保藤朝臣
持」參御銚子、次本役人參上、撤御菓子・白散等、次入御、次予退出、參院、(後深草上皇)常磐井殿、御藥可參
之由兼日忠世卿(坊門)相催之故也、帥(中御門經任)以下人〻候庇御所、弘御所ノ下也、予加着此所、陪膳右大將殿、(西園寺實兼)御遲參
之間度〻被進人、隨身遲參之間如此云〻、申剋令參給、卽令加着庇御所給、予降座蹲居、御座定之後復座、此間
已出御、依御目人〻着座、右大將殿御束帶、奧、・帥直衣、奧、・權大納言直衣、端、・予端、・前平中納言(時繼)直衣、奧、・坊
門中納言(忠世)束帶、端、・別當(中御門爲方)束帶、端、次土左守忠顯(平)束帶、置火、頭中將爲兼朝臣(京極)帶劒、懸裾、持參御菓子、大將殿
依御目、解劒令置座後給、御笏同被置之、進退爲容易、今日可置笏之由兼日有仰、次起座令參進御座邊給、予不礼、御藥之時先

後宇多上皇御藥

陪膳權大納言洞院公守

後深草上皇御藥

(2張)

御馬御牛御覽の間御廐別當は着座すべき例なり

千秋萬歲院御所に參上す

院拜禮

（3張）

々如此、陪膳作法如例、中將資行(藤原)朝臣衣冠、持參白散樻、中將兼行(藤原)朝臣衣冠、持參初獻御盃、左衞門權佐經親(平)朝臣持參御銚子、・大膳大夫邦高(高階)朝臣衣冠、・左衞門佐經守(高倉)束帶、等次第役送、大將殿每度賜御盃、復座氣色帥之後、御飲了巡流、時繼卿盃、父子有憚之間、每度爲方卿飲之、二獻之後御隨身參上敷砂、三獻以後入御、大將殿令帶劔取笏給、人々起座、此間大將殿令參女院(東二條院)御方・皇后宮(姈子内親王)御方等給、予徘徊中門邊、御馬・御牛御覽之間、御廐別當先々必被召着也、而今日無召之間、予不着座、執權(平時繼)之仁不存故実歟、若又有子細歟、帥以下着座云々、次千秋万歲參上、予又參皇后宮・女院等御方、此間拜礼人々大略參上、關白(二條師忠)拜礼了已被參云々、于時酉半也、仍右府(近衞家基)以下降立中門外、」東上北面、此間雅藤(藤原)朝臣拜礼奉行、云々、家雅(花山院)朝臣・公顯(西園寺)等可立拜礼云々、仍予教訓作法於公顯了、人々扈從殿上人在主人後、公顯・家雅又如此、殿上人參入中門內之間、相加參入也、垂裾取笏、次關白下車參入、殿大納言(二條兼基)・坊門中納言・別當等扈從之、關白經列前被加立右大臣上、其外人々又如此、次中宮權大夫(中院通重)勤申次、作法如例、歸出之後不復本列、相向列テ立、次人々參入列立南庭、東上北面、關白被練歩、具隨身之人、番長一人相從追前、入中門、留候東溜程、主人立定了歸出中門外、但關白隨身上﨟四人皆從入中門、

拜禮に立つ公卿殿上人

正應二年正月

立拜礼人々

公卿

關白　右大臣　內大臣（鷹司兼忠）　右大將殿

皇后宮大夫（德大寺公孝）　中院大納言（久我通雄）　花山院大納言（家教）　予

殿大納言　堀川中納言（基俊）　中宮權大夫　坊門中納言

別當　綾少〔小、以下同ジ、〕路宰相（經資）　右兵衞督（藤原爲世）　花山院宰相中將（定教）

左大弁宰相（坊城俊定）　富少路宰相中將（洞院公尹）

殿上人

頭中將爲兼朝臣　左中弁冬季朝臣　右中弁雅藤朝臣

左中將家雅朝臣禁色人也、　權右中弁仲兼朝臣（平）　左少弁兼仲朝臣（勘解由小路）

右少弁顯世　藏人大輔顯家（四條）　藏人大進賴藤（葉室）

中宮權亮公顯禁色、　藏人右衞門權佐俊光（日野）　左衞門佐經守

（4張）

藏人判官說春（藤原）　藏人左衞門尉憲直（藤原）　藏人中宮權少進說藤（藤原）等也、

東二條院拜禮

國母玄輝門院拜禮なし

主上御藥

小朝拜

元日節會

中宮權大夫中院通重續内弁を勤仕す

（5張）

各立定拜舞、了自下﨟退列、但殿大納言留列、又自上﨟退列、關白被練歸、殿大納言退列蹲居、大將殿令退給之間、予又退列蹲居、此間秉燭、仍隨身等取松明來迎主人也、次人〻如初列立中門外、予過關白前之間、聊氣色蒙許過之、於家君御前不居、列立之前强不可然之故也、次女院（東二条院）御方、申次花山院宰相中將、作法如先、但歸本路、人〻參列如初、但家雅朝臣・公顯等今度不列、又拜舞、國母女院（玄輝門院）別御坐之上者、此女院拜若可爲二拜歟之由、内〻有其沙汰云〻、然而今日猶舞踏也、且時宜可隨人〻所存云〻、仍如此、今年新女院拜礼無之、了人〻退出、予參内、内藏寮不進御服之間御藥未始云〻、匆論〱、大將〔殿脱カ〕良久令參給、先令參玄耀（輝歟）門院・新院等給云〻、於御前御對面、次令參中宮（藤原鏱子）御方給、關白・右府・内府・殿大納言等皆參臺盤所、女房六、七人列袖並居、新大納言局褰簾云〻、寅一點御藥了、小朝拜始、人數如拜礼、但右大將殿令早出給、令參室町院給云〻、皇后宮大夫・坊門中納言等又早出了、職事五人・藏人一人列立、拜舞了退出、次右大臣・花山院大納言・予・殿大納言・別當・綾少路宰相・富少路宰相中將等着陣、而此後良久不始、已欲天明、仍予早出了、後聞、内弁右府、外弁上卿花山、但堂上之間人〻早出、中宮權大夫續内弁云〻、未着陣之人先例如何、又未練事等多云〻、不っ（可歟）說、後聞、着陣ち（本定）宣命（マヽ）之見參云〻、但後日叙位日、更」着陣云〻、

参仕公卿の行粧

西園寺實兼の行粧

隨身に裝束を從者に裝束料を給ふ

正應二年正月

今日人々行粧、

關白隨身皆參、前駈六人、扈從殿上人二人、右府前駈四人、雑色長、束帶、負壺、殿上人三人、

內府隨身皆參、前駈四人、殿上人二人、

皇后宮大夫前駈三人、花山院大納言前駈六人、儲府長弘吉、布衣、宰相(定教)中將・家雅・長嗣等朝臣扈從、

中院大納言前駈一人、別當火長・看督長・隨身如恒、左尉清經(源)在共、

其外如例、

大將殿御出事、

御裝束如例、浮文御表袴、飾劔、紫緂平緒、邦兼奉仕之、前駈六人、經清(藤原)以下藏人五位等、

隨身皆參、番長萠木袴、号茜色、下﨟紅梅袴、兼給裝束、又從裝束料兼給用途了、從等如木、番長分童一人・郎等四人・舍人一人、近衞等分童一人・郎等二人・舍人一人、

一員三人、將監・將曹各束帶、壺胡籙、正員可參之由下知之、然而各代官也、其躰左道〱、尤奇恠、

扈從殿上人四人、頭中將爲兼朝臣公役一人在車後、・左少將家相(藤原)隨身二人、・權亮公顯侍二人・童一人・隨身二人、侍等在殿上人車後、・侍從実秀(藤原)童一人、

此外酒肴・祿以下事、家司經清定記置歟、

移馬居飼四人、給裝束、同舍人四人、平礼、萠木水干袴、乱緒、如木雑色二人、平礼、下括、車副二人、平礼、乱緒、牛童、赤色單狩

衣、乱緒、如木、

頭書

中宮御方公卿座上有打出、松重衣、〔葡萄〕蒲陶染唐衣、裏山吹、表衣、紅打衣、紅單裳、三个日如此、」

頭書

中宮御藥權少進説藤奉行也、替物以下事又同、御簾一向藏人方沙汰也、御疊廳沙汰、几帳等內〻御沙汰、

（6張）

中宮御藥

二日、壬午、天晴、早旦着束帯如昨日、但不付魚袋、有文丸鞆帯、紺地緒、蒔繪螺鈿劔、如例年、先參新院、行粧又同昨日、予・吉田中納言・左大弁等候弘御所、不經程出御、御烏帽子直衣、如昨日、仰云、權大納言可參云〻、然而未參、且可供御藥云〻、

後宇多上皇御藥

公衡陪膳を勤仕す

仍皇后宮權大進定房（吉田）衣冠、置火、伊定朝臣布衣、同昨日、持參御菓子、予依御目揖起座、元在端座奥方、也、仍移着奥也、進參奥第一座邊、不撤劔笏、本儀雖可解劔、簾中略儀之間不解之、懐中笏取御菓子供之、取出笏少逆行居第一疊、次保藤朝臣持參白散樻置予前、次顯世持參御酒盞、予膝行供之、置御座上、逆行居第一疊、次定房持參御銚子、予先開白散樻置蓋於樻傍、以銘下爲我方、取出屠蘇袋浸酒振之、三廻、取上瀝之、如元返入之、白散二獻、度嶂散三獻ニ可供之支度也、居寄取御銚子供之、供了返給御銚子於役人、取御酒盞乍居折敷持之、起座、着奥第二

御藥供進の作法

花山院家教の陪膳作法不審多し

公衡玄輝門院御所春日殿に參入す

疊、(經長・俊定等卿在端座、)置御盃於座前取出笏、此間吉田中納言申云、花山院大納言參候、(非御藥御點、自然參会也、)可召候歟、仰云、可召、仍吉田中納言以定房示其由、此間予以下盃巡流、次花山院大納言參着端座、次二獻御酒盞持參、於今者花山爲上首、可勤陪膳歟、(此事專不可然、予已奉仕陪膳之上者、上首雖參更不可相替事歟、凡今日陪膳之式太違例、不可爲後例、)仍其由氣色、花山起座(不解劍、)參進供之、御銚子即供之、(不入散、不振袋、如何〱、)今度可下御菓子也、而不下之、忘却歟、上皇有其御氣」

(7張)

色、諸人不能口入、次御酒盞持參、(定資持參之、)花山又供之、(凡自端座上供之、甚無便宜、)此次予和讒定資、押遣白散於花山前、仍今度御銚子ニ入散振袋供之、今度猶不下御菓子、而頻可下之由人々示之、又上皇有御咳聲、然而不承引、復座之後、予可下之由花山命之、此条甚不得意、仍不承引、而上皇可下之由有御氣色、其上不能子細、予揖起座參進御前、懷中笏取一種(橘、)居折敷、(件折敷所居御酒盞之折敷也、花山所棄置也、)起持向花山前置之、(此条頗難治也、進退已谷、有便宜人者以人可傳之、然而無其仁、仍如此、)復座、次第被下之、此後本役人參進、可撤御菓子・白散樻等、而花山又固辞、如何、爲此儀者、自初不可奉仕陪膳歟、固辞再三相讓之間、依御目予又參進撤之、次入御、人々起座、予欲退下之處、依召參臺盤所、女房五、六人合袖祗候、上皇同御此所、予入簾中着座、不經程起座退出、次予參玄輝門院、(春日殿、)暫着公卿座、(座上妻戸有紅梅打出、)以藏人大進賴藤内々申女房、小時賴藤來云、可參臺盤所云々、仍起座參

後深草上皇御藥

西園寺實兼ら龜山上皇御所禪林寺殿に參入す

中の院

（8張）

寢殿北面簾中女房褰簾、着座、女房五人物具、張袴、并居、須臾起座退出、次參常盤井殿、御藥未始、帥以下祗候如昨日、不經程右大將殿令參給、卽出御、人々參着、右大將殿奥、・帥同、・權大納言端、・花山院大納言同、・予同、・坊門中納言奥、・別當、端、今日前平中納言不參、又帥・權大納言外皆束帶、御藥之儀同昨日、但陪膳右大將殿不令解劔給、又懷中笏給、略儀也、但今日無敷砂事、事了人々起座、大將殿令參東二条院御方給、又令參皇后宮御方給、」各令參常御所給云々、予又參兩御所臺盤所、女房等群居有興、次大將殿令參院御方御前給、公顯依召參臺盤所云々、次大將殿令退出給、令參禪林寺殿給、（龜山上皇）中ノ院御坐、予以下連車扈從、大將殿依召參常御所給、上皇御對面云々、此間予參親王（邦治親王カ）御方、女房褰簾、親王小葵織物御直衣、二重織物御指貫、御腹白如恒、御坐、女房一兩人生袴、候御前、須臾退出、大將殿令退候公卿座給、院司右大弁爲俊朝臣覽吉書、家（西園寺實兼）君見了令奏給、次被返下、々々廳、次大將殿令參親王御方給、予又依召參上皇御前、御烏帽子御直衣、着御下御袴、女房七、八人候障子外、各生袴、色々衣、頗尋常神妙也、有御祝言等、此間帥・別當・左大弁・坊門中納（言脫）以下人々多參進、家君御退出以前皆退出了、小時大將殿令退出給、予又退出、次令參內給、令參兩御所給、予同之、女房猶候臺盤所、新大納言局以下在臺盤所、大納言局以下上臈三、四人在上二間、予・公顯等依召參內御方臺盤所、又於常御所入見參、次大將殿御退出、予連車、但自一条今出川、予一人參向一条前攝政（家經）

公衡一條第室町院菊第に回禮す

第、於公卿座以則任（源）朝臣啓事由、主人烏帽子直衣、被出逢客第、頻被謝參臨之由、次退出、參室町院、於公卿座謁女房、次參二位殿（源顯子）菊第、入見參、被勸一獻、女房陪膳、次歸華、

今日大將殿御行粧又如昨日、但堅〔竪カ〕文表御袴、柿螺鈿劍、如本

路頭の禮

頭書云、

於法勝寺南門前中宮權大夫（中院通重、前檢非違使別當）參逢、仍一員前駈以下皆下馬、下﨟隨身同下馬、彼卿侍又下馬、番長欲下馬、而主人不下馬之」時、番長或不下馬之說有之、仍通重トハ不令知給、爲方卿（檢非違使別當）ト有御心得、別當ト人稱之、家君不御覽其躰之間、爲方卿ト思食也、仍不可下馬之由被仰番長之間、番長不下、頗打隱御車傍、後日仰云、通重卿ナラハ番長尤可下馬カリケリ、此事後日被申合前攝政之處、行向公卿之間、番長下馬猶可宜也云々、仍向後依人可下馬、多ハ可下馬也、可存其旨之間、被仰含久友了、

（9張）

實兼公衡仁和寺御室に參る

三日、癸未、天晴、早旦家君令着束帶給、予・權亮（西園寺公顯）等又着束帶、先參仁和寺御室（性仁法親王）御行粧皆如昨日、一員以下供奉、但頭中將今日不參、給、令着公卿座給、予等徘徊中門外、次禪助僧正出逢、申事由、次御室開障子令出居公卿座給、奥第一座、大將殿退座、令居端第三疊給、次僧正來傳召之由於予、々入北腋、於障子公卿座ノ中障子被開之、緣上蒙御目昇居揖、今日大將殿不解劍、予又不解劍之、暫御對面之後、予先退座、次御室入御、大將殿令退出給、次令參大宮院給、予・公顯等參臺盤所、大將殿令參常御所給、次御退出、令參今林准后（藤原貞子）

大宮院及び准后藤原貞子の許に參る

仁和寺御室昨日の返禮として馬を贈る

千秋萬歳

叙位

右近府請奏

准大臣の加署

後深草上皇實兼の北山第に御幸

春日殿に行幸あらせらる

給、大將殿・予・公顯等皆依召參御前、准后御對面、被勸一獻、女房陪膳、亥剋歸京、予參今出川院御方入見參、次改脱休息、凡三个日之間窮屈無他、仍不能旁記、

四日、甲申、天晴、大將殿無御出仕、予又不出仕適休息、未剋許自御室有御使、侍法師歟、着指貫、下括、土橋威儀師某云々、昨日御參返々被悦思食、仍龍蹄一疋故被引遣之云々、狩衣袴舎人引之、鴾毛、飾之、家司經清布衣、上括、相逢、申事由、仍以承久・貞广〔應〕例、以青侍左衛門尉良種、侍所司、布衣、令」請取之、御使降立取傳之云々、次御馬畏下預了、承久・貞广〔應〕佳例、殊畏存之由令申御返事給、御使退出、左中弁冬季朝臣參、束帶、家君令對面給、正上所望事申之云々、今日千秋万歳參啓祝言退出、

（10張）

五日、乙酉、參叙位、内府執筆、・權大納言筥文、・予同、・殿大納言同、・皇后宮權大夫（洞院實泰）・中宮權大夫・入眼奉行綾少路宰相・左大弁清書等參入、今朝叙位右近府請奏、以將監正六位上実清可被叙爵之由也、府催男持參之、居柳筥、大將殿被加署返給之、所書上之申文不加朝臣字、是一位之後准大臣之由存之歟、然而大將殿加朝臣幷二字返給之、去年御着陣之時日奏又如此云々、

六日、丙戌、御方違、院御幸北山、右大將殿令參会給、行幸春日殿、玄輝門院御所、中院大納言・予・殿大納言・左衛門督（近衛兼教）・綾少路宰相・富少路宰相中將（飛鳥井雅有）・左兵衛督等供奉、予還御後退出、殿大納言・富少路宰相中將・綾少路宰相等外皆以早出、

公衡白馬の練男に假粧の具を與ふ

七日、丁亥、早旦賜假粧具於練男、五座、白粉白薄様帖帋、・黛花田薄様帖帋、・倍仁左羅一口・加祢付筆・眉作・鬢櫛五、以上以檀帋二枚裹之、居折敷、以所雑仕女遣之、今日五座賜紅梅袴於假随身、仍不參

白馬節會

也、節会、花山院大納言内弁、・予・殿大納言・中宮權大夫・坊門中納言・別當・綾少路宰相・左大弁、奉行職事俊光、

後宇多上皇禪林寺殿に御幸

(11張)

八日、戊子、」新院御幸禪林寺殿、予直衣、下括、前駈二人、衣冠、候御車寄、殿上人兩三供奉、

後深草上皇法勝寺修正會に御幸

九日、己丑、修正御幸、兼仲奉行、内大臣御車寄、即供奉、着直衣、半靴、・皇后宮大夫・中院大納言・花山院大納言・予・予片路供奉、早出了、殿大納言・左衛門督〔直カ〕出衣、帯劔、持笏、・皇后宮權大夫束帯、・別當束帯、・綾少路宰相・花山院宰相中將同、・左大弁同、・高三位(高階邦仲)直衣、等供奉、行烈〔列〕、先殿上人、或束帯、或衣冠、次公卿、次居飼・御厩舎人、次御随身、布衣冠、次御車、網代庇、被巻御簾、御烏帽子、次下﨟御随身、次皇后宮御車、唐庇、御車副褐衣冠、二人、御牛飼褐衣、次權亮実永朝臣(三條)、次御

皇后宮御車の後に官人扈從するは新儀なり

後官人左衛門尉基種(平)〔胤〕、皇后宮御車後有官人、頗新儀欤、次皇后宮出車三兩、殿上人獻之、次北面下﨟十餘人、

大宮院御幸始

十日、庚寅、未明着直衣前駈二人、衣冠、參龜山殿、大宮院御幸始也、予候御車寄、先御幸常磐井殿、殿上人三人布衣、下括、扈從、次御幸禪林寺殿、次退出、明日可有還御云々、予申故障之由了、

除目初日

十一日、辛卯、除目初日也、執筆花山院大納言筥文、左府(九條忠教)所労、右大將殿所労、右府・内府故障、其外皆故障、予筥文同・殿大納言同・皇后宮權

公衡局を點じて內裏に宿侍す

除目入眼

國母玄輝門院御幸始として入內あらせらる

御入內院司の賞

大夫・中宮權大夫・綾少路宰相・右兵衞督・左大弁等參入、依深雪雨儀也、
予自今夜候內裏、點局也、
（12張）
十二日、壬辰、」除目、執筆大納言・予・殿大納言・左衞門督・中宮權大夫・左大弁等參入、予有所存、不取筥文、自陣先起座了、仍執筆・殿大納言・左衞門督・中宮權大夫等取筥文、顯官擧、予・中宮權大夫・左大弁等祗候、其外早出了、
十三日、癸巳、除目、花山執筆、・予・殿大納言・冷泉宰相（經賴）・左大弁・富少路宰相中將等參入、坊門中納言終頭參着、奉行入眼事云々、左大弁・宰相中將等候淸書云々、
十四日、甲午、今夜玄輝門院御幸始也、御入內云々、奉行右大弁雅藤朝臣、公卿內大臣參会、・花山院大納言・予・殿大納言・堀川中納言・皇后宮權大夫・中宮權大夫・坊門中納言・別當・左大弁・富少路宰相中將等供奉、束帶、殿上人廿餘人各步行也、御車院唐庇、御車副布衣十二人、召次長二人左將曹久家（秦）・右將曹諸峯（秦）等步行于御車後、取松明、次御後官人、大夫尉重直（藤原）、次出車十兩、出車不下車、並立冷泉面云々、毛車、次牛物車一兩、御車後出衣、梅重員衣（マヽ）、於內裏被寄御車於中宮御方晝御座、御匣（殿脫カ）局寄之、中宮於常御所有御對面、女房等物具、張袴、候臺盤所、

裏書

次於內御所又御對面、此間花山院大納言着陣、藏人佐（日野俊光）宣下勸賞事、

御齋會內論義

京極爲兼實兼に參議新任の慶を申す

爲兼は家禮の仁なり

踏歌節會

節會に於ける一位大納言の標の位置

從二位実泰卿、（洞院公守）父卿院司賞讓、權大夫卽奏慶云々、此間有內論」（13張）議事、中宮權大夫・冷泉宰相等許領狀、各參八省云々、頗無人、仍人々可着之由有仰、予・中宮權大夫・冷泉宰相・左大弁宰相等着右近陣、行事次將相互勸盃、次各着御前座、以南殿爲其所、非南殿儀也、清涼殿儀也、此間俊光告還御之由、仍予・左大弁・富少路宰相中將等起座供奉、還御之儀如先、予又歸參內裏宿侍、

十五日、乙未、天晴、予着直衣自內裏退出、今日新宰相爲兼朝臣申拜賀、（頭書、本文末尾ニ移ス。）秉燭之程參此亭立中門、家司道衡（三善）束帶、相逢、申事由、歸出示其由、次相公二拜了、內々昇堂上、參家君御前入見參、次來予方又對面、毛車・巡方帶等借遣了、

（頭書）　公卿拜賀來之間、雖爲家礼之仁猶可示御出之由也、後日注付之、

十六日、丙申、今日踏哥節会也、一位大納言標、被立何所哉之由、被相尋官・外記、

節会（重敍）進行標事、一位大納言標、當時被立何所哉、可尋申之由右大將殿御消息所候也、仍執達如件、

正月十六日　　經清

謹上　（中原師顯）弼大外記殿

節會行立標事は裝束司の史に尋ぬべし

外記局の沙汰なり

公衡の私案

實兼御乳父分として舞妓を進ず

（14張）

請文在裏、

裏書
節会一位大納言行立標立所事、留御使相尋」式部省沙汰者候之處、本省不存先規候之間、不依違尋常之儀候云々、裝束司方可存知候、可被尋下秀氏（小槻）宿祢・顯衡（小槻）等候哉、且得此御意可被言上候、師顯恐惶謹言、

正月十六日　　大外記中原師顯請文

仍又相尋四位大史秀氏、請文、

節会行立標事、外記局沙汰候、可被尋下師顯朝臣候哉、秀氏恐惶頓首謹言、

正月十六日　　左大史小槻秀氏上

（頭書、一六八頁ニ移ス。）凡此事可爲外記方沙汰歟、不違尋常之時之条、理不可然、雖爲新儀、一位大納言標、一位大臣列末ニ少退テ可立歟、且大將殿令存其旨給、節会、大將殿・權大納言・堀川中納言・皇后宮權大夫・右兵衞督（宣命使）・左大弁（祿所）・爲兼朝臣（御酒勅使）等參入、大將殿令行内弁給、毎事無違失、早速神妙云々、予着衣冠見物、抑宣命拜之時、実泰卿（二位中納言）立大將殿後、是依一位也、公守・基俊等早出了、自中宮被進舞岐〔妓〕二人、御匣殿局女房・宣旨殿局女房、各五衣・裳・唐衣、不重表着、持扇、大將殿又依御乳父分令進給、裝束以下同前、内々被仰付中宮女房按察局、仍彼局女房云々、

正應二年正月

（頭書）中宮御方踏哥事、權大進顯相奉行、依無其所、於公卿座儲舞岐〔妓〕座云々、

内裏御會始

實兼父子和歌を獻詠す

十七日、天晴、今夕內裏御会始也、藏人佐俊光奉行之、予可候御遊席、又可獻和哥之由兼日有其催、仍今朝」清書和哥、

（15張）

題者藤原兼倫

早春同詠鶯是万春友和哥 詩哥同題云々、（藤原）兼倫卿獻之、

中宮大夫藤原公ー

大將殿又如此、但 右近衞大將藤原実ー

中殿御會以前に依り應製臣上の字を書かず

依爲中殿御会以前、各不書應製臣上字也、秉燭之程大將殿御直衣如例、御出、先令參院給、

簾今夜五緒也、先々納言大將必不然歟、然而依一位今度如此、御榻、散金物、凡半蔀・網代・八葉等之時如此、毛車之時ハ奈末之金物也、

今夜始令乘此車給、

網代車 袖白網代、以漆畫鞆繪、其外如例、但有作実方ノ外金物、如本纖奈末之金物也、鞦糸鞦、師綱 差綱、車副二人不着下袴、辻々稱警蹕如例、 遣之、前駈二人、衣冠、着半靴、

蒔繪野劔被入御車、下御之後前駈下﨟持之、御出仕每度如此、

隨身三人 番長久友（秦）・一座久國（秦）・二座久種等也、各布衣候御車後、乘馬、置私鞍也、番長可帶劔哉否、久友伺申之、就當家例、可帶之由被仰了、仍今夜帶之、

（底本上文「隨身三人」ノ上ニ注ス、今便宜移ス、）
『三人以上被召具之時、每度給酒肴於隨身所也、』

詩御會

予着直衣織物指貫、參內、前駈二人、衣冠、相具之、先是人々大略參集、先可有詩御会云々、此間右大將殿令

参仕の文人

讀師權大納言家教
下讀師藏人俊光

和歌御會

讀師權大納言公守
下讀師少將實任

（16張）

參內給、先參內御方給、次令候中宮御方給、主上欲有出御之處、永經（藤原）朝臣遲參之間、不召御裝束、頻雖遣召頗以遲〻、仍予奉仕御裝束、此間永經又參上奉刷之、御引直衣、生御袴、次出御西面御所、兼卷御簾、又立切燈臺・高燈臺等也、文人、內府直衣、・花山院大納言同、・皇后宮權大夫束帶、・冷泉宰相同、・左大弁宰相同、・兼倫卿直衣、・在嗣（菅原）卿束帶、等着座、北上對座、奉行人俊光束帶、取集殿上人幷不參人等懷帋、持參置御前、次公卿等又置懷帋、讀師花山院大納言、俊光參上簀子、重人〻懷帋、所謂下讀師也、講師勘解由次官信經（坊門）、束帶、持笏、」講誦之間、內府又兩〔及カ〕儒卿等依召近參上講之、臣下詩講了講師退入、次被〔披カ〕講御製、讀師內府、講師可尋、在嗣卿歟、次人〻起座、但花山院大納言・左大弁宰相等依可獻和哥留候、主上猶出御、次右大將殿奥、・權大納言同、・予端、以上直衣、・右兵衞督束帶、端、・刑部卿（九條隆博）衣冠、端、・爲兼朝臣束帶、奥、等加着御前座、次俊光取集不參人〻幷雲客等懷帋、持參置御前、次公卿自下﨟次第參上置懷帋、次讀師權大納言進參、進居奥方、甚無便宜、可居端也、講師俊光依召持笏、講師例也、着円座、右大將殿・花山院大納言・右兵衞督・刑部卿・新宰相等依召近參候、隆教（九條）刑部卿息、又候簀子、予・左大弁只二人留本座、於左大弁者尤可然、於予者頗徒然也、少將実任（三條）朝臣衣冠、上結、甚打解歟、依召參上、勤下讀師、此間權大納言分人〻中步出、端座方居講師左、元來如此可居也、臣下哥講了、女房懷帋權大納言典侍（北畠）師親卿女、・中宮藤大納言（京極）爲教卿女、等歟、講之、次俊光押卷懷帋置傍退出、權大納言・花山院大納言等復座、右兵衞督以下又退御前、此間主上賜御製於大將殿、〻〻〻賜之、右兵衞督依召着講師座、揖如恒、披御製講之、隆博・爲兼等又參進、人〻講誦之間退入、御製數反講了後、人〻復本座、右兵衞督以下退出、予以上候御前、可候御遊之故也、

御遊

信經參上、撤円座・文臺等、次內府又被參着端座、次皇后宮權大夫同加着座、兼行朝臣・信有朝臣（綾小路）各束帶、等依召候簀子、次俊光持參御比巴〔琵琶、以下同ジ、〕、良道敬、跪大將殿御前、大將殿取之起座、參進御前令進置給御復座、次信經置笛筥於內府前、次俊光」持參比巴置右大將殿御前、內府箏遲〻、調子中間俊光持參自簀子置之、次信經持參箏置皇后宮權大夫前、次被下笛筥、次第取下傳兼行朝臣前、此間今夜可被用之哥樂事有沙汰、予依仰吹出呂調子、

（17張）

御遊所作人

主上琵琶の御所作あり

笛花山院大納言、　笙予、私笙、達智門也、　篳篥兼行朝臣、

比巴主上御所作、右大將殿、　箏內大臣、皇〔后脫〕宮權大夫、　拍子權大納言、

付哥信有朝臣、

今夜無和琴、

呂、梅枝・鳥破・席田・賀殿急、律、伊世〔勢〕海・万歳樂、次朗詠、德是、權大納言出之、三反、兼行・信有助音、絲竹和之、次甘州、五反、

後深草上皇蓮花王院修正會に御幸

東二條院御同車

次又朗詠、次五常急、次本役人參進、撤御遊具、次入御、次人々起座退出、

十八日、天晴、蓮花王院修正御幸也、予依有故障不供奉、大將殿可令供奉給之間、秉燭之程令着直衣給、如例、薄色御袙、白御單、藤丸堅織物薄色御指貫、紅打御出衣、〔着〕聊被入綿、不厚、一寸許也、永經朝臣奉仕之、御劔・御笏等被入御車、於御所令帶半靴給之時、可帶劔持笏給也、隨身遅參之間暫被相待、戌終剋令參院給、

今夜令乘始給、調樣如恒、御簾五緒、被懸下簾、物見簾乍四枚被突張之、下御之後廻蓮花王院之時垂之、臨乘御之期車副又卷之、此事後日見忠廣之處、如本乘御之後自令突張給云々、牛䪨、師綱鞦、〔金脱カ〕散物榻、車副二人遣之、警蹕如恒、牛飼持御榻、各不着下袴、

前駈四人、衣冠、半靴、移馬居飼・舎人等着下袴、依御幸御供奉也、

隨身皆參、裝束注奥、下﨟等御參院之時、垂袴着沓如例、御幸路次、押上結着藁沓取松明、於寺門垂結着沓也、

如木雑色二人、細烏帽子、上結、夾尻、依御幸御供奉上結也、

左中將爲雄朝臣(藤原)革緒劔、但車有違乱之間遅參、參会仙洞門前云々、・中宮權亮等扈從、束帶、細劔、平緒、兩人卽供奉御幸也、

（18張）

予密々遣出車見物、御幸儀如例、公卿右大將殿・權大納言・堀川中納言後騎、・中宮權大夫・別當・右兵衞督・五辻侍從三位清長(高辻)、・爲兼朝臣、皆直衣、殿上人爲俊朝臣今夜卽申拜賀、以下廿餘人、東二条院御同車、右大臣參会、候御車寄云々、出車三兩、御隨身皆參、御後官人二人、惟宗盛光・同行雄、下北面十人許也、

實兼の行粧

正應二年正月

大將殿御供奉儀、

先移馬居飼・舍人、取松明、二行、各着下袴、舍人平礼、水干袴、乱緒、次番長、乗揚馬、糟毛、次御馬、帶劍、着半靴給、御馬大黑、番長郎等下烏帽子尻、水干、結袖、大帷、末濃袴、兼賜裝束料於番長了、取上手口、舊冬行幸之時取下手口了、依家記所見也、而此事不打任之上、後々家記ニ郎等取上手口之由分明也、仍向後可爲此儀之由仰了、舍人一人黃香上下、取下手口、次御厩舍人依澤持御鞭、平礼、狩衣袴、乱緒、立右、居飼國里着下袴、懸鞍覆、立左、取松明、次近衞五人、各上結、揷尻前、着藁沓、取松明、次如木雜色二人、相並、不取松明、退案猶可取歟、

番長裝束を調給ふ

番長裝束狩衣袴調給之、於下着者私用意之、

萠木打狩衣袴以金銀薄淡〔綫カ〕之、昇幷右端袖・左大袖等以瑩付、文ヲ瑩付、菱襷中ニ菊也、替之、押色帋形、非普通色紙形、湛色々薄様也、如五節櫛也、菊閇ノ所ニ打金物、金銅ノ菊也、各二、

地ハ黃也、有色々文、

（19張）

唐紅袙　黃唐織物單袙單ハ私用意之、

壺脛巾　狩胡簶　帶劍以下如例、

近衞に裝束料物を給ふ

近衞等裝束各私用意之、無調給之儀、但兼給料物也、

一座雲母立白襖上下、以紫革閇目ニ雁ヲ押、各二、紅衣、同單、帶劍、自余同之、

（頭書、一七三頁ニ移ス、）

二座蘇芳唐帋上下、押色々鳥、紅衣、同單、

三座二藍狩衣、三葉柏ノ裏形木、鹿子結葛袴、青衣、白單、

禁裏御鞠始見證實兼

權中納言一條內實新任の拜賀を行ふ

內實の乳父高階邦經每事口入す

四座練緯柳狩衣、畫水鳥、褐袴、以銀薄押嶋、畫葦・水鳥等、紅衣、同單、
五座黃香打狩衣、押黑千鳥、以色〻作錦替昇端袖等、衣、白單、紺村濃袴、
各隨見及大概記之、定僻事等多歟、
(頭書)　今夜權亮又具居飼・御廐舍人、相具副舍人二人、一人ハ着水干葛袴也、
十九日、天晴、今日禁裏御鞠始云〻、家君爲見證令參內給、御直衣、織物御指貫、如例、網代御車、御車副一人遣之、警蹕如先〻、御劔被入御車、前駈二人、衣冠、御隨身三人、番長久友帶劔、・近衞武雄・武連等也、御鞠以後深更令退出給、
今夕中納言中將(一條內實)拜賀也、兼日前攝政被申家君之間、移馬二疋一員料也、但不置移、只馬許也、・毛車皆具但不具榻、被借獻了、出立所可來訪之由、兼日有前攝政命、仍秉燭之程着束帶、必不可着束帶歟、然而今夜有他公事、仍如此、駕網代車欲乘毛車之處、車副一人逐電、仍俄用網代、片綱、凡卑有恥、參向一条亭、前駈二人束帶、相具之、先居公卿座、上下立高燈臺、擧掌燈卷簾如例、此間右大弁雅藤」

(20張)

朝臣拜賀奉行家司也、於中門邊催促遲〻事、小時修理大夫(高階邦經)直衣、下絬、中納言中將爲養君之間每事口入云〻、來傳命云、爲裝束招引永經朝臣之處未來、仍每事遲〻、其間先可對面云〻、卽引導之、予參寢殿東面妻戸內、前殿(一條家經)烏帽子直衣、兼被坐、有雜談等、良久予出簾外、暫着公卿座、小時別當來加此座、大理束帶、駕毛車、相具火長下不着袴、・隨身等、又官人(中原)章夏在共云〻、侍從宰相(源)雅憲、束帶、又來着、永經遲參之間數剋《本定》被之、此間予招右大丞、內〻申執柄云、無

禁裏公事必しも剋限を差さず

內實の行粧

公衡參內中宮吉書の儀を行ふ

指所役者、漸可參內歟、公事重疊之故也、但若又羽林出門之間可列立歟、然者可隨命者、雅藤朝臣歸來云、早速來臨返〻本意也、同者出門之時被列立者、爲答揖大切可爲本意、然而每事遲〻、已更闌了、甚無心也、此上者早可參內歟、予又申云、禁裏公事等必不差剋限事也、至只今祗候之程ニてハ然者暫可祗候也、良久永經已參云〻、小時前攝政自簾中被喚右大弁、〻〻參進、歸來示予云、已被出候也、仍自下﨟起座、於中門外着沓、予・別當・侍從宰相三人列立侍屛前、西上南面、次中納言中將出簾外、於中門內切妻着沓、少將家房懸尻（一條）前攝政子、実ハ舍弟也、獻沓、被降立之間、雜色長諸（秦）峯追前、一音、執柄家例云〻、降立中門、令家司右大弁雅藤朝臣申前攝政、二拜、次被出門外、先向公卿列揖、予以下答揖、大理頗如居警屈、侍從宰相蹲地、予以下歸昇中門徘徊閑所、乘車之間無便宜之故也、路次行烈〔列〕不見及、但傳聞、前駈十人、四位二人則任朝臣・以隆朝臣、五位六人・六位二人、次車、車副二人、平礼垂尻、牛童如木、持榻、次雜色長、院右將曹秦諸峯、召次長、右年預也、白襖、淺平礼、差帶、〻劔、兼被申請院被具之、元來祗候殿中之族也、」次小隨身四人、一座秦重躬子中院兵仗之時左近將曹、二座秦久延子同時右將曹、三座同久長子同時左官人、四座同久峯子同時右番長、次少將家房車、束帶、五位二人在車後、騎馬、次雜色長、秦武勝、次小隨身二人、童一人云〻、次左

（21張）

中將宗冬（中御門）朝臣、位階在少將上、然而乱位次如此、以上如此云〻、右馬頭信有朝臣日來可扈從之由云〻、而俄所勞之間不參云〻、先參院、被引御馬云〻、次予逐電參內、先着中宮御方殿上座、依吉書請印也、亮經親朝臣左少弁、持來日時、入筥、吉書入加之、予披見了、以同人啓御所、被返下、卽下經親朝臣、〻〻於中

公衡返抄に名字作名孰れを署すべきかに迷ふ

公卿初度拜賀の時昇殿を仰せらるる例なり

除目下名

參議不參に依り左少辨をして執筆せしむ

門下屬了、次亮・大進俊光（帯劔、持笏、）・權大進顯相（藤原）（奉行、此外今夜宮司不參、仍權大進顯相勤雜役、小〔少〕進不參之故也、）等着廳行次第事云々、予猶在公卿座、小時廳事了、顯相持來請印目六・返抄等、（入筥、相具筆、）予披見了返抄ニ加暑〔署〕、（名字歟、作名歟、先々儀只今忘却之間、問顯相之處名字云々、仍隨彼言了、而後日引見先々土記之處、毎度作名也、如何、可否可尋、）返給了、次起座參中宮御前、次參內御方入見參、此間中納言中將已被參、經床子座前（上官在床子云々、）幷陣前等、出自東進立弓場代、令藏人佐俊光奏事由、（此間主上於中門有御覽、予候御共、）拜舞、（一度、只一度也、）仰昇殿之由歟、舞拜〔拜舞カ〕（公卿初度拜賀也、昇殿事定被仰歟、）畢入無名門着殿上端座、次藏人佐更入上戶告召由、羽林起座參入、自臺盤所入簾中（勾當內侍擡簾、）參朝餉、主上御對面云々、小時退出於殿上、着沓出無名門代、經南庭（雜色長・小隨身・殿上人等許相從、地下前駈不相從、）被參中宮御方、被進立中門、權大進顯相啓事由、次二拜了依召參上、參臺盤所、（藤大納言局褰簾、女房三、四人列居、）次藤大納言局取贈物笛、（入袋、）授之、羽林取之退出、此後被參新院云々、中院御西郊之間」不參云々、傳聞、歸亭之後賜馬於諸峯、（小隨身一座引之、云々、）先例歟、可尋、又小隨身等賜腰差云々、

（22張）

中納言中將退出之後、予着陣、（直端、）可行下名之故也、召官人令敷軾、藏人佐來軾下任人折帋、予召外記、召除目下名・硯等、參議不參之間、以官人仰云、左少弁召せ、經親朝臣（不持笏、）着軾、（或只直於宣仁門代邊、蒙許着參議座歟、）予仰云、參議不候、候執筆ヨ、經親朝臣退入、取笏更參上着參議座、執筆

除目下名秋は外記廳春は官廳に於て下す

儀如例、有未練事等、不能記、任人書入旱、弁授予之後退出、更召弁於軾、仰檢非違使事、次予令持下名等於外記、進弓場付藏人佐奏聞、內覽被免了、次被返下、着陣下外記、撤軾退出、直參官廳、秋ハ於外記廳下之、春ハ於官廳下之、於郁芳門下車、入官東門經正廳後、於西廳後着靴、於外記廳ハ着深沓也、入中戸着倚子、少納言兼有(平)朝臣候床子、外記宗光(中原)置下名於前机、予召〻使、二音、召使參立、仰式ノ省・兵ノ省可召由、召使稱唯、出召之、式部省兵部省兼之、一省輔代參入、給兩省召名云〻、近例云〻、不能左右、不可說〻〻〻、參入、予給兩省下名了、次少納言退出、次予於初戸改着淺沓退出、委見次第、仍不記、

後深草上皇石清水八幡宮に御幸

廿日、庚子、今日上皇(後深草上皇)御幸八幡云〻、公卿堀川(具守)大納言・皇后宮大夫・前藤大納言奉行女院(東二條院)御方、・坊門中納言・別當布衣、看督長二人、又囚守三人、着色〻唐帋云〻、・前源宰相經資(綾小路)・左大弁俊定、女院御方、・前平宰相信輔、・高三位邦仲、等供奉云〻、不見物、家君今日渡北山給、一兩日可有御逗留云〻、」

源顯子實兼の北山第に入來遊興あり

(23張)

廿一日、辛丑、二位殿令渡北山給、予同參、今日勝負事弁云〻、諸大夫・侍及猿樂、甚有興、深更二位殿令歸給、予同之、家君猶御逗留、抑番長久友自院被召返了、且兼有其仰之故也、今度八幡御幸被召具云〻、仍一座久國可爲番長、且可下知之由被仰年預實躬(三條)朝臣了、

右大將實兼秦久國を番長に補すべく年預次將に下知す

近衞秦久國可爲番長、可被下知之狀如件、

正月廿一日　右大將御判

三条中將殿

年預次將實躬の請文

近衞秦久國可爲番長之由畏承候了、早可加下知候、実躬恐惶頓首謹言、

正月廿一日　權中將実躬請文

裏書

返事

中宮母儀源顯子初めて參內す

廿二日、壬寅、今夕二位殿初令參內給、家君御北山之間、每事予所致沙汰也、秉燭之程寄御車於寢殿西面妻戸、唐帋屛風如例、予寄之、二位殿乘御、柳御衣八、紅御單、赤色御唐衣、羅御裳、不重物具、生御袴、新大納言局中宮女房、公行卿女、紅梅衣、縑單、萌木表着、紅打衣、赤色唐衣、裳、紅張袴、候御車後出今夜中引事無沙汰、仍頗透云々、向後可用意、衣、予刷之、平出也、路次行烈〔列〕、先前駈笠持四人、次前駈四人、經清・景衡〔三善〕・秀清・定衡〔藤原〕〔三善〕、各衣冠、着半靴、次御車、大將殿網代御車也、懸下簾、車副二人各不着下袴、稱警蹕如例、牛童持榻、如木雜色二人細烏帽子、垂袴、着沓、取松明在御車前、但路間小雜色秉之、如木雜色參会陣口、自其所又取之也、次小雜色一人取松明在御車後、次雜色長番長秦久國、褐衣、反狩衣本定、紅衣、紅單、帶劔、乘馬、私馬鞍也、非移、次出車二兩、少將家相・侍從実秀等獻之、各懸下簾、牛飼着狩衣、小雜色各一人取松明在車前、有官侍各一人左衛門尉盛賢・清尚、各衣冠、在車共、女房一兩別〻ニ四人乘之」出衣、不重物具、生袴也、邦兼刷之、次予車、先前駈二人、淳清・行房、各衣冠、下部不及着下袴、次車、予直衣、網代車、片綱、次中宮權亮公顯車、各束帶、不帶劔、不持笏、不具隨身・童等、只雜色許也、皆卷車簾、

（24張）

參內の路次

頭書

路次、今出川南行、一条東行、東洞院南行、中御門東行、富少路南行、至陣口、大炊御門富少路、於內裏陣口前駈

顯子中宮御在所に於て主上に御對面あり

龜山上皇御灸治

典藥頭丹波尚長御灸點を奉仕す

尚長に牛を賜ふ

以下〻馬、取松明前行、雑色長在御車後、入冷泉西門、寄御車於對屋北面長橋、兼儲屏風・几帳、先於門外解懸鍬、差入轅於妻戸內、二位殿・御車後女房等下車、即令參中宮御方給、出車不下車、丼立冷泉西門西頭、東上南面、主上御中宮御方、二位殿有御對面、不經程令退出給、其儀如元、乘御之後、予着沓降立刷出衣、每事神妙、、、今夜事家司行房奉行也、

廿三日、癸卯、今日中院於万里少路殿可有御灸治、可參之由內〻帥卿兼相觸之、仍午剋着直衣下絬、參彼御所、前駈一人衣冠、相具之、新院有御幸云〻、未剋許兩皇新院只御坐御前也、出御南面小御所簾中、典藥頭尚長（丹波）朝臣衣冠、下絬、依召參簾中、奉仕御灸點、十五所云〻、帥布衣、下絬、・予等依召候簀子、御灸點了尚長朝臣退出簾外、暫候中門邊、此間自簾中被押出衣、紫薄様五衣、白單、予依仰取之、於中門廊弘庇賜尚長、予跪長押上、尚長跪簀子、尚長賜之、懸肩降前庭徒跣、再拜、出中門外、子息前施藥使〔院脫〕行長（丹波）朝臣布衣、上絬、請取之、次又被召返尚長朝臣、〻〻進立前庭、下北面信友（藤原）引入御牛、尚長賜之、此間御牛有沛艾之氣、仍院御牛飼弥王丸狩衣、裏書依帥卿下知參上取鼻下、尚長取繩又一拜、引出中門外退出了、改裝束可參御灸治云〻、今日事帥卿口入、院司頭皇后宮亮爲俊朝臣束帶、奉行之、藏人頭以後、未奉行禁中事之以前、奉御灸治、如何〻〻、此後予參親王御方、次參內、次參中宮御方、次參」（25張）常盤井殿、院・女院御幸八幡之

公衡新任の参議京極爲兼と倶に外記廳を巡覧す

公衡中宮大原野祭雑具運送人夫を催遣す

後深草上皇石清水八幡宮より還御

政始延引

年始政始

間、皇后宮只一所御坐之間也、於御湯殿上謁女房退出、于時日未入、

廿四日、甲辰、早旦着直衣向外記廳、新宰相(京極爲兼)同車、彼朝臣明後日政始可參之間、每事不審、有巡覽之志之由頻懇望之間、大概引導了、今日權弁顯世朝臣可習礼云々、仍上官等少々參、裝束結政了〔所脱カ〕、次向爲衡(三善)法師宅、今年未向之故也、深更歸華、大將殿今日自北山令歸給、

廿五日、乙巳、天陰雨雪交降、餘寒過法、不出仕、終日平臥、大將殿令參万里少路殿給、御直衣、綾御指貫、網代御車、御劔被入御車、御車副二人遣之、前駈二人、景衡・秀清、衣冠、隨身三人、番長久國帶劍、・近衞久種但參会万里少路殿云々、・利文(佐伯)等也、晚頭令退出給、此間雨脚滂沱、權大進信經內々示送云、大原野祭雜具運送料人夫廿人許、秘計凡不合期候、爲別儀少々被沙汰下哉云々、可催遣之由仰政所了、是非例、只內々別儀也、

廿六日、丙午、今日可有政始之處、依甚雪延引旱、上皇自八幡還御、幸賀茂・北野云々、予密々見物、

廿七日、丁未、今日天晴、年始政始也、冬季朝臣奉行、予前駈四人、・左大弁宰相・新宰相爲兼、・右大弁雅藤朝臣・左中弁仲兼朝臣申文、外記門出立、・右中弁兼仲朝臣申文、外記門出立、・權弁顯世朝臣初參、申文請印、外記門出立、・少納言爲任(藤原)・大外記師顯・師宗(中原)・

(26張)

少外記有保(大江)以下、右大史盛廣(安倍)以下六位史四人」參入、午剋事始、酉一點陣申文了退出、

如本
予中文河内・因幡鈎文、右大史俊員(中原)馬料、右少史定直(紀)候之、直右中弁、
陣申文伊豆・甲斐鈎文、(少)小外記有保馬料、左少史景範(中原)候之、直權弁、

二月 小

院評定

公衡當番に依り龜山上皇御所に宿候す

一日、辛亥、家君(西園寺實兼)令參評定給、御直衣、〔御冠〕、前駈二人、〔衣冠〕、隨身三人、〔久種・武雄・武連〕、網代御車、〔差縄、車副二人遣之〕、先參万里(小、以下同ジ)少路殿給、自去比院(龜山上皇)御坐此御所也、次令參評定給云々、及晩予參院、中院(龜山上皇)依當番也、終夜候御前、

中院の稱は穩當ならず

二日、壬子、予着直衣參院(後深草上皇)常盤井殿・院世号中院、但不可然歟、万里少路殿・新院(後宇多上皇)等、晩頭退出、

祈年祭延引

四日、甲寅、祈年祭使祭主(大中臣隆直)聊有穢氣之疑、仍祭延引云々、奉行職事俊光(日野)、大將殿(西園寺實兼)自今夕渡御北山、

大原野祭

五日、乙卯、大原野祭也、大將殿於北山有御禊、今朝令洗髪給、御束帶、〔不令帶劔給、(儲歟)令持儲(本定)笏給〕、御座於南階間、南庭御隨身一人〔二座武雄、褐衣、垂袴〕、參候發前聲、諸大夫二人〔束帶〕、爲陪膳・役送、陰陽師在廉(賀茂)云々、

家司經清（藤原）所申沙汰也、御奉幣今度初度也、抑今日武雄褐衣、虫襖袴云々、不普通敟、但定有存旨哉、非白襖袴、着狩衣の袴許也、

公衡春日祭上卿として社頭に參向す

（27張）

十日、庚申、今日春日祭、予參行、今朝着淨衣進發、着法雲院、」剋限着束帶（蒔繪劍 無文帶）、參社、駕毛車、牛飼・車副・雜色皆不着下袴也、前駈二人、持衡（三善）・定衡（三善）、侍三人、重經（高階）・盛賢・景長、各下括・帶劍・緫鞦、所守制符也、祭儀如恒、弁右少弁賴藤（葉室）、兼皇后宮使、近衞使左中將守通（藤原）朝臣、中宮使權大進信經（坊門）等也、祭儀每事如次第、仍委不記、後聞、大將殿又有御奉幣、其儀如去五日、但隨身一人、一座久種、褐衣如恒云々、

十一日、辛酉、歸洛、以船着鳥羽、

十三日、癸亥、

西園寺實兼の祈年穀奉幣記

相國記

正應二年二月十三日、天晴、今日祈年穀奉幣也、予可奉行之由頭中將冬季（滋野井）朝臣兼相觸、仍始神事、春日祭以後相續神事也、午剋參內、束帶如常、駕毛車、隨身番長久國（秦）元爲一座、久友歸參院之後補番長、今日始駕移馬、下﨟四人、末座雖補其仁未初參、前駈四人、經清・賴衡・定衡・行房（高階）、扈從殿上人二人、家相（藤原）・公顯（西園寺）、須直着陣座之處、事未具云々、仍上自中門入廊外腋戶、經年中行事障子東參中宮（藤原鏱子）御引直衣御方、主上御此御方、須之（本定）〔頃カ〕着陣、冬季朝臣云、石見國幣料無沙汰之間、問答國司、然而不事行

石見國幣料を沙汰せず

云々、落居之趣雖可相待、時剋推移之間先着陣、入東一間直着端座、予依爲一位入一間也、次刷裾直沓、令官人
敷軾、次新宰相爲兼(京極)朝臣同着横敷座、奉幣定事勅許以後可着歟、但又上卿着陣、參議卽着座可然事歟、次以官人召奉行職事、其詞云、頭中將

祈年穀奉幣日次並に使を定む

(28張)

此方へ」多季朝臣着軾、予奏云、祈年穀奉幣日次・使定申サム、頭中將歸參御所、卽歸出仰聞食之
由、予微唯、頭中將退去、次予以官人召弁、其詞云、弁召セ、官人出床子座召之、左中弁仲兼(平)着軾、予仰
云、可被發遣祈年穀奉幣使、日時令勘申ヨ、弁微唯退去、次持參勘文、有礼帋、不入筥、予披見之置前、
此次弁申云、石見國幣料未下行、ゝ事官幷雜掌等數度雖問答不事行、此上者且今日致沙汰
之条、難治之由行事官申之、爲之如何、予答云、臨期違乱之条頗難治歟、此事非上卿之進止、
所詮示合奉行職事等、猶不事闕之樣可計沙汰歟者、弁云、其条自今朝隨分雖申沙汰、雜掌于

國司領狀すと雖も雜掌用途を下行せず

今不下行用途、國司三条大納言(實重)領狀請文雖分明、雜掌不法之間無其實、就之行事官且秘計
之条難治之由申切了、於今者無治法云々、仍重云、國司領狀之上、爭如行事官可申子細乎、
猶嚴密可問答歟、但眞実不可叶者、今日奉幣若可延引歟、然者日次幷使等、今日雖定申、以
後々吉日可令載勘文、於今者可爲兼日之定歟、日次勘文未奏聞以前可成改之、幣料事先可

吉上等を放つて石見國雜掌を譴責せしむ

究問答、弁諾退歸、此間國司幷雜掌・行事官等、与弁・職事數度問答、放付吉上等於雜掌加譴

内外文武官補任帳五位以上歴名帳准大臣上卿の礼

參議をして使名を書かしむ

使名一字誤あり書直さしむ

（29張）

責、今日予所具之假隨身、依職事之下知相交吉上向彼所云々、時剋推移、寒氣太侵、頗難堪着座、此間予以官人召外記、大外記師（中原）顯就軾、予仰云、可被發遣祈年穀」奉幣使、例文・硯、師顯稱唯退去、卽持參例文入筥、内外文武官補任帳一卷立籤、・古定文一卷立籤、以之爲例文歟、・今度使可勤仕五位夾名一通・同公卿夾名一通・社宛土代折帋一帋、已上入加同筥、先例五位已上歴名帳入加之歟、今日不入之、如何、師顯自持參件文書、是准大臣上卿歟、置予前、六位外記一人持硯入續帋、置參議座上、次予目參議、々々下座、更令着座上、座定之後重又目之、是与奪之儀也、而參議起座來予前、仍給土代之折帋了、先与奪令書始之、土代之折帋潜可投遣之由予存之、而參議起座來之間給之了、是又一説也、參議復座、摺墨染筆、卷返續帋取副笏氣色予、々々置笏於左方、座奥方也、今日置笏時一向如此、取上例文讀之、古定文也、件定文端續加日次勘文、不讀件勘文、卷過之續〔讀〕定文端也、其詞云、奉幣諸社使、土代折帋ニハ不書件五字、仍以定文讀之令書也、參議書之、次伊勢、次石清水、某々、伊勢幷丹生・貴布祢等夾名不載定文也、此間任土代令書之、不及讀定文、參議悉書了卷之、取副笏持來予前、參議欲起座之間、土代・折帋も取具可持來之由予示之、必不出詞、只以目示其由、是見合定文於土代、若有誤者可令直之故也、參議取折帋懷中同持來之、予取定文置前、土代・折帋同置予前、參議復座之後予披見之、具見合土代、或小卷ハ參議乍在上卿前見之、然而此定文有枚數、仍令歸座之後更見之、使名一字有誤、更召參議令直之、持歸定文於本座、以小刀摺誤字書直進之、卽復座、土代・折帋參議懷中之、予見了置前筥外右方、目參議、々々起座直退出、次予所入筥之文書悉取出之置筥左方、奥、日次勘文幷新定文等ヲ入筥、以官人召弁、仲兼就軾、先予密々問幣料之左右、若不具

日次勘文並に使定文を奏覽の後外記に下す

內藏寮請奏

神祇官請奏

內記をして宣命を作らしむ

（30張）

者、發遣之儀點後日、可成改日次之故也、而弁云、事頗雖遲〻、今日發遣不可有子細、幣料大略沙汰具云〻、者卽」日次幷定文等以弁令內覽、弁取筥退、內覽了今日關白被坐里第也、歸來、卽以同人令奏聞、〻〻了歸來置筥於予前、予置笏先取出定文置筥外、右方、取日次勘文乍筥內披礼帋、二倍ニ押折、帋奥端在左、取上勘文披左腋押合、持廻前又小披押合、〻眼弁、〻仰詞不聞、只氣色許也、予微唯、卷之返入筥、次又取定文結之、其儀如前、但定文無礼帋、同入筥、次弁退、次予所取出之文書等同加入筥、次以官人召外記、大外記師宗（中原）就軾、予給給如本〔筥カ〕此間持笏於左手、以右手引廻之押出、筥下方向外記也、師宗插笏取筥置座前、先取日次勘文筥文（衍カ）外披礼帋結、予仰云、勘申ニ依レ、外記稱唯卷之、次又取定文結之、予仰云、伊勢使槎可差進神祇官、外記取筥退去、六位外記一人參撤硯、雖須可開卜串、使王一人之外不參之上、近年無此儀歟、仍略了、次藏人春衡（三善）六位、就軾、下內藏寮請奏、予置笏披礼帋披礼帋之間、懸右大指帋端、弘一寸許割了、是不慮失也、仍件破潜取隱右掌懷中之、結之、其儀如日時勘文、次如元卷礼帋此間取廻礼帋、以破方爲奥卷之、置前、藏人退、次以官人召弁、爲下請奏也、爰弁卽持來神祇官請奏置予前、卽披見之、先展礼帋披見、但不結之返下弁、次予下內藏寮請奏於弁、〻結之、予仰云、宣旨宣《ノタウヘ》但不出詞、氣色許也、弁稱唯、取兩奏退、先例神祇官請奏上卿或奏之、或不奏、今度不奏、直返下弁了、次予以官人召內記、小〔少〕內記某、就軾、仰云、可被發遣祈

宣命草は宿紙に書き日を注さず

清書の宣命は伊勢は縹紙賀茂は紅梅紙その他は黄紙

上卿實兼神祇官に參向頒幣の儀を行ふ

（31張）

年穀奉幣使、宣命作レ、內記退去、次入宣命草於筥書宿帋、只一枚也、注年月不注日、持來、予置笏披見之後、卽
以內記」令內覽、此間六位外記跪小庭、使王申御馬之由申之、予目之、外記稱唯退、次內記宣
命草內覽了持來、置筥於予前退去、次予以官人招頭中將令奏宣命草、本儀予就弓場可奏也、然而於草者以職事令奏、是高位宿德之儀
也、此次使王申御馬之由奏之、次奏聞了返下宣命草、此次仰云、使王御馬事聞食了云〻、次
以官人召內記仰可淸書之由、內記取宣命草退、次淸書、廿二通入加一筥、伊勢宣命ハ縹帋也、上方ニ横入之、八幡以下宣命縱置入之、賀茂宣命ハ紅梅帋也、而現在紫帋也、予問其故、內記無答旨、是事之陵遲歟、尤可正本色、伊勢・賀茂兩社之外、宣命皆黃帋也、各載使夾名幷月日、予一〻披見、如形解之披見、
如本卷之、但數通披見時剋可推移、自伊勢至春日七通披見、自余略不見之、卽可內覽之由仰
內記、〻〻云、內覽申請云〻、者令持筥於內記令立小庭、予起座、此間隨身番長久國追前先行、自立蔀
上東、進弓場、下﨟隨身等不經小庭儲立蔀妻、一座取裾懸弓、立無名門代前、北面、內記以宣命相從、以陣官招頭中將、〻〻
〻下小板敷、出屛戶相向予、〻〻挿笏取宣命筥內記傳之、授頭中將、卽昇自小板敷參御所奏聞、良久
佇立難堪、仍入屛戶小板敷ニ懸尻、此間番長入同戶跪小庭、屛內西腋、東面、此間頭中將歸來、予立始
所請取宣命筥、今度不挿笏懷中之、卽給內記、可參本官之由仰含了、次予直自右衞門陣退出、卽參神祇
官、於郁芳門外下車、召使二人先行、取松明出納賦之、追前、隨身・召使等相交追前、入神祇官北門、上官不列立門外、依入夜

（32張）

練習の公人

略之歟、於北門内隨身不追前、此事兼下知了、但」召使猶追之、此事是非如何、但彼等練習之公人也、定存例歟、仍不及進止任所爲了、次予着門内東腋座、兼綠半帖一枚敷之、南北行、諸司豫敷軾、地上砌上也、予座南方敷之、予入門自砌東行、於座南軾東、北面立、揖脱沓懸膝昇、一兩歩膝行、着半帖西面居、揖繆裾置後、此間隨身直沓、番長以下取松明列居、予座巽方ニ列居、上﨟在乾、下﨟在巽、頗斜列居、各向坤也、先之使々公卿在同門西腋座、仍前駈并扈從殿上人等不入門内留了、次予召々使仰弁可召之由、召使召之、但弁不參、幣物未具之由以召使申之、先弁參可申其由歟、依石州懈怠遲々条、兼所存知也、頃之弁參就軾、予問云、幣物ハ具候哉、弁申具由、予密々重問云、実ニ具候歟、弁云、遲々幣物等只今悉沙汰具早云々、次弁退、次又以召使召外記、大外記師顯就軾、予問云、使々參乎、申皆參之由、予揖許、外記稱唯、此次予仰云、

伊勢使王に御馬を給ふ

使王御馬給ヘ、外記又稱唯退、次予召々使仰云、内記ニ伊勢宣命持參レ、召使稱唯仰之、内記伊勢宣命一通ヲ入筥持參立前庭、北面、當予座坤、次予揖起座、着沓揖左廻、經北舍東与幄屋西之間南行、即經幄前東行、此間召使取松明追前、隨身相從、但不追前、入幄東一間、南面立座東、揖跪脱沓南面ニ居直揖、召使直裾并沓、隨身列居幄前、北上西面、隨身在所事、先例無所見未勘見、但今列頗爲嚴重、仍可列居幄東由、予示番長久國、以詞不仰、只氣色許也、仍各列居幄東面、番長在幄巽邊、下﨟在北、各南上西面也、凡此所無便宜、仍隨身列猶不落居歟、可尋先例、諸司豫敷軾於座前、予座定後、内記置宣命筥於予前退去、次弁着同東三間、東面、外記•

伊勢幣及び宣命を給ふ

（33張）

史着西第一間、東面、但大外記不着之」歟、委不覺忘却了、内記同着之、次伊勢幣可令取之由予仰弁、乍座示仰其由、弁下知之、伊勢使忌部・卜部・中臣等各束帶、於北舎南面取之、以藁薦等褁之歟、其躰如横、捧目上出東門、此間予以下平伏、聞警蹕聲正座、次召〻使仰云、使王召セ、召使稱唯召之、使王參進就軾、予以左手取出宣命給之、此間右手持笏、使王取副笏退去、次予仰内記筥可取之由、乍座仰之、内記參進取之、次弁以下起座列立北舎東庭、南上東面、予起座、兩揖如前、經本路、向上官相揖過、歸着北門腋座、次召召使仰云、内記ニ諸社

諸社宣命を給ふ

宣命持參レ、召使稱〔唯脱カ〕仰之、内記宣命廿一通伊勢宣命前給了、入一筥、持來置予前退、次予乍座目中宮權〔中院通重〕大夫、彼卿以下公卿使皆着西腋座、即起座來予前、板上ニ懸膝居、予取出石清水宣命授之、黄門取之直出北門、此以下公卿使作法皆同之、任社次第召給之、此内有兼帶兩三所之人者、彼宣命等同取具給之、於四位以下者、不昇長押着軾給之、至春日使ハ又公卿也、左兵衛督雅有〔飛鳥井〕、毎其仁此ハ何社ノ使歟と

使毎に社名を尋ぬるを故實とす

尋也、是故実也、爲宣命不取違也、但末さまの五位使等、兩三通ヲ可給之由申之間、可爲何社之由予相尋處、何社にても候へと云〻、仍任社次第、或二通或三通給之、此儀尤不法歟、已載使夾名於宣命、然而五位無人數之間如此歟、是不如法、縱一身雖可給兩三通、何社〻宣

（34張）

命ヲ可給之由、外記兼可仰含使〻歟、又以前進給宣命之」使者、末さまに再三參上、一身已

北野社使は菅原氏を以て充つ

丹生貴布禰兩社は勅使なし宣命を外記に給ふ

廿二社奉幣と祈年穀奉幣は儀同事なり

建久五年の上卿藤原實宗の次第に依る

給數通了、但於北野宣命ハ別氏五位爲使、清長卿(高辻)次男、名字忘却、參進給之、丹生・貴布祢兩社無勅使、件二通召外記給之了、次以召使仰内記筥可取之由、内記參進撤之、次予起座出北門、弁以下列立門外西腋、南上東面、予引裾相揖過、自此所前駈取松明、隨身追前、但久國・久種至郁芳門猶不追之、於神祇官門内不可追之由令下知之處、若不得其意歟、於自余追之、可然也、弁以下相率退去、予留立郁芳門内南腋下裾、所立後之雜人等令拂之、頗向乾、存出立之由之處、弁以〔衡〕公ー案、入夜之時常無出立、況於郁芳門哉、下留立不進、其間遙遠、頗有卑下之氣、不存出立礼歟、然者何歩連可出哉、此上予無爲乘車了、

弘安比先年予廿二社奉幣奉行之、而件年事不記之、仍今日事委記之、廿二社奉幣与祈年穀其儀同事也、

今日事任建久五年坊城殿(藤原實宗)御次第行之了、

○以上西園寺實兼ノ記ナリ、

今日祈年穀奉幣、右大將殿令奉行給、未一點令參内給、當日定云々、毛車、前駈四人、經清・頼衡・定衡・行房、隨身五人、番長久國・近衞久種・武雄・武連・利文(佐伯)等也、各褐衣、垂袴、壺、五座重躬(秦)子依所勞不參、殿上人左少將家相不帶劔、不具隨身、中宮權亮公顯帶劔、隨身二人、侍一人、連車扈從云々、於神祇官北

門内、隨身不可追前之由下知了、奉行職事頭中將冬季朝臣云々、

公衡鳥羽殿に赴き樂器を出藏し殿舍を巡檢す

（35張）

十四日、甲子、」天晴、今日參鳥羽殿、開寶藏出御遊具、又檢知御所〱、委旨在別記、

實兼初めて烏帽子直衣を着して有栖川殿龜山殿に參入す

十六日、丙寅、不出仕、大將殿令參西郊給、今日初着烏帽子直衣給、着烏帽子可令參給之由、先日內々有仰云々、午剋許令着直衣給、烏帽子、綾御指貫、網代御車、被入御劔如先々、車副二人遣之、警蹕如恒、前駈（三善）道衡花田白裏狩衣、・定衡、白襖狩衣、各着半靴、在御車前、隨身三人番長久國・二座武雄・四座利文、等在御共、先令參有栖河殿給、院・東二条院御坐也、次令參龜山殿給、次御退出、今夜令宿嵯峨実千法印宿所給云々、

嵯峨實千法印宿所に宿す

龜山殿太多勝院御八講結願

十七日、丁卯、不出仕、傳聞、大多勝院御八講結願、右大臣（近衛家基）・右大將殿毛車、隨身皆參、前駈四人、無扈從殿上人云々、（中御門爲方）・別當・（高倉）永康卿・（藤原）宗親卿云々、頗冷然歟、奉行右大弁朝臣（藤原雅藤）、今日永康卿、右府被降座之間致礼、大將殿令起座給之間不礼、仍大將殿以右大弁被申子細、又上皇（龜山上皇）万里少路殿、遮有御勘發、主從之礼不可取返之故也、仍永康伏理、翌日參御宿所種々怠申云々、

主從の禮取返すべからず

有栖川殿五種行結願

十八日、戊〔戊〕辰、今日有栖川殿五種行結願云々、右大將殿烏帽子直衣網代車、差縄、車副二人遣之、布衣前駈二人、如一昨日、隨身四人、久國・久種・武連・利文、其外如恒云々、（中御門經任）・帥・中宮權大夫・（源雅憲）侍從宰相・前平宰相（信輔）・高三位（高階邦仲）等云々、家君先令參龜山殿給云々、結願了後御退出于

西園寺修二月會

（36張）

北山、予參会、今夕西園寺修二月也、剋限大將殿」御烏帽子直衣如畫、御渡于御堂、諸大夫二人衣冠、着半靴、取

（裏書）

松明前行、隨身三人利文不參、其外如今朝、取松明發前聲、予・新宰相（京極爲兼）・權亮（西園寺公顯）・諸大夫衣冠、等在御共、大將殿入御于御聽聞所、予冠直衣、・新宰相同、等着堂中座、殿上人公顯一人束帶、着座、事了予以下取布施、予今夜出京、

十九日、己巳、不出仕、近日朝覲沙汰、忘他事、

廿五日、乙亥、參鳥羽殿、御所〳〵檢知、

北山五大堂修二月會

廿六日、丙子、參院、次參内、次參北山、今日五大堂修二月也、先〻修正也、而御堂修理之間、今度修二月也、

後深草上皇皇子深性法親王受戒す

廿八日、戊寅、仁和寺宮（深性法親王）御受戒也、顯世（堀川）奉行、予扈從、自一条大宮至中御門東洞院、（頭書、本文末尾ニ移ス、）扈從人〻又如此、予行粧、網代車、新調、車副・牛飼・雜色等皆不着下袴、前駈四人衣冠、半靴、淳清（藤原）・道衡（橘）・知經・定衡、等前行、其外如例、堀川中納言（基俊）・大理・花山院宰相中將（定教）・實永（三條）朝臣等扈從之、

（頭書）　忩忙之間不記、

龜山後宇多兩上皇御燈

後深草上皇鳥羽殿に御幸

上皇御所を歴覽せらる

寶藏より箏及び御本等を取出さしむ

上皇春日殿に還御

(37張)

一日、庚辰、天晴、今日院(龜山上皇)・新院(後宇多上皇)御燈、於嵯峨殿被行之、予候御簾、院御衣冠、御座東間、新院御束帶、御座西間、但御拜北向、新院御燈於北」段被行之、及晩予出京、

五日、甲申、天晴、今日上皇(後深草上皇)御幸鳥羽殿、大將殿(西園寺實兼)可令參御車給云々、予又可參會之由有其催、仍午剋大將殿香織襖狩衣直衣、織物御指貫、上結、令參院給、權亮(西園寺公顯)車、牛飼遣之、布衣諸大夫一人、(三善)持衡、上結、乘前駈鞍、總鞦、侍一人、(大江)景長、上結、楚鞦、隨身一人、久種、總鞦如例、予直衣、上結、同參御車、今日隨身不追前、是如法密之由也、但先々如此內々狩衣直衣上結之時も猶追前歟、追委可尋、御參之後卽出御、白御狩衣直衣、家君(西園寺實兼)令參御車給、堀川中納言(基俊)・新宰相(京極爲兼)・新宰相中將(三條實永)以下、殿上人五、六人、下北面六人、御隨身等久(秦カ)家等供奉、各敺鞦、不及刷行粧、御幸後予乘車參会、諸大夫・侍在共如先、御隨身自閑路參会、花山院大納言(家教)直衣、下結、・前平中納言(時繼)直衣、上結、・別當(中御門爲方)布衣、下結、・高三位(高階邦仲)衣冠、上結、等參会、御所〳〵御歴覽之後、高三位・賴藤(葉室)衣冠、等向寶藏、取出箏一張神智作、朝覲料、建長二年例也、・御本一卷(如本)道風筆、朝覲行幸御贈物料云々、等被取出之、次被供小供御等、人々候御前、次御乘舟、右大將(殿脱カ)・花山・予・堀川・宰相中將等參御舟、殿上人取棹、令廻池上給、次還御、大將殿又令參御車給、着御春日殿、玄輝門院御所、予參彼御所、家君御退出、及夜陰之間隨身被返了、今夜還御北山、

後深草上皇尊勝陀羅尼供養

導師尊教僧正の行粧

（38張）

八日、丁亥、朝間天晴、午後雨脚滂沱、終日終夜不休、家君・二位殿(源顯子)自今日出此亭給也、早旦渡御、

今日院(後深草上皇)尊勝陀羅尼供養也、奉行重經(高階)朝臣、常磐井殿狹少之間、於長講堂被行之、未剋許右大將殿令參給、自大炊御門油少路邊覆雨皮云々、依雨也、其儀御直衣、御冠、綾指貫、半蔀御車、被懸下簾、被入野劔、車布單袴副二人遣之、警蹕如例、前駈四人(藤原)經清・(藤原)淳清・(三善)道衡・秀淸、各衣冠、着半靴、隨身皆參、各不給裝束、先例也、私着用之、番長褐衣反狩衣、以赤地作錦替昇、有白菊閇、唐紅衣、紅單、冠、狩胡籙、帶劔、壺脛巾、・一座黃香、・二座同、今日黃香三人也、甚不便、而面々可示合事也、奇恠々々、・三座蘇芳香上下、・四座黃香、・五座、二藍上下、白衣、白單、各烏帽子、帶劔、扈從殿上人二人、權亮公顯束帶、々劔、侍一人、下絬、帶劔、童一人・隨身一人、侍從實秀(藤原)束帶、以上如此、抑今日御導師尊教僧正也、補法務之後初度出仕也、去比雖辭法務、今日猶召具綱所等、行粧頗以結構云々、仍予密々見物、上皇(後深草上皇)又被立御車、僧正垂車簾云々、前駈八人、其外有職綱掌六人・威儀師二人・鎰取以下濟々焉、僧正車自調之、上皇半蔀、文杏葉丸、其躰宛如大臣車、物見簾突張之、懸下簾、又卷簾、車副四人、院御車副等申下云々、平礼、白張、垂尻、上童一人、三善景衡子、扈從僧綱三人、實淵法印・賴全僧都資宣卿息、以上八葉車、懸下簾、・、、阿闍梨、不懸下簾、又不差綱、凡其行粧上下美麗、過差不可記盡、於御所近邊雨止、仍晴儀也、又僧正入門之間、大將殿御隨身進門下溜邊、門內也、各拂退雜人、一列也、至近衞皆如此、僧正參入之間卽相從、房官等後僧正前也、爲先番長一行、至中門沓脫下相從云々、此事有例、兄弟子息親昵人々事也、但其礼有淺深、今日儀今朝所被仰含番長(秦)久國也、事未終之以前、大

實兼公衡家司橘知顯宅に赴く

朝覲行幸御裝束始

公衡豊原政秋に垣代を習ふ

實兼玄輝門院院司に補さる

朝覲行幸別記

将殿令退出給、此間又雨下、入御知顯（橘）壬生宿所、予等參会、知顯儲盃酒、又有經營事等、深更還御今出川、

頭書

尊勝陀羅尼供養、隨身裝束先〻不及風流、今日番長以後布衣冠初度也、仍聊替昇又施菊閇敧、私結構也、

十日、己丑、今日大將殿令參内給、暫可令祗候直廬給云〻、網代御車、差綱着敧、前駈二人、衣冠、着半靴、隨身二人、三座武連・四座利文（佐伯）、其外如例、

十一日、庚寅、今日朝覲行幸御裝束始也、仍參鳥羽殿、今〔日脱カ〕儀在別記、今夕又出行、雨脚滂沱、

十六日、乙未、垣代習礼事在別記、

（39張）

十九日、戊戌、」今日召政秋（豊原）習垣代、音取・吹亘等長説・短説皆請習了、及晩六位左衛門尉説春（藤原）玄輝門院判官代、參、束帶、在中門、以家司經清申令補玄輝門院院司給之由於大將殿、是來廿三日朝覲行幸、女院御方料帛袷可令敷給之故、令補院司給也、

廿日、己亥、今日以後朝覲行幸事、至廿七日具注別記、

四月 小

一日、庚戌、不出仕、

二日、辛亥、着直衣参禪林寺殿・常磐井殿・內裏等、明後日爲湯治下向吹田之由申入了、

西園寺實兼父子等湯治の爲吹田に下向す

五日、甲寅、今日向鳥羽、家君（西園寺實兼）・二位殿（源顯子）令同道給、右衛門督（前督園基顯カ）・前相公羽林・公顯（西園寺）朝臣・実時（藤原）朝臣・実綱（藤原）・基重（園）等同相伴之、今夜宿鳥羽、

六日、乙卯、今曉乘船向吹田、相伴人々同前、

九日、戊午、家君・二位殿今日令上洛給、右衛門督兄弟（基顯・基重カ）同上洛了、其外人々猶留此旅所、予自今日於吹田浴溫泉湯、

幕府立坊執柄等事につき狀を進む

十三日、壬戌、自京有御文、一昨日自關東進御函事書、其內立坊（胤仁親王）內裏宮、・執柄左右大臣以下、等事、可有沙汰之由申之、就之立坊事若今月中忩有其沙汰、者早々可上洛歟之由有仰、隨重仰可止浴湯

公衡上洛の爲浴湯を止む

近衞家基を關白に補す

內記不參に依り右中辨勘解由小路兼仲詔書を草す

天台座主宣下

後深草上皇御所に於て立坊事を定む

關白近衞家基拜賀

中宮御贈物料の琵琶を進ず

（40張）

之由申」御返事了、

十四日、癸亥、湯治今日六个日也、而忩可上洛之由自院(後深草上皇)有召、仍明後日可歸洛之間、今日結願了、

十六日、乙丑、今曉出吹田、秉燭之程着今出川、入家君見參、日來不審大略散了、去十三日關白(近衞家基)宣下、職事顯家(四條)、上卿左衞門督(近衞兼教)、內記不參之間、右中弁仲兼(兼仲)草詔書、右大臣(九條忠教)云〻、左府弁肩、忽超越之条非言語之所覃、但關東氣色之由有沙汰歟、莫言〻〻、立坊來廿五日云〻、定廿一日、又去比定日幷一定說可尋、天台座主慈助法親王、靑蓮院若宮、上皇御連枝、宣下云〻、

廿一日、庚午、早旦着直衣參院、奏条〻事、次參內、晚頭着束帶蒔繪劍、無文帶、歸參前駈二人、毛車、(衍)參院、依立坊定也、奉行院司權中納言忠世卿(坊門)、日來大將殿可令參給之處、俄有御勞事、仍予依率爾之催所參也、今日先可有關白拜賀云〻、中宮(藤原鐘子)御方贈物琵琶、入袋、今朝進中宮了、戌剋許關白先被參院、前駈八人四位一人・五位六人・六位一人、隨身如恒、左官人武秋(下毛野)元將監、・右官人武元(下毛野)・左番長武友(下毛野)・右番長武貞(下毛野)、扈從公卿二人、左衞門督・坊門中納言、此卿立坊定奉行之間、卽留候于院、殿上前駈三十余人、兩貫首以(滋野井冬季・中御門爲俊)下云〻、御前召以下如例、關白退出之後、諸卿着殿上、院殿上也、康和・建治例、內大臣(鷹司兼忠)端、・堀川大納言(具守)奥、・花山院大納言(家教)端、裏書・予奥、・坊門中納言端、・別當同(中御門爲方)、・左大弁宰相(坊城俊定)奥、等也、次

正應二年四月

立太子事康和例に依り定む

內府以藏人召內藏頭隆政(四條)朝臣奏云、立太子事、依何年例可定申哉、隆政朝臣參候〔御カ〕所奏之、歸出下康和例文、依此年例可定申之由仰之歟、此次內府披見之後、仰隆政云、立太子日時勘申せ、隆政朝臣退入、於下侍陰陽師在秀(賀茂)朝臣成勘文、隆政朝臣入筥蓋持」參之、

(41張)

日時勘文

擇申可被立皇太子日時

今月廿五日甲戌　時申戌

正广〔應〕二年四月廿一日　陰陽助賀茂朝臣在秀

定文は兼て書儲て懷中す

日時勘文並に定文を院並に內裏に奏す

立太子御裝束始

內府披見了乍筥置前、隆政朝臣退入、次內府召藏人、內藏人兼院藏人左衞門大尉說春(藤原)、被仰硯・切燈臺可〔持脫カ〕參之由、藏人置硯・續帋於別當前、立切燈臺在打敷、於同人前、取高燈臺火移之、次別當伺內府之氣色、摺墨染筆、卷返續帋重氣色、內府披見例文与奪、定ム可立儲君日ノ雜事、別當書之、次々無与奪令詞(本定)、只任土代書之、但実ニハ兼書儲懷中、仍取替之、次第自端座取上、先々次第ニ見上歟、今度無其儀、內府披見了卷加日時礼帋、更返下、次第ニ奥端人々見之、先披日時礼帋、次披見日時、次披見定文、左大弁見了又次第ニ返上、今度自端取上之、次內府盛日時幷定文於一筥、以隆政朝臣奏聞、此後予早出了、奏聞之後、以俊光(日野)五位職事、被奏兩通於內裏、次被返進之後留御所云々、人々退出、今日御裝束始云々、花山院

立太子御祈始

大納言一人留候行此事、俊光奉行、又御祈等被始行云〻、可尋記、定文可書入、

定文書様

可立儲君日雑事

一、御在所御裝束

一、御厨子所御膳雑事

左中將、今度可任權亮歟、　内藏頭播磨守、今度可任亮歟、

已上行事実爲朝臣（室町）　隆政朝臣

（42張）

一、饗

殿上　伊与〔豫〕（橘）知顯朝臣

藏人所　土左（平）忠顯

女房衝重　越前（吉田）國房

警陣　河内（藤原）康憲

廳　宗儀

一、殿上日給簡日記辛櫃、

時簡

正應二年四月

正應二年四月

女房簡

一、祿

上達部

大褂廿八領

右京大夫
行事顯範朝臣（藤原）

〔一脱カ〕
次日饗

殿上　丹後（藤原）光久

藏人所　備前（平）時範

女房衝重　阿波（源）賴有

警陣　伯耆（葉室）長隆

廳　飛驒（源）仲信

〔一脱カ〕
第三日

殿上　丹波（平）盛房

藏人所　仲泰

女房衝重　因幡伊藤

警陣　出雲 惟賢
廳　若狭(橘) 知經

正广〔應〕二年四月廿一日　（43張）

廿四日、癸酉、賀茂祭也、院御棧敷大將殿令儲給、知顯奉行、鋪設之外御破子許也、又賜葵令懸御簾、大將殿令參会御棧敷給、御烏帽子直衣、八葉御車、不懸下簾、牛童遣之、前駈二人、淳清(藤原)・持衡(三善)、各布衣、着半靴、前行如恒、隨身三人、番長久國(秦)・近衞久種・武連等也、予密〻於或所見物、午剋御幸、東二条院御同車、中宮權大夫(中院通重)・花山院宰相中將(定敎)・実連朝臣(藤原)・家雅朝臣(花山院)等供奉、大將殿・帥(中御門經任)以下參会御棧敷、近衞使右中將実明朝臣(正親町)大將殿被遣陪從裝束、但密〻以代物下行之、不可爲例、着萠木表袴、禁色人也、着蘇芳半臂・下重〔襲〕、又隨身郎等取馬口云〻、利則郎等ヲ借召云〻、仕隨身之人子息等取之歟、但今儀又非無例、

裏書
皇后宮使亮爲俊朝臣(中御門)藏人頭、・中宮使權大進仲高(平)、日來可爲亮經親(平)之處、俄輕服、仍少進仲高轉權大進勤仕之、右馬寮使權頭則任朝臣(源)、檢非違使十人、五位五人・六位左尉〔廷カ〕五人、中宮女使扶持權大進定資(坊城)也、奉行大進俊光、命婦・藏人料出車毛車、二兩、兩大夫(西園寺公衡・中院通重)所獻也、命婦中宮女房參川、有光朝臣女、・藏人同女房飛鳥井、時景女、等也、於內裏乘毛車可騎馬之上童等乘各車後云〻、向列見辻、於件所童等下車、乘馬凡其具足等悉裝束以下定資沙汰也、委旨見女房日記歟、渡大路、命婦・藏人ハ不渡大路也、今日中宮御禊陪膳右中弁兼仲朝臣(勘解由小路)、役送大進俊光、

賀茂祭
實兼後深草上皇の爲見物の棧敷を設く
實兼近衞使陪從裝束料を下行す
中宮少進平忠高を權大進に昇せて中宮使となす
中宮女使裝束以下事委細女房日記に見ゆ

伏見天皇第一皇子胤仁親王立太子

節會の儀委しくは實兼の記に見ゆ

東宮殿上人藏人

東宮傅學士及び坊官

正應二年四月

藏人方爲俊朝臣奉行、本宮俊光奉行、

（44張）

廿五日、甲戌、今日立太子也、當今第一皇子𦙯〔胤〕仁親王、二歳、新中納言典侍故經氏卿女、〔藤原經子〕腹也、但中宮御猶子儀云々、予不出仕、」大將殿酉一點令參給、螺鈿蒔繪、劔、巡方帶、不付魚袋、紫淡〔緂〕平緒、前駈三人、殿上人一人中將長相〔藤原〕朝臣、卷纓、扈從、隨身皆參、壺、垂袴、節如例、

会儀可尋記、今日儀委見家君御記、依無其所續廿七日記、

裏書

廿五日、

今夜被仰昇殿殿上人、此內少々參仕、其外多不出仕、

左中將範藤〔藤原〕朝臣　右中將兼行〔藤原〕朝臣　左中將長相朝臣　頭中將冬季〔滋野井〕朝臣

頭亮爲俊朝臣　左中將爲道〔藤原〕朝臣　右中將実明朝臣　左中將家雅、、

右少將資顯〔白川〕朝臣　右馬頭信有〔綾小路〕朝臣　左中將実連朝臣　右少將氏能〔藤原〕朝臣

左少弁經親朝臣　左少將公顯朝臣　左兵衞佐定資

藏人

菅原在仲在嗣卿孫、淳兼子歟、　藤原伊範明範卿子、　藤原廣國經業卿孫、信經子、

內大臣從一位

東宮傅藤原兼忠兼、　勘解由次官中宮權大進正五位下

學士藤原信經兼、　坊學士兼后宮大進例、今度始之歟、本人頻懇切之上、有准據例被許之云々、

權大納言正二位

春宮大夫藤原家敎兼、　權中納言從二位〔鷹司〕

權大夫藤原冬平兼、

内藏頭播磨守従四位上
亮藤原隆政兼、　左中將従四位上(室町)
權亮藤原実爲兼、
藏人右衞門權佐正五位下元中宮大進
大進藤原俊光兼、　土左守正五位下
權大進平忠顯兼、
安藝守従五位上(冷泉)
少進藤原頼定兼、　權少進藤原惟藤
右大史
大屬中原俊員兼、　中宮權少屬
少屬安倍資久兼、
元皇后宮權少屬
權少屬安倍資増兼、
主膳正中原職頼兼、　主殿首中原忠清兼、
左衞門尉、院御厩案主也、
主馬首中原爲景兼、」

（45張）

立太子節會

傳聞、節会秉燭以後始、内弁内大臣、外弁右大將殿・花山院大納言・中宮權大夫・坊門中納言・別當宣命使、・左大弁宰相・新宰相(京極爲兼)等云々、參列之時内府与大將殿同列、大將殿許令退南給、花山又大將殿末ニ退南立云々、不可然、可立一位大臣後歟、中宮權大夫三位中納言又可立花山後、而末ニセメテ立云々、未練歟、

坊官除目

除目執筆内府、清書上卿卽内府、左大弁書之、除目了傅・大夫・權大夫今夜中納言慶始出仕、參弓場奏慶、頭爲俊朝臣申次之、

本宮の儀

本宮儀如恒、但權亮不參、先例不分明歟、傅・大夫・權大夫以上一列、・亮・大進・學士・權大進以上一列、奏慶、亮申次之、諸卿拜幷昇殿拜大將殿以下歟、皇后宮

壺切の御劔を渡さる

權大夫（洞院實泰）參加之、申次一向亮勤仕之、御劒勅使左中將爲道朝臣、權亮不參之間、大夫傳取之、此事寛仁元年八月經賴（源）記幷康和五年爲房（藤原）〔記脫〕・中右記等有所見歟、亮取祿給之云〻、勅使諸卿拜以前頗早速參云〻、大將殿昇殿拜以後令退出給、其後公卿着昇殿歟上、關白・內符〔府〕・大夫・權大夫・左大弁等着之、一獻大夫、瓶子大進俊光、二獻權大夫、瓶子權大進忠顯、次汁物、三獻亮隆政朝臣、瓶子藏人、其後人〻起座、御膳以下儀如例、天明之後事旱云〻、

立坊第二日の儀

廿六日、乙亥、天晴、今日立坊第二日儀也、酉剋着束帶蒔繪劒、無文帶、參院、春宮御同宿之故也、駕毛車、前駈二人、秉燭以後諸卿參入、大進俊光奉行、兼居饗於臺盤上、八〔以カ〕日來院殿上爲東宮殿上、傅內大臣端、・大夫同、・予奧、・坊門中納言端、・右兵衞督奧、・爲兼朝臣端、等着座、次一獻、亮隆政朝臣勸」之、不取次〔續〕酌、如何、大進俊光取瓶子、次二獻、中將範藤朝臣勤之、不取次〔續〕酌同前、權大進忠顯取瓶子、次居汁物、大臣陪膳少將資顯朝臣、依爲啓將、懸緌帶劒負壺、自余雲客撤劒笏、手長權大進忠顯、納言以下前兼居之、爲兼朝臣申上箸下、次三獻、中將兼行朝臣勤之、藏人某取瓶子、次拔笏、人〻分散、

（46張）

公衡皇太子を奉拜す

頭書
次予參內、抑於東宮參常御所奉拜之、無御面嫌、可然事也、抑予去夜不出仕、今夜可被仰昇殿歟、然而近例無沙汰也、且正治長兼（藤原）卿記有所見、

立坊第三日の儀

廿七日、丙子、天晴、朝間雨下、及晩雨止、立坊第三日儀也、秉燭之程大將殿令參給、前駈三人、隨身番長以下四人、三座・五座不參、毛車、扈從殿上人一人、中將爲雄(藤原)朝臣、

西園寺實兼の立坊記

廿五日依無其所續于今日記、

正广〔應〕二年四月廿五日、甲戌、天晴、今日立太子也、當今皇子胤仁親王、今年二歲、御母內裏女房、号新中納言、故五辻宰相經氏(藤原)卿息女云〻、予(西園寺實兼)依有催酉剋參內、束帶、有文帶、螺鈿劒、紫〔緌〕檀平緒、相具靴、前駈三人、經(藤原)清・淳清・知經、可具四人之由雖存之、今一人無領狀、仍三人也、隨身皆參、但番長久國幷下﨟五座遲參、而剋限被忩由再三催、仍且所參也、番長移馬可令引車後之由下知之了、番長於路次參会、卽駕移馬在車前、扈從殿上人二人內、爲道朝臣稱無乘物未來、長相朝臣一人也、縫腋卷纓也、今日節會可出仕云〻、乘車之間、長相朝臣褰簾、於中門乘車、卽連車扈從、參內儀如例、下車之間長相朝臣取沓、下﨟隨身五座、傳之、先之內大臣也、今日節会內弁被着端座、・左大弁宰相着陣、予同着之、但不經床子座前、如常入自立蔀之間也、昇時番長於立蔀口追前、」此間左中

內辨內大臣鷹司兼忠

(47張)

弁仲兼朝臣就軾、不知何事、今間有召仰云〻、若被仰之歟、兼日召仰之時、或當日重仰之、或不仰、先例有沙汰歟、今度儀可尋、次大外記師(中原)顯依召着軾、有被仰之間、其詞〔旨カ〕不聞、若召仰歟、將又被問諸司具否歟、外記稱唯退去、次花山院大納言家教、・坊門中納言忠世、・別當爲方、・新宰相爲兼着之、次內弁召內記仰宣命草、此間漸及昏黑、陣可掌燈

立太子宣命を作進せしむ

之由內弁仰參議、〻〻以陣官下知之、卽史參上勤之、主殿寮小庭奉仕立明、掌燈之間、史於堂上立步勤之、可膝行之由予仰之、史卽膝行勤之、次小〔少〕內記某、入宣命草於筥持參、內弁披

實兼以下外辨に着す

天皇南殿に出御せらる

（48張）

見了給內記、〻〻持笏立小庭、內弁自立鄀東進弓場、右番長武〔下毛野〕枝經小庭渡東、左番長不見、內記持宣命相從、奏聞了關白被候御所、仍奏聞便內覽歟、內弁歸着陣、內記置笏、內弁卽押出之、可淸書之由被仰歟、內記退出、持參淸書、內弁披見之、〔令脫カ〕持內記進弓場、奏聞之儀如前、內弁歸着陣、內記置笏、內弁置笏取宣命端少披見、卽取副笏、返給笏於內記、〻〻退去、內弁向別當仰云、宣命使、雖微音其詞聞程也、別當揖許、次內弁居向奧座、予起座出外弁、經床子座前、向上官相揖過、番長經床子座前、下﨟經立鄀外、着靴着外弁兀子、以主殿官人密〻令〔問脫カ〕兩面兀子有無、兩面一脚立之云〻、仍着第二兀子、綠第一兀子也、第一兀子前立式案置笏、花山院大納言・中宮權大夫不着陣、臨出外〇之期〔弁落歟〕加之、・坊門中納言・別當・左大弁等着之、小〔少〕納言」兼〔平〕有朝臣・左中弁仲兼朝臣・六位外記并史・召使等同着床子、次予召〻使、仰外記可召之由、召使聞誤欲下式笏、可召外記之由重仰之、召使召之、予問云、大舍人候哉、外記申候之由、又問云、刀祢利候ヤ、外記申候之由、仰云、候ハせヨ、外記稱唯退、雖須下式笏、予爲一大納言着綠第一兀子、今日又兩面兀子一脚立之、依其程近不下之、且又納言爲外弁上之時、不下例多存、抑兩面兀子雖可立二脚、略而一脚立事常儀歟、如然之時ハ納言猶可下歟、式笏本儀立右大臣前之故也、但當時右大臣爲關白被仰一座了、左大臣籠居、仍一脚立事、於今日者聊似有會〔マヽ〕尺歟、仍所不下也、於位次納言者、縱雖着綠第一兀子、猶令下式笏之条可叶道理歟、但此間事先規所見多之、可加奉見物歟、先之天皇御南殿、近衞引陣、卷纓、老懸、縫腋、壺胡籙、蒔繪〔螺脫カ〕鈿劒、着靴、先例或着淺履之人有之歟、依不立胡床陣立也、內弁・外弁進標下之時、家礼人退列如常節会、此以下事幷內弁作法等不見及、內弁召舍人、告其由於外弁少納言、〻〻〻起座進、此間予以下外弁公卿等

上皇一位大納言の標の位置を指示せらる

異位重行立様

近年裝束司有若亡の至なり

陣官を以て宣命使を召す

（49張）

雁列月花門外、少納言歸出告召之由、予以下進南庭予隨身留中門邊、依入夜予不練之、立標下、異位重行、予左〔大カ〕臣標ノ末ニ少引入テ立、但庭狹少之間標立様不如法、各計其程立之也、一位大納言標、依爲新儀雖不見圖、可爲如此之由有上皇仰、又人々存此旨歟、花山院大納言、予列ノ末ニ頗後ニ寄テ立、此事如何、於予者依爲一位、〻〻ノ大臣ノ末ニ少退テ立、於二位大納言者、可立一位大臣後歟、然者予列ノ後ニ頗寄東可立也、次中宮權大夫、花山院大納言末ニ頗引入テ立、坊門中納言・別當相並立了、件三人皆三位中納言也、各二位大納言ノ後ニ可立歟、左大弁宰相、又中納言列ノ末ニ引入テ立、仍自一位大臣至三位宰相、大略可謂一列歟、花山院大納言・中宮權大夫兩人立様似背本圖哉、爲兼朝臣立三位中納言之後、彼朝臣四位宰相也、

今夜異位重行立様

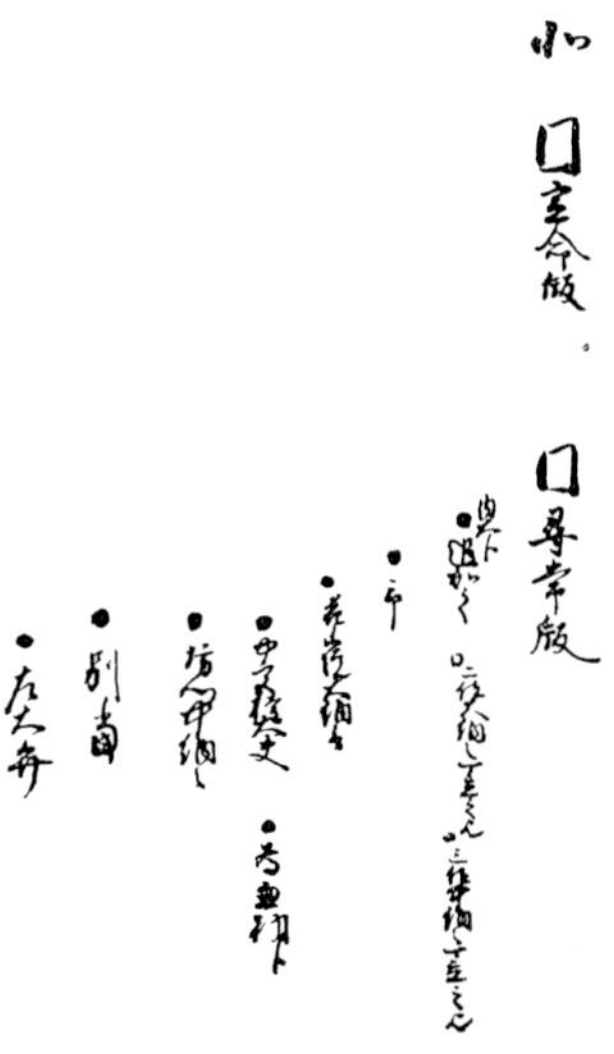

凡標立様可專本式歟、而近年裝束師〔司〕有若亡之至散々、隨而又此內裏庭狹少之間、非沙汰限歟、仍面々相計立也、

各列立之後、宣命使被召之由、階下外記以陣官告之、此事非本儀、內々以扇雖鳴笏、其程遠不聞之、仍如此告示之、只依便宜事也、宣命使別當、揖離列、直進北入軒廊二間、昇西階有昇降揖歟、其程遠上、橘樹相隔之間不見及、如本下殿之時、於簀子幷階下左右廻同不見之、經南面簀子、進立

院御所常盤井殿を東宮御在所となす
後深草上皇春宮權亮の人選等に關し實兼の意見を徵せらる

（50張）

內弁後、揖給宣命取副笏退、其作法如常歟、下西階立軒廊、南面、內弁下殿、自當間出簀子、內弁几子廂西第二間逼南長押立之、降西階出軒廊二間、向宣命使揖而過歟、不見及、自橘木坤程練始、斜步如〔加カ〕予列上、次宣命使就版、無曲折揖、去版位三尺余、頗遠歟、作法如常、宣制二段、宣命開於左腋押合左、群臣兩度共再拜、宣命使拔笏取副宣命、揖右廻經公卿列東進南、此間潜懷中宣命、經公卿列後之間可懷中歟、折西經大納言後中納言前加本列、次內弁以下離列、經我列前直〔マヽ〕於中門外、內弁練步、各自上﨟退出也、予於中門外着浅沓、昇堂上參中宮」御方、次參內御方、次參本宮、院御所常磐井殿、依召參常御所、上皇御冠直衣、着御下御袴、仰云、以実爲朝臣可被任權亮之由日來被思食、而今日俄被仰下之間、申子細不參云々、如此事兼可被仰歟之由、先日予度々雖申入無其沙汰、一向御懈怠云々、年少之上未練仁也、云出仕、云作法不合期歟、卒爾誠不便事哉、今日權亮可受取御劒也、不參之条可違例歟、仍家雅朝臣可出仕者可被補之由、被仰合花山院大納言云々、然而難治之由申之、依之坊官除目及遲々、然者只実爲朝臣雖不參可被任之云々、此上今夜權亮不參之儀可〔爲脱カ〕何樣哉、御劒若大夫可取歟、將又女房可取歟、大進可取歟之由有其沙汰、大夫請取之条不可有色難、又大進俊〔如本〕光爲五位職事兼廷尉佐、取御劒之条可有便歟、爲廷尉之宮司、行啓之時勤御劒役有先例、近則建治當今〔伏見天皇〕立坊之後初度行啓、權亮不參之間、左大弁宰相俊定爲大進、兼五位職事・廷尉佐〔非廷

實兼建治の例に依り立坊當夜儲君に見參す

實兼は外人に非ず近臣なり

御膳勅使東宮御所に參入す

延久の例に依り春宮大夫御劔を請取るべき由治定す

御劔勅使參入す

尉、右衞門佐也、歟、勤御劔役了、被准據之条有何事哉之由申入了、但關白幷傅内大臣、參之後可被仰合之由奏之了、抑建治ニハ立坊夜始入儲君見參之由申之、就之儲君可有渡御之由被申、卽入御此御

(51張)

方、只今御寢程也、女房奉抱之、件女房其面未見知、彼御方上﨟歟、白縫物、二衣、赤袴也、今夜立坊夜也、予始奉始〔拜カ〕之、」女房尤可着五衣歟、但予又非外人、爲近臣故歟、儲君御小袖、御服地白キ有色〻文、唐織物歟、白御細長也、不着之、女房持之、又一人御アマカツヲ持、次儲君還御、建治立坊夜、於院（後深草上皇）御前始奉拜尊顏、公私佳例、心中祝着者也、權亮間事度〻被申合內裏、又被仰關白云〻、依之除目及深更、然而遂以実爲朝臣被任了、此間御膳勅使藏人兵部權大輔顯家參上立中門、亮隆政朝臣出逢、申事由、召付勅使於殿上、不敷別座、着殿上端疊、西第二間云〻、亮取祿給之、勅使給祿退出、不拜、此間小舍人計渡御膳具於本宮廳云〻、除目了關白參上、隨身上﨟三人也、左官人不見、不出仕歟、右官人武元束帶也、番長二人褐狩袴如例、下﨟等不見知其面、參御前云〻、此間於內裏除目淸書幷宮司拜了云〻、傅・大夫花山院大納言、以下相引參上、各先上堂上、可受取御劔之仁事有沙汰歟、關白・傅・大夫等申沙汰歟、大夫可受取之由治定了、延久大夫請取之由有所見之旨、皇后宮權大夫於中門語之、關白所聞之也、其後關白於御前、大夫請取たる事の候やうに覺候之由申之云〻、仍如此定歟、延久大夫取之事、予後日見古次第、此事有所見之、皇后宮權大夫才學卽此次第也、但件年記等權亮受取之由又有所見、然而大夫請取之条実說歟、於大夫可取之条、此外有所見、仍翌日勘之進入仙洞了、

(52張)

先之御劔勅使左中將爲道朝臣令」持御劔於小舍人進立中門

宮司拜を先にし私拜賀を後にすべし

東宮傅學士及び宮司拜任の慶を奏す

寢殿を以て東宮晝御座となす

壼切御劒は日來勝光明院寶藏に在り

院御持佛堂を以て夜御殿となす

（53張）

邊、宮司等申本宮慶了後、昇殿可受取御劒也、而勅使早速參上、就之宮司拜早晩可爲何樣哉、之由有沙汰、傅・大夫等奏事之由、勅答云、建治先受取御劒、然者任彼例受〔取脱〕御劒之後、可有宮司拜歟云ゝ、而傅申云、宮司等不申本宮慶之以前、令昇殿隨所役之条、道理不可然歟、猶先可有宮司拜歟之由重奏之、可然之由有勅許、者傅以下ゝゝ立中門下、此間御劒勅使暫立隱閑所、此間鷹司中納言冬平卿今夜被補權大夫也、爲申慶進立東中門、勅定云、忩可有宮司拜、私拜賀儀可遲ゝ、先可令廻西中門之由被仰傅云ゝ、ゝ〔傳〕以番長武枝示其由、武枝經南庭向東中門、告其由於權大夫、ゝゝゝ經南庭渡西、不取松明、密ゝ渡也、不出中門、經雜人後自中門南腋屛戶出外也、傅內大臣、・大夫家教、・權大夫冬平、一列、其後亮隆政・大進俊光・學士信經・權大進忠顯一列、此外無人歟、但依暗委不見及、六位可立此列之由被載今日次第、然而不立之、如何、各列立中門外南扉、東上北面、立定了、依上首氣色、隆政朝臣離列申事之由、其儀如例、以寢殿爲東宮晝御座、但被垂御簾、上皇御坐其內、申次進寶子申事之由、今夜申次儀每度如此、次亮復本列、於中門外着沓、次宮司等相共二拜、內大臣隨身拜之間不追前歟、上皇幷女院御方拜無之、次傅以下昇堂上、次御劒勅使進立中門下、隆政朝臣出逢啓事之由、依召勅使參上、先於其所乍立揷笏取御劒、字壼切、入錦袋、日來在勝光明院寶藏、先日被出之、小舍人傳之、入中門昇切妻、予存知自中門外可昇歟、今儀不審、但是予僻案歟、勅使失歟、猶可見舊記、彼朝臣代ゝ勤御劒勅使、定有存知歟、進夜」御殿前弘庇、以西二棟屋爲夜御殿、日比御持佛堂也、以御持佛堂爲夜御殿之条如何、但非別御堂、仍不及沙汰歟、大夫相跪揷笏取之、入二

群臣拜

昇殿人數下知の後昇殿拜あるべし

拜賀の爲火炬屋を移動す

昇殿拜

（54張）

棟東南面妻戸置夜御殿云〻、次勅使自堂上進殿上、召付座給祿云〻、其作法不見、次予以下
〻中門外、群臣拜之後可有昇殿拜、凡昇殿拜事、大夫下知昇殿人數之後可有之也、但公卿〔昇〕承殿之儀無別作法、仍群臣拜以後卽可有昇殿之由存之、脚氣相侵之間、佇立難堪之由予示大夫了、大夫云、且御拜不可有子細、其間
ニ昇殿事も下知し候ハんすれハと云〻、中宮權大夫・皇后宮權大夫節会遲參、參会本宮、・坊門中納言・別當・左大弁宰相・新宰相
等列立、立所如宮司拜之時、可立昇殿之〔拜脫カ〕雲客等列立其後、其人數雖見知忘却、後日可尋知、坊官等不列之、亮隆政朝臣出逢啓事由、
其儀如前、予入中門進立南庭、當階間、火炬屋以北也、此間主殿官人幷廳官等奉仕立明、廳官東、主殿西、今夜共篝火、先之予潜仰廳官、火炬屋と〔をカ〕一丈余南へ令寄、仰番長久國、以
假隨身爲使密〻仰廳官了、拜之時可立火炬屋北之由存之、而火炬屋在其所、仍如此令寄也、予進間番長留中門內、自余公卿同列立雲客等不列之、訖相共再拜、自下臈退出、若准拜礼
者、大納言以上ハ自上臈可出歟、此事可見舊記、但大納言予一人也、仍次第自下臈退了、如此之作法悉暗不覺、年〻記追可引見之、立中門外、其儀如前、予退出之間、中門內至一、二丈之間番長追前、次
昇殿拜也、先予以下列立同前、隆政朝臣爲申次、其儀又同、不入中門內、於此所拜也、再拜如
前、雲客等同拜也、此間廳官・主殿寮立明猶如前、於今者立明不可入、」可令退之由仰廳〔官脫〕番長以假隨身仰之如前、
令退之了、予拜之間、番長一人入中門內在南腋、第二度之拜之時發前聲、此拜可追前
乎否事、先例未勘之間、任番長之所爲了、予爲上首、准拜賀之儀者有何事哉、抑以前列立時、
予示番長如今儀令居中門內、此作法猶未存得、番長一人若相向可居北扉下歟、且元日拜礼
之時、關白隨身居所可准據歟、以前庭中拜之時、隨身留中門、仍拜間不追前、兩度中門外ニ

列立之時ハ、下﨟隨身等ハ在予後也、抑昇殿拜了人ゝ離列之時有揖、於此揖者、不可然之由存之、仍於予者不揖也、次予直退出、此後事不知、雖可候殿上勸盃、窮屈間早出了、于時寅剋云ゝ、脚氣至後日更發、太以無術、抑今夜於內裏、宣命拜了內弁練歸之間、隨身如例節会猶在軒廊邊、爰內弁直出中門之間、忽卒來此所、作法頗似不存故実、予隨身等兼雖不加諷諫、軒廊邊ニ有內弁隨身、仍其南ニ列居、自然ニ中門近也、退出之時（無如本）違乱、但予隨身等中門廊東砌下列居、南上東面ニ列居、久國若有存知而如此居歟、凡片節会之時、外弁公卿隨身」可留中門邊也、此事兼可令諷諫也、若可在中門南腋歟、可勘先例、如此事每事兼難存、見其儀後ゝ才學可出來也、

(55張)

女房人數不足に依り院皇后宮中宮の女房を召渡さる

今夜立坊本宮女房廿人也、人數無之間、院女房・皇后宮・中宮等女房被召渡之、各色ゝ合五衣也、依新制重冬單、但重更衣之人ゝ少ゝ有之云ゝ、中宮女房五人ハ冬單也、此外も多ハ冬單云ゝ、引〔不脫カ〕陪表着、唐衣、裳、紅張袴也、廿人女房皆理髮云ゝ、平額也、自御所〱參女房等兼不理髮、參此御所之後、於臺盤所女官上之、各候臺盤所幷(衍カ)候朝干飯等、此外無差所役歟、中宮女房十人許可參之由有沙汰云ゝ、然而御方〱女房濟ゝ焉、御事不可闕之間、自中宮五人參也、春宮大進日來中宮大進、今夜去之爲春宮大進、爲本宮奉行、催送出車一兩云ゝ、中宮女房等乘之參上常磐井殿、

常盤井殿に參る中宮女房

中宮女房五人

故（北畠）雅家大納言入道女　故（京極）爲教卿女　故（藤原）親朝卿女
源大納言　　藤大納言　　別當

播磨内侍中宮内裏東宮三所に奉仕す

（三善）俊衡朝臣女
播磨内侍自去年冬内御方兼參、被補内侍、自今夜被補春宮内侍、可謂面目歟、頗過分事也、

臺盤所別當

基廣女
伊与可被補臺〔盤脱カ〕所別當云々、是又可謂面目也、

抑今夜内裏并本宮儀、其篇目雖多、予」（56張）所見及許注之、此外事追可尋、

立坊第二日儀

廿六日、乙亥、晴、立坊翌日儀也、酉剋許中宮大夫（西園寺公衡）參之、立坊當日出仕公卿之外、後日參人昇殿事不及沙汰歟、仍各無左右參也、

立坊第三日儀

廿七日、丙子、天陰朝間雨降、立坊第三日儀也、予兼燭參本宮、常磐井殿、束帶如常、紺地平緒、前駈三人、經清・淳清・知經、隨身、下臈五座之外皆參、扈從殿上人中將爲雄朝臣、乘車之時褰車簾、於本宮下車之時、爲雄朝臣取沓、近衞（佐伯）利文傳之、先之大夫・左大弁等參上、予依召參春宮御方臺盤所、女房宮内卿局、褰御簾、其外女房五、六人候之、衣裳如立坊夜、但不理髮、上皇御坐、來月二日爲御方違、可有行幸此御所云々、儲御所間事

院執事實兼
院執權平時繼

中入所存了、其間事与奪坊門中納言了、予爲執事、彼卿爲父卿（平時繼）代官每事令執權之故也、次予着殿上、端、皇后宮大夫（德大寺公孝）奥、・大夫端、・權大夫奥、・坊門中納言端、・花山院宰相中將奥、・左大弁宰

殿上勸盃

相端、・新宰相各着座、臺盤上兼居饗、次勸盃、先一獻、大夫起座出緣末腋戸、於下侍妻戸前乍立揖笏、

箸下事最末參議申上ぐべし

實兼の北山第に於て內々競馬を行ふ

（57張）

取盃着座上勸之、大進俊光取瓶子、奥端巡流」如常、大夫復座、次二獻、權大夫勸盃、作法同大夫、權大進忠顯取瓶子、各相儀〔擬カ〕、此以後奥座瓶子略了、權大夫復座、次箸下、此事大弁可申上歟、將又冣末參議可申歟事、以前兩人相議不〔擬カ〕一決、各着座、臨期猶可爲何様哉之由左大弁申之、於節会者必大弁可申之由治定歟、如此事可依便宜歟、仍冣末可申歟之由予返答了、者爲兼朝臣申之、則箸下、此事定有先例歟、尤可一決事也、追可引勘之、次三獻、坊門中納言勸之、作法同前、但取盃作法不見之、中宮權大進顯相取瓶子、黄門復座之後、各拔箸取笏、自上﨟起座、次予退出了、

○以上西園寺實兼ノ記ナリ、

廿九日、戊寅、今日於北山内々被番馬云々、院御隨身久家〔秦〕・諸峯〔秦〕・久友〔秦〕、中院〔龜山上皇〕御隨身久延〔秦〕、私隨身久國・久種・武雄等參上云々、予依有風氣不參、

『〔異筆〕正應二年春』

以下底本
巻一四

（表紙題簽）
『花園
正和三（公衡也）入道左大臣御記』

（本文端裏）
『正和三年　冬上自十月一日至同十一日』

（1張）
正和三年

公衡本年五十一歳、従一位、入道前左大臣、

十月

西園寺實氏室貞子十三回忌法會
御經を渡奉りて供養の儀を整ふ

一日、壬午、天晴、今日准后今林（藤原貞子）十三廻御遠忌日也、毎年如法經於本願院墓所堂也、被執行之、而於今年者聊刷其儀、奉渡御經於南屋寝殿、可被整供養儀也、堂荘嚴儀大概同一昨日、但母屋中央間儲寶座、新調、於寶輿者暫不奉安之、寶座前立机、弁備香花・佛供・燈明等、其前立机一脚、可置諷誦願文幷香爐箱料、其南立礼盤・

公衡堂莊嚴を檢知す

磬臺等、寳座左右立黑漆高机有金物、各一脚、南北行相對、當寳座巽坤立之、衆僧座如一昨日、但撤末座紫疊敷高麗疊、導師幷公卿座皆如一昨日、二棟南簀子敷紫端疊三枚爲所作殿上人座、其末公卿座西、弘庇北一間南頭、傍東長押南北行敷之、敷同疊一枚爲所作諸大夫座、御所〻〔〻脱カ〕御聽聞所同一昨日、永福門院御座間今日被出柳二倍織物几帳、昭訓門院御座間又被改出鈍色冬織物几帳、廣義門院御座被出花山吹織物几帳、其以東皆懸改纐纈几帳、以堂中北簾中東第一間幷其東妻戸二棟西第一間也、等爲所作女房座、自南階東腋敷始之、南階砌下至二棟西溜下敷紫端疊四枚東西行、爲地下伶人座、公卿座北一間撤格子遣戸、覆翠簾、有鈎丸緒、其中兼置樂器、比巴〔琵琶、以下同ジ、〕・箏等、外伶人料、簾寢殿西作合間妻戸間、傍東閇御聽聞所西妻戸也、立白木高机二階一脚、南北妻、置門前具、香爐・花筥、積色〻葩、・座具・三衣等、東中門内南腋敷紫端疊一枚、東西行、其前立鞨鼓・大鼓・鉦鼓等、御經渡御之時打物料、南庭立誦經握〔幄〕、如一昨日、所〻幔又同、但今日集会所南庭幷車宿前」等幔不引之、稱念院西面庇敷紫疊一枚、立大鼓・鉦鼓等、集会乱聲料、

（2張）

以上天未曙之以前予檢知之、家司春衡(三善)朝臣束帶、行之、又御經出御事爲奉行、別差遣師康・俊尚(三善)・景繁(大江)等、各自寅一點參本願院行事、卯半許已催具之由申上之、然而暫可相待重告之由仰了、

伏見後伏見両上皇及び玄輝門院永福門院廣義門院昭訓門院御幸あらせらる

御經渡御の儀

持幡童は八幡檢校堯清に仰せて之を召す

（3張）

辰終許緇素大略參集、而玄輝門院今日密〻可有御幸、遲〻之間暫被奉待之、辰二剋歟、先是於稱念院弘庇發集会乱聲、笛景光(大神)・大鼓兼秋(豊原)・鉦鼓久經(多)、次御方〳〵入御御聽聞所、法皇(伏見上皇)御裘袋、・新院(後伏見上皇)御直衣、着御下御袴、・親王(量仁)御坐一所、其北間永福門院御坐間也、玄輝門院・永福門院・廣義門院・善一品(三善忠子)今日為聽聞參上、等、其次間昭訓門院御坐間、昭訓門院・一位殿(源顯子)以下御坐、花園二品(藤原壽子カ)又候之、一昨日同之、其次間廣義門院御坐間、今出川一品(藤原相子カ)以下新院女房等候之、其次間永福門院上臈女房等候之、予於此所聽聞、其次二个間所作女房座、其次半間入道殿(西園寺實兼)御坐、其次一間半(傍書、二三四頁ニ移ス。)法皇・新院・女院等女房、其次一間幷公卿座北一間、取出樂器之後懸几帳、(脱アルカ)下家司季俊束帶、一人候中門切妻行事、今日院主典代・廳官不參、檢非違使左尉惟宗行村布衣冠、家子二人、候中門、如一昨日、新院御隨身左將曹久名(秦)雲母立柳上下、紫菊問、紅衣、黄單、・右將曹武弘(秦)褐衣上下、白菊問、黄袙、同單、・右府生久恒(秦)青唐帋文菊、上下、纐纈袙、黄單、等出居御聽聞所南庭、乾上艮向、如一昨日、次依告奉迎御經、于時巳剋歟、其儀衆僧淨惠・円珠・惠禪假聖、・淨戒・禪眞・念寂・悟明・教雲、假聖、各着布法服・白布襪等、以上本願・稱念兩院供僧等也、及持幡童二人持幡二流、梶井宮被借渡之、兼仰八幡檢校堯清法印召之、於裝束者八幡裝束古幣〔弊〕之間、用當寺裝束、左一人、右一人也、於天冠以下糸鞋等者、自八幡用意是、・樂人兼日儀可為衣冠布衣之由被定仰之、而長途嶮岨難治之由各申之、非無謂之間、俄用襲裝束、・舞人左右各一人襲裝束、懸奚妻・一披〔鼓カ〕等、裝束以下皆用新調物也、為一会之壯觀、參集本願院、持幡童・樂人・舞人等列立南庭、次樂人吹壹越調〻子、次衆僧誦伽陀、一會之音頭一向円珠勤之、」

一切業障海、、、　妙法蓮華經、、

願我生〻見諸佛　、、

次奉出寶輿安昇手、下臈二人念寂・悟明、奉昇之、出御道場南面東妻戶、降堂下之後發樂、安樂塩、樂拍子、次第南行、

行列

行列

先持幡童二人左右相並、

次樂人　笛二人左、大夫將監景光右、大夫將監多久政、可爲大鼓役人也、而右笛景資景光弟俄有子細被止之、仍御經渡御之時許可吹笛之由被仰久政了、久政雖爲位次上﨟、着右裝束吹右笛也、

篳篥二人左、左兵衞尉安部季俊、右、右衞門少志三宅尙保、將曹歟

笙二人左、大夫將監賴秋、（豐原）右、大夫將監倫秋、（豐原）

次左右舞人左舞人一左、大夫將監狛朝葛、右舞人一右、大夫將監多久氏、

次灑水教雲、

次燒香禪眞、

次散花上﨟四人、

次寶輿

導師覺守法印

導師覺守法印布法服、同餘僧、但着鼻高、從僧二人鈍色、・中童子一人二藍狩衣、紅袙、白單、・大童子同如木、等具之、頗刷行粧、相從寶輿後塵、此事只可儲无量光院邊敀之由兼示含之、然而有先例之上有事恐、猶可供奉寶輿之由所申請也、

寶輿渡御の路次

南行降石橋出南門、經寶藏東幷長增心院西南降同石階、經善寂院幷西園寺北西入同西屛中

（4張）

門、經青障子東面織戸前南行、至南屋上中門東庭、至此所雖發樂、無打物、此間打鞨鼓兼秋、・大鼓久經、・鉦鼓役人可尋、等、中門内南腋兼儲之、所作樂人豫差定之、入東中門、此間公卿等伶人・非伶人、兼着公卿座、起座、降公卿座西階徒跣、列立二棟前庭、西上南面、下﨟〔自脱カ〕次第ニ廻立、北上西面、「寶輿」經南庭、於紅欄橋以南大略在誦經幄北頭、暫扣之、灑水以下役人同立其北、各北面、持幡童亘江〔紅、以下同ジ〕欄橋立南階砌下、東西相對、頗引入于東西之放柱之東西、樂人等留立江欄橋南頭、下﨟在北、東西二行、寶輿正向北奉扣之後、樂人等急樂、左右舞人經樂人列中參進橋以北、婆娑、左右共隨分施曲、右施鼓ノハタヤル手敓、衆人目暫不捨、上下感嘆無極、一曲訖舞人等跪東西、此後灑水以下至寶輿次第進之、寶輿徐令近江欄橋給之間、公卿等蹲居、舁南階此時灑水器・燒香・衣筥等、於南階下預等今日皆上括〔結〕、請取之還入了、西方、入中央間、公卿等歸昇、暫奉安舁手、但今日見其儀只乍舁立、所役僧參進奉移寶輿也、僧衆以寶輿奉安大座上舁手暫置寶坐東、樂止、預二人參進舁〻手退入、此次立直東方供具机、

次衆僧誦伽陀、

衆罪如霜露　、、

十方佛土中　、、

次衆僧退下、降南階西行、昇自无量光院東階、至門前取座三衣・香爐・花筥等、經寢殿南簀子、更入道場正面着座、預持參鐃鉢置役人座前、此間寺家出納但當時一人之外無其實、仍院廳召次四人各着淨衣、兼仰資重〔源〕召渡之、今日令勤此役、自昨日召寄之、可立机之所座籍以下

正和三年十月

公卿以下着座

委以春衡令習礼了、舁供具机二脚豫儲無量光院前庭、南階東腋迫砌立之、脚別二人舁之、立寢殿南庭、去南階一許丈、東西各一脚、南北行、兼備置供具、各押一、二之札、能々所練習樂人等也、次公卿各直衣、其内前右大將(西園寺公顯)青鈍織物指貫、西園寺新中納言(實衡)薄色織物指貫、大宮前中納言(季衡)青鈍綾指貫、其外皆如例、着簀子幷弘庇座、非伶人公卿治部卿(日野俊光)・按察(三條實躬)・兵部卿(吉田定資)以上直衣、廻寢殿北面、出自作合着西座、次所作殿上人(持明院)家相・(中院)光忠・(藤原)維成等朝臣夏衣冠、(藤原)兼高顯文紗於皮、・(園)基成・諸大夫(藤原)孝重朝臣、浮線綾青紅葉狩衣、紅袙、同單、等朝臣布衣、具行(北畠)朝臣束帶、等也、冬衣冠、等着座、次地下伶人可立傳供之輩者暫不着之、在中門邊、不可立之輩且參着也、着砌下座、先是打物等移立此所、召使等舁之、下家司季俊參進監臨、相計所作人座次令立之、兼被仰含了、

樂器を置く

次置樂器、其儀本所諸大夫(藤原)清隆・(三善)朝衡・(橘)知春・知種・(三善)長俊、以上束帶、參進、卷公卿座北一間西面簾、取出樂器等置所作公卿・殿上人座前、悉置畢下簾退入也、諸大夫座樂器、先是預法師置之、次笙吹盤渉調々子、糸竹應之、」次橫笛(今出川)兼季卿吹之、暫

（5張）

傳供の作法

之後閣笛立傳供、於右大將又暫彈比巴、讚之間兩卿起座也、吹鳥向樂、只拍子、反數不定、朝葛立傳供之間、兼秋打鞨鼓、久政立傳供之間、尙保打大鼓、此間傳供、其儀先左右舞人各一人朝葛雖爲位次下臈立西方、・久氏雖爲位次上臈立東方、・地下樂人四人賴秋西、左裝束、・久政東、右裝束、・景光西、左裝束、・脩秋東、右裝束、列立供具机北頭、舞人二人南階砌上、樂人四人砌下、左右相向、上臈西、下臈東、各以北爲上、衆僧八人起座、導師不起、分立正面間寶座南頭、左右相向、上首在奥、誦四智讚一反訖鐃鉢一迊、次又誦讚、此間前右大將・西園寺中納言(今出川兼季)起座、進立正面間南簀子、大將西、黄門東、各相對、右兵衛督兼高朝臣經兼季卿後幷左方階上、立昇降敎階上、中央程敎西方、左中將維成朝臣經同路立兼季卿左方、相對兼高朝臣、次地下伶人取第一花机景光・脩秋等立机下左右同時取之、机面兼押一、二之札、仍見其次第取之也、傳上之、上臈伶人舞人傳殿上人、殿上人傳公卿、

〻〻傳僧衆、〻〻次第傳上之、上﨟取之供佛前机、此間鐃鈸役人置鐃鈸加之、次〻勤之、供具悉供訖又鈸

一迊、役人復座楽止、

次採桑老、一反、

惣礼　○以下伽陀ノ省略符ノ部分ハ、参考ノタメ、本記正和四年四月十一日條及ビ續群書類従所收如法經手記ニ據リ注記セリ、

我此道場如帝珠　、、（十方諸佛影現中　我身影現諸佛前　頭面接足歸命禮）

南无十方三世一切三寶一礼、以下効〔效〕之、

次蘇莫者破、一反、　加拍子、

第一華

若人散乱心　、、（乃至以一華）

、、、　（供養深妙典　漸見無數佛）

南无平等大惠妙法華經

第二香

須曼那闍提　、、（多摩羅栴檀）

、、、　、（沈水及桂香　供養法華經）

正和三年十月

南无、、（平等大惠妙法華經、以下同ジ、）

（6張）

次蘇合三帖、

第三瓔珞

種〻諸瓔珞（無能識其價）、、

（我今皆供養　妙法蓮華經）、、、、

南无、、

第四抹香

散花香抹香（以須曼瞻蔔）、、

（如是供養者　得無量功德）、、、、

南无、、、

次同破・急、破一具、急二反、糸竹同時止、

第五塗香

栴檀及沈水（種々所塗香）、、

（盡持以供養　妙法蓮華經）、、、、

南无、、

第六燒香

衆寶妙香爐（燒無價之香）、、

（自然悉周遍　供養一乘經）、、、、

南无、、

次白柱、二反、　終帖加拍子、

第七幡蓋

其大菩薩衆（執七寶幡蓋）、、

（香妙万億衆　供養法華經）、、、、

南无、、

第八衣服

應以天花散（天衣覆其身）、、

（頭面攝足禮　生身如佛想）、、、

正和三年十月

正和三年十月

南无、、

（7張）

次万秋樂序、三帖、

第九伎樂

簫笛琴箜篌（琵琶鐃銅鈸）、、

（如是衆妙音　盡持以供養）、、、、

南无、、

第十合掌

或有人礼拜（或復但合掌）、、

（乃至擧一手　皆以成佛道）、、、、

南无、、

糸竹克く合ひ
聴衆感動す

次同破、六帖、六帖奥序吹長説、笛夕、笙乞、弘安・正安如此、糸竹克整無一事之相違、聽者拭感涙、珍重〻〻、

廻向

願以此功德（普及於一切）、、

（我等与衆生　皆共成佛道）
、、、　、、

南无自他法界共成佛道

次輪臺、一反、

此間自大鼓八、九之間、漸可起座之由教訓了、導師法印權大僧都覺守、登礼盤、次法用唄円珠、散花悟明、次表白、讀諷誦願文、料紙無薄、如一昨日、次說法、凡可謂富樓那再誕、聞者驚耳拭涙、說法了下礼盤、青海波、糸竹次第止、前大將兩三度乞之、都合及九反、次伶人退座、本役人撤樂器、于時未終許歟、申一點歟、卽御經可有還御、仍下家司仰召使等令拂退庭上雜人等、次樂人於東中門吹盤涉調〻子幷鳥向樂樂拍子、參進、立江欄橋南頭、北上、東西面、樂止舞人立加其南、持幡童經舞人中央進立南階砌下、東西相向、此間預二人持參昇手暫置寶座傍、經衆誦伽陀、此間樂人等經江欄橋列立其北、北上、東西面、可被〻(抹消符ハ誤カ)伽和陀料也、如次第者可列立南階東砌下云〻、而其所裹頭衆充滿不能拂退、仍立此所、且又有便宜也、」次經衆誦伽陀、伶人雅之、和歟抑今度音頭教雲也、円珠之弟子也、

（8張）

導師覺守の能說富樓那の再誕といふべし

御經還御の儀

諸佛興出世　懸遠値遇難

、、、、、

南无極難値遇一乘妙典三礼、

正和三年十月

正和三年十月

常存妙法故　身心无懈倦

、、、、

南无如説修行一乘妙法〻界衆生平等利益三礼、

於我滅度後　應受持此經

、、、、

南无妙法修行決定成佛三礼、

次吹秋風樂、樂拍子、經衆奉移寶輿於舁手、下﨟二人奉舁之、如先、持幡童・樂人等次第前行、舞人暫留立、寶輿已令近給之間、於江欄橋南頭婆娑、一曲了次第前行、如入〔渡カ〕御之儀、樂音遥和松嵐、上下頻催感嘆者也、經本路還御、樂人・舞人・持幡童等留立本願院南庭、寶輿入御本願院、舞樂人以下退下、于時申半剋也、

奉納之儀經衆等任例致沙汰、不能記、

今日伶人

樂所作人

笛

西園寺中納言兼季、　前左兵衛督(藤原)教定、大學〔覺〕寺殿(後宇多上皇)御弟子云々、万秋樂逢節事初度也、　中將家相朝臣　中將維成朝臣　景光

笙

大宮前中納言季衡、万秋樂初度也、　侍從二位(藤原)顯範、同、　初度所作少將具行朝臣兼秋弟子、　賴秋　脩秋　豊原兼秋以脩秋存父之儀、傳受秘曲之間、於今者所作不能子細、」

篳篥

坊門三位俊親、万秋樂初度歟、　右兵衛督兼高朝臣　春宮權亮光忠朝臣万秋樂初度歟、　安部季俊　三宅尚保兄直保所労之間召加之、

比巴

前右大將公顯、　西園寺新中納言實衡、万秋樂初度、　中將基成朝臣同、　前木工權頭孝重朝臣同、

箏

中御門宰相冬定、万秋樂初度、　室町三位季行卿、同、　今出川院六条局、　同(藤原孝泰女)三条局、　御息所新宰相局六条弟子、　後深草院小督局
(藤原孝道女)尾張內侍女、即母弟子、　昭訓門院新大夫三条弟子、(三善俊衡女)

鞨鼓

左舞人朝葛

正和三年十月

正和三年十月

大鼓
右舞人
久政

鉦鼓
多久經景光弟子、同打物弟子云々、

抑晴所作初度之仁接秘曲座例不審之間、近例且引勘之處、

晴所作初度の仁秘曲の座に接する例

弘安八年八幡十種供養　蘇合四帖只拍子、
笙　（土御門）雅房卿初度所作、
同九年北山十種供養　万秋樂一具
比巴　殿三位中將（鷹司）冬平、初度所作、
永仁二年北山十種供養　蘇合四帖樂拍子、
比巴　前少將（藤原）兼輔朝臣初度所作、
正安二年衣笠殿十種供養　万秋樂一具
箏　今度伶人也、小督局初度所作、

（10張）

└

地下樂人大神景資稽古せざるにより出仕を止めらる

近例藤井流の笛所作人なし

藤原敎定は後宇多上皇の御弟子なり

西園寺實兼大神景光に御敎書を給ひて宥仰す

近例如此、其上具行朝臣事自龍樓平被擧仰之間、所催召加也、
大神景資日來入御點、今日俄被止之、無別子細、只一向不致稽古、万秋樂帖者不分明、爲道不便、尤可被止歟之由、兄景光・門弟家相朝臣等申行之間所被留也、

一、敎定卿所作事重〻兼有沙汰、景光平申子細、其趣弘安九年・正安二年有万秋樂曲之時、藤井流一人モ不接其座、且相傳不審之由所訴申也、而自春宮平(尊治親王)被擧仰之、被出御當流之系圖、於弘安・正安者强不及所望之間、不接其座歟、御當流相傳何可及豫儀哉、且爲法皇(後宇多上皇)御弟子、敎定卿携其藝之上者、不可及子細之由被仰之、仍入道殿重〻被誘仰景光之間、申下御敎書可寛宥之由申之、仍兩通被書下之、但不可及披露之由能〻被誡仰了、

來月一日北山殿十種供養万秋樂候、者前左兵衞督可有所作之旨自春宮被執申候、彼御流各別之上者、不可有豫儀之旨頻被申候、誠難被默止候、此条隨時議不可被申子細候歟、若雖御所存相貽候、退可被申之候歟、隨事趣其時可被執申之由、太政入道殿(西園寺實兼)仰所候也、仍執達如件、

九月廿三日　大判事章任(中原)奉

謹上　景光也 山井大夫將監殿

正和三年十月

公衡御教書

（11張）

來月一日十種供養万秋樂候、者前左兵衞督可有所作之由自春宮被執申候、彼御流各別之上者、不可有豫議之由頻被申候、難被默止候歟、此上者隨時議不可被申子細候、御所存相貽候者退可被申、隨事趣可被執申之由、自北山殿（西園寺實兼）被仰下候歟、此条御所存無相違候、然者無御願之違乱、令從時議給之条可宜歟之由、左大臣（西園寺公衡）入道殿仰所候也、仍執達如件、

九月廿三日　　大判事章任奉

謹上　山井大夫將監殿

景光大神秀賢の所作人に加へられたるに異議を申す

一、大神秀賢兼入笛〔人〕入數了、而景光申云、於万秋樂曲者、彼秀賢相傳極以不審、正安家雅卿（花山院）吹此曲之時、景政（大神）訴申、而以別儀爲持明院殿（伏見上皇）御門弟之儀從其節、景政猶雖貽欝訴、向後彼卿可爲景政門弟儀之由承諾了、於秀賢者頗以沙汰外事也、先年常樂會之時、相語南都衆徒吹此曲、自由之至、于今訴申之㝡中也、更不可被聽其曲之由申之、就之入道殿被召覽本

實兼秀賢の譜の奥書を檢す

譜奥書之處、

万秋樂

六帖

秀賢の事につき伏見上皇御口入あり

伏見上皇秀賢に琵琶の祕說を授くべき旨實兼に命ぜらる

秀賢本譜を持參せざるにより傳授を受け得ず

、、、　口許譜書之、

右曲帖々授大神秀賢了、

正安三年三月四日

權中納言判 家雅卿也

(12張)

此譜之躰於事髣髴、云序三帖、云五帖、条々秘曲一々不審之間、入道殿重々分篇令問答給之處、强無申述之路、秀賢以家雅卿祖母禪尼訴申持明院殿(伏見上皇)之間、自法皇」有御口入、而入道殿御不審之次第委以實(三條)躬卿被申入之處、代々奥書与今奥書旨趣誠相違、入道殿御不審尤有其謂、所詮式賢(大神)以孝道(藤原)比巴說、受蘇合四帖只拍子・五常樂破只拍子等之、准據在之、早以入道殿比巴說可授賜旨、自法皇被仰秀賢、此趣入道殿令申行給也、秀賢又申領狀了、仍被下院宣、

万秋樂事、大神秀賢雖受家雅卿說、如當曲奥書者、秘曲等悉傳授趣不分明、然者早渡比巴說可被授之由御氣色所候也、定資恐惶頓首謹言、

九月卅日　兵部卿定資奉

進上　伊与〔豫〕守殿

秀賢爲傳受昨日卅日、參北山、而可持參本譜、裏ニ可加奥書、且式賢本譜裏ニ孝道加奥書之

正和三年十月

正和三年十月

条有所見、任彼例可致沙汰之由被仰含之處、本譜預置鷹司禪尼、家雅卿祖母、早可遣召之由申之、而又申云、件本譜禪尼抑留之間不進之、力不及之由秀賢申之、法皇頗有逆鱗、此上者不可參、不可所作之由被仰含了、秀賢泣退出了、於今者諸秘曲不限景光之一流、至笙以下吹合秀賢之条定難治欤、秀賢〻(マヽ)可謂生涯、不便〱、委旨不及記、

西園寺實兼願文

（13張）

敬白

如法如說奉書寫妙法蓮華經二部十六卷

右大師釋尊演說之實語雖多、一代五時之教文、」諸佛如來應化之本懷、不若二處三會之妙典、宿王華之受囑累也、羞良藥於甘露之味焉、月氏香之染薰修也、傳餘芳於梵風之力矣、信廼東方万八千土之周遍、㝡尊也、㝡上也、南浮弟〔第〕五十人之隨喜、無量也、無邊也、譬之山之有須弥、校之海之有溟渤、云袷云恰、可歸、可仰、伏惟禪定菩薩戒尼幽靈者蓮府之嫡室、棘署之賢女也、似鍾夫人之執婦範焉、后宮之慈堂皇家之祖母也、徧薄太姫之表子道矣、一品授班芝泥之詔令是重、三后擬位茅土之益封不拘、曁于大宮院備兩帝之國母、弥於九禁闕施至尊之朝奬、復有東二條儼椒腋之徽號、頻於上仙洞伴茨山之歡遊奥〔輿カ〕、若良人遁俗之處、列釋門而共底南膜之丹府、勝地得名之栖、卜仁祠而互祐西園之紺宮、供佛施僧之營、莫不勠志、

（14張）

滅罪生善之計、莫不同誠、然猶金枝瓊蕚之自西自東也、綺羅増粧、翠黛紅顏之在左在右也、
黼黻裁色、或拜五六代宸臨之叡誓、或貽九十年賀筭之嘉例、芝砌崇敬之礼異他、剩廻上皇
聖主之仙蹕、蓬嶋長生之術可比、殆富金母玉女之天齡、遂保百七歳之遐壽、早證一九品之妙
果以降、臨終之正念雖有凴、生前之再會悲無期、別路絶兮難弁、落葉徒埋白揚山之梢、行粧
去兮易迷、荒草空恥甘菊村之蘂、抑弟子者彼遺孫也、蒙多年之厚德、誇平日之餘烈、上台上
將者譜第之所歷矣、已超凴」太尉之累家、左賢左戚者親族〔之脱カ〕所忝焉、不向庾元亮之涯澤、加之
爲父祖于仙院、爲弟子于佛陀、雖恐豪貴於謙退之道、雖樂幽閑於空觀之窓、竹園親王蘭坂公
主忝佳名於繁華、槐門禪相李蹊前將竭孝行於連枝、況亦父子預燕洞萬機之顧問、息女承鶴
禁兩离之恩寵、榮隨歳積、慶逐時新、倩思微質之安全、專依先儀之懇篤、呼嗟日徂月來攀慕
之涙不乾、昨祈今資追賁之善無懈、毎年忌景點八軸而必勵如法如説之寫經、此玆初冬迎一
紀而殊崇円頓円融之妙理、日來纔構小堂於恒例之梵莚、今度聊刷淨場於便宜之齋席、普賢
薩埵現神力兮倒影、妙法華文化佛身兮耀光、草筆石墨之勤瀉嚴院之往事、花水香湯之行軼
逍遙園之舊儀、嘔以六口之緇襟、書以一部之經典、爲奉納幽靈之薤隴也、爲安置累祖之松墳
也、便就北山之草堂、敬讃中道之蓮偈、法印大和尚位權大僧都爲玄宰之碩德、述白佛之旨

正和三年十月

趣、十六族之並座也、多是一門九列之群卿、伶倫氏之奏調也、半亦子葉孫枝之數輩、于時溪林嵐沍聲徹絲管樓之中、瓦溝霜寒響和鐘梵閣之下、景氣相應、利益甚深、兩太上促臨幸於道場、三仙院嚴光彩於門楣、氣韻之美不可得稱者欤、昔魏崔司徒之事祖母也、雖報撫育養長之芳好、今魯愚弟子之訪先靈也、偏翊增進轉依之良因、婦女解脫之方便、叶一乘受持之勝葉、法師功德之肝心、答十種供養之精信、廻向無他、」願念無疑、然則妙運禪尼之遂蹤跡也、永出婆《娑欤》婆穢惡之故鄉、弥陀化主之垂迎接也、即往安樂清淨之世界、重乞令此貝葉之兩部及于龍葩之三會、我等其時呈結緣之功、衆生開曉遂成道之望、乃至一闡提普赴八正路、敬白、

正和三年十月一日　　弟子沙門空ー（異筆）『性』（西園寺實兼）敬白

（15張）

諷誦文

敬白

請諷誦事

三寶衆僧御布施　　三百端

右當祖母菩薩戒尼十三廻之忌景、寫妙法蓮華經王唯一乘之眞文、所修者半行半坐之精勤也、啒禪侶而祐梵場、所祈者上品上生之果位也、資佛道而導淨刹、擎以十種之供具、叩以九家之逸韵、幽靈昔翫金屋之花、久樂侍女陪宴之仙遊、今望寶池之月、宜誇天人聖衆之親近、

德之有隣、及之無際、仍諷誦所請如件、敬白、

正和三年十月一日

弟子沙門空丨　敬白

草前左大弁在兼(菅原)卿

清書　行房(藤原)朝臣

」

願文諷誦文草
菅原在兼清書
藤原行房

三善春衡注進
如法經十種供
養雜事

(16張)

(異筆)『奉行春衡朝臣注進』

一、御如法經十種供養十月一日被行之、雜事

寶輿・寶座木作　代四百疋

寶座幷障子繪具料　代二百疋

同紺紙三十枚　代四十五疋

寶座金物幷瓔珞修理　代百三十疋

葩二帖　代百二十二疋

御誦經物麻布三百端在案・小莚、　代三十疋

御願文料紙六枚　代四十二疋

正和三年十月

正和三年十月

疊八帖 小文一帖、僧座不足、紫七帖、伶人座、　代五百二十疋

太田庄役

御導師御布施千疋 太田庄役、恒例千疋之外、一位殿今出川殿御方御沙汰、

假聖二人供料百疋

樂所酒肴千疋 舞人久經支配之、

左舞人朝葛大粮二百疋

黒田庄役

以上三千七百八十九疋 黒田庄役、恒例万疋之外、別有其沙汰、

一、持幡童二人 仰八幡検校堯清法印被召之、當日酒肴事聊有申旨、然而今度無沙汰、

一、同幡二流 自菩提院宮(覺雲親王)被借渡之、

一、供具机二脚 同前、」

(17張)

一、衣服二 同前、

今日鷲尾(藤原識子カ)二品錦被物一重 納平裹、・絹裹一、納綿五十兩、隆遍僧正錦横被・水精念珠 各懸打枝、被進之、供養以後内々被送遣御導師宿坊了、

(傍書) 治部卿室家(藤原寛子)三品今日密々參上、於無量光院東面聽聞、依爲准后舊女一昨日殊調進鈍色裝束了、

公衡服藥の爲竹中第に移る

伏見上皇以下還御あらせらる

公衡關東使者二階堂行貞に馬を贈る

行貞下向の理由

後伏見上皇御治世以後初めて御灸治あり

今日又所聽聞也、

二日、自夜雨下、天曙之後殊滂沱、昨日晴、今日雨、弥知冥ゝ感應者也、未明參御方ゝ（法皇・新院・永福門院・昭訓門院・廣義門院・入道殿・一位殿・親王御方、）申服藥之暇、辰剋乘輿向西郊（竹中第）、服藥之間可居住之支度也、入風爐療風病、

傳聞、御所〲今夕自北山還御云ゝ、

三日、自今朝服蒜〔蒜〕酒、

四日、景繁示送云、東使（二階堂行貞）行曉俄明日下向之由有其說云ゝ、予驚此告、卽以景繁遣行曉許（知音之故也、）問下向之子細、又馬一疋（黑栗毛、日來所立置厩之秘藏馬也、）同引遣之、今夜不聞返事、

五日、（頭書1、二三六頁ニ移ス。）傳聞、行曉今日進發云ゝ、景繁今日歸來云、今度依無可奏聞事遂不來、尤以恐恨、山門張本等皆以出對、糺明以下已終功之間、貢馬事子息貞衡（二階堂）奉行未練之間有不審、仍於途中雖罷逢、今一日も大切之間、揚鞭所下向也、馬殊以自愛云ゝ、予案之、卒爾之下向猶有子細歟、遂又無奏聞事、尤以不審、後聞、今日新院御灸、（御治世已後初度、寬元例歟、）隆有（四條）朝臣奉行之、注送云、典藥頭篤（丹波）基朝臣衣冠、・前修理權大夫英成（和氣）朝臣同、等參御前進御灸點、則御灸二个所、（各三莊、）早退出、次篤基參進東面簾外、藏人少輔成隆（葉室）仰賞、（追可申請、）篤基下地二拜、次右官人久恒・近衞重弘（秦）等引御

馬、葦毛、按察進之、篤基給之二拜退入、次英成又參進、成隆仰賞、追可申請、英成降地二拜退入、次内々又被召英成賜女房衣一領、英成二拜早退出云々、」

（頭書）今日頭右大弁光經（九條）朝臣來、去夜申拜賀云々、以人謝之、

公衡關東使者三浦時明に馬を贈る

（18張）
六日、五位藏人光繼來、具如木雜色、一昨日申拜賀云々、以人謝之、今夕以春衡遣時明（三浦）許、引遣馬一疋、黑□、各雖不對面、兩使共引遂馬之間、下向之時又引遣之、流例也、後聞、行曉昨日延引、今日一定下向云々、

行貞下向す

七日、春衡來、去夜向時明 三浦安藝前司、故椙本宗明子云々、許對面、馬請取之、明曉八日、一定可下向之由申之云々、

六波羅探題去る五月一日の新日吉社亂闘事件の張本を召して糺問す

山門張本出對事幷撰定衆・免除衆等、以或山徒注文續加之、

『（異筆）行尋法印注進之、』
正和三年五月一日新日吉社喧嘩張本夾名山徒出對武家事、

同九月十六日（北條貞顯・同時敦）（二階堂行貞・三浦時明）兩六波羅幷兩使會合南方、

西塔
實光坊律師玄運　妙法院門徒、相副御使被出之、糺明之時每度申入門主之條其煩候、爲催促任先規可定預人、後日可被召遣波多野出雲前司重通之許云々、

同十八日

西
中瑠璃坊備後阿闍梨承快　青蓮院門徒、被相副御使、預人筑前々司

（19張）

同坊但馬坊承季（季、後文喜ニ作ル）　同門徒、預人富樫介入道、

同十九日

西
大上坊法印木任　妙法院門徒、被相副御使、預人式部伊賀前司、

同宿卿坊木義　妙法院与曼珠院相論之間、進而直出對、於當座被尋問門主之處、參曼珠院蒙恩顧之条承伏畢、預人太田左衞門尉、

西
金蓮坊伯耆注記直因　青蓮院与大御堂僧正坊相論、直出對云々、預人小串五郎（範行カ）左衞門尉、

東塔
妙光坊阿闍梨源快　梨下門徒、被相副御使、預人佐々木越中（泰氏）權守、

同宿式部坊頼超　同門徒、預人佐々木龜夜叉丸、

同廿日

西
行住坊法印圓憲　懸申青蓮院前門主（良助親王）入道親王家之處、門跡得替之上不及進止之由御返答、仍直出對云々、預人加地寶丸、

西
上林坊注記豪譽　子細同前、預人波多野出雲彦次郎、

同宿三位坊祐因　同前、預人水谷刑部大輔入道、

西
桂林坊讃岐坊泰賢　懸申青蓮院之處、非門徒之由御返答之間、直出對云々、預人阿曾沼四郎次郎、

同廿一日

正和三年十月

西善來坊律師木保　妙法院与入江宮（尊忠）相論、爲入江宮御門徒之条雖無子細、門跡得替之上、可被懸師匠木任之由觸申之、木任又雖有同朋之好、更非同宿儀之由申之、仍直出對云々、預人常陸前司、

横川鶴場坊律師昌憲（場、後文暢ニ作ル。）　依無門主懸申座主之處直出對云々、預人千秋上野前司、

同宿大和坊存憲　同前、預人海東備前々司、

同廿二日

上林坊同宿上總竪者豪深　師匠豪譽召出之云々、預人長二郎、

同廿三日

北寂光坊法印幸嚴　依無門主懸申座主之處直出對云々、預人俣野入道、

東千手坊藏人阿闍梨純円　懸申妙法院之處、彼喧嘩以前被放門徒之由、被相觸武家之所見分明之間、其次第申披之處直出對云々、」預人備後守、

（20張）

同宿參河坊純性　同前、預人江石見彦太郎、

行住房同宿大夫注記成譽　懸師匠円憲法印召出之、預人大見肥後新左衞門尉、

西南岸坊筑後注記隆昌　懸申梨下之處、非門徒之由被論申之、直出對云々、預人信濃四郎左衞門尉、

東增法坊大貳注記清玄　同前、預人丹後左衞門大夫、

同廿七日

東
寶生院藏人房賢覺　梨下門徒、被相副御使、預人小早河美作彦太郎左衞門尉、

上林坊同宿民部房豪覺　懸師匠豪譽召出之、預人大内三郎、

已上當出對、廿六、七兩日悉召出之、有糺明之沙汰云々、所犯之有無未聞、

東
中坊讚岐房〔道守〕不知実名、　懸申梨下之、〔處脱カ〕非門徒之由御返答、直可出對之由領狀云々、

西
下瑠璃坊伊与〔豫〕房同、　依無門主被懸座主方、

川
不動房竪者春源　同前、可出對之由領狀云々、

西
光明房　同前、遠行云々、

已上未出對、

去る四日幕府新日吉社闘争者を罪す

張本交名

於新日吉社喧嘩正和三五一、張本交名、同年十月四日於六波羅被糺明之、被召預了、

横川　樺尼谷
昌憲　無門主、直出對、　鶴暢坊、遠江律師、　周防四郎

西塔　北谷
玄運　妙法院　實光坊、越前律師、　出雲前司

東塔　東谷
純円　妙法院申子細之間、直出對、　千手坊、藏人阿闍梨、　丹後左衞門大夫

正和三年十月

正和三年十月

（21張）

横川 樺尼谷
春源　直出對、不動坊、越中注記、　加地寶丸

西塔 東谷
豪譽　直出對、上林房、相模注記、　近江權守 塩小路室町、

同
直因　直出對、金蓮坊、伯耆注記、　備前〔海東某〕々司

同
豪深　師匠豪譽召出之、上林坊同宿、上總竪者、　美作彦太郎左衞門尉

西塔 北谷
成譽　師匠円憲召出之、行住房同宿、大夫注記、　富樫介入道

西塔 東谷
豪覺　師匠豪譽召出之、上林坊同宿、民部、　大内民部三郎

同
祐因　直出對、上林坊同宿、三位、　上野〔千秋某〕前司

同
信嚴　塔下同宿、大輔、　上野入道

東塔 南谷
賴超　妙光坊同宿、式部、　出雲〔波多野某〕彦次郎

免許せられし衆

被免許衆

西塔 北谷
承快　中王王〔瑠璃〕坊、備後竪者、　同　承喜　同坊同宿、但馬、

三浦時明下向す

神木動座に依り五節停止の可否勅問あり

（22張）

西塔南谷 木任 大上坊、卿法印、　西塔南谷 木義 大上坊、卿、

東塔南谷 源快 妙光坊、上總阿闍梨、　西塔北谷 円憲 行住坊、三河法印、

西塔南谷 明円 善來坊、駿河律師、　存憲 鶴暢房同宿、大和、

西塔東谷 幸嚴 薩摩法印、　東塔東谷 純性 千手坊同宿、三河、

西塔南谷 隆昌 南岸房同宿、筑後注記、　東塔東谷 清玄 增法坊、大貳注記、

東塔北谷 賢覺 寶生院同宿、藏人、　東塔西谷 道守 中坊、讃岐注記、

西塔東谷 泰賢 讃岐、

以上十五人

正和三年十月四日

於六波羅被紏明免許早、

八日、時明今日下向云〻、頭中將(藤原)伊家朝臣爲勅使入來、五節依神木金堂御坐可停止哉否事也、

隱遁之士如此事難計申之由申了、

九日、蒜〔蒜〕酒今日滿七个日了、

十日、隆有朝臣來、乞服藥之暇、」

昭和四十三年六月二十五日　印刷
昭和四十三年六月　三　十　日　発行

史料纂集〔第一期〕
公衡公記第一
校訂　橋本義彦
　　　今江広道

発行者　東京都豊島区池袋二丁目一〇〇八番地
　　　　太田ぜん
印刷者　東京都豊島区池袋一丁目七三番地
　　　　足柄製版印刷株式会社
　　　　磯貝発雄
発行所　東京都豊島区池袋二丁目一〇〇八番地
　　　　株式会社　続群書類従完成会
　　　　電話＝東京(971)二五〇八・振替＝東京六二六〇七

公衡公記 第1　　史料纂集 古記録編〔第3回配本〕
〔オンデマンド版〕

2014年1月30日　初版第一刷発行　　定価（本体8,000円＋税）

校訂　橋本義彦
　　　今江廣道

発行所　株式会社　八木書店 古書出版部
代表　八木乾二
〒101-0052 東京都千代田区神田小川町3-8
電話 03-3291-2969(編集) -6300(FAX)
発売元　株式会社　八木書店
〒101-0052 東京都千代田区神田小川町3-8
電話 03-3291-2961(営業) -6300(FAX)
http://www.books-yagi.co.jp/pub/
E-mail pub@books-yagi.co.jp
印刷・製本　(株)デジタルパブリッシングサービス

ISBN978-4-8406-3288-1　　AI300